暦と行事の民俗誌

暦と行事の民俗誌

佐藤健一郎・田村善次郎 著
写真 工藤員功

八坂書房

暦と行事の民俗誌　目次

暦と日本人

一、暦の歴史

現在のカレンダー

今日は令和元年五月一日である。昨日は平成三十一年四月三十日であった。明仁《あきひと》天皇が退位し、皇太子徳仁《なるひと》親王が即位された。そして、元号が平成から令和と変わったのである。

ちなみに元号の「令和」は万葉集巻五の「梅花歌三十二首并序」の冒頭にある「于時、初春令月、気淑風和。（時に、初春の令月、気淑《うるはし》く風和《やわら》ぐ）」に拠るもので、従来の元号がすべて漢籍を典拠としているのに対して、初の国書に拠る元号であるということもあって、おおむね好感を持って迎えられている。

二〇一六年（平成二十八年）八月に天皇が退位の意向を示され、退位の日が二〇一九年四月三十日と発表されたのは、二〇一七年十二月一日であったが、元号が「令和」と決定され、発表されたのは二〇一九年四月一日、即位一ヶ月前になってであった。当然、令和元年と記した暦はない。手元にある暦の表紙は「二〇一九／平成三十一年」とあり、今一つは「平成三十一己亥歳」とあって枠外に「平成は三十一年四月三十日迄、翌五月一日より新元号となります」と注記されている。冊子になった暦は平成三十一年と二〇一九年を併記しているものが多い。カレンダーには二〇一九年と西暦年号だけのものが多いようであるが、一点だけ二〇一九年　平成三十一年　□元年　と元号を空欄にしたものがあった。

　ともあれ、現在の私たちが日常的に使っている暦はカレンダーである。どこの家にも必ず一つか二つは掛けられている。十月末になると、来年のカレンダーが売り出される。人出の多い路上に並べて売られていたりもする。また商店や企業が宣伝用にお得意さんに配るのも一般的である。種類も様々である。

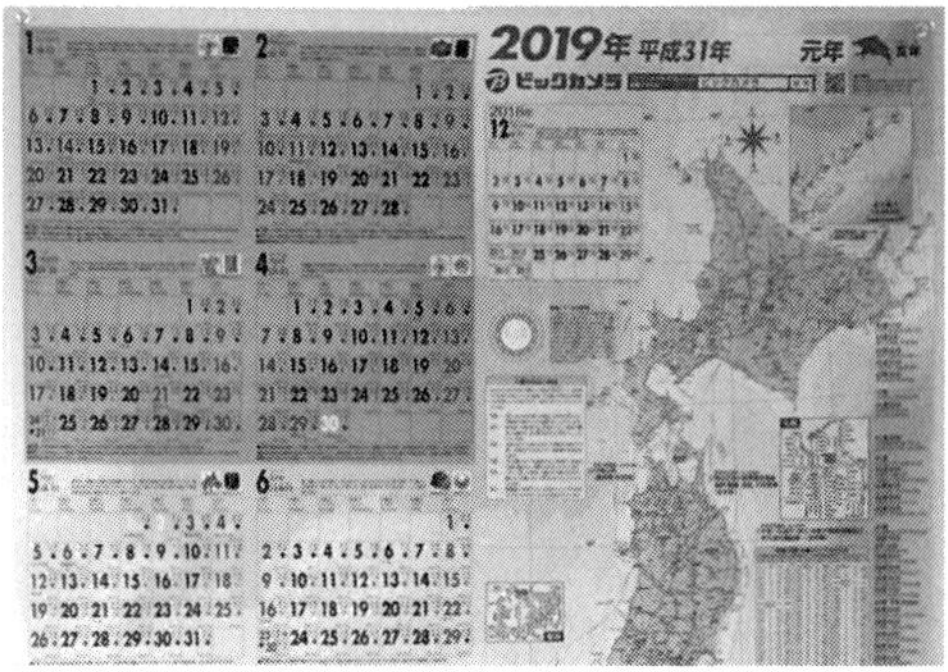

「2019年 平成31年　　元年」
と元年の前を空白にしたところに工夫がある。

　いま、手元にある最も単純なカレンダーは、一月《ひとつき》を一枚にした十二枚ものである。この一枚目、一月の部には最上段に「1　2019 JANUARY」と年月が横書きにされており、日・月・火・水といった七曜と、それに従って七つに区切られた枡目に日付けを示す数字が順に書かれている。枡目はかなり大きく、余白がとられている。このカレンダーでわかるのは、二〇一九年一月一日の今日が、何曜日であるかということである。一般的には、日曜日が休日であり、その事がはっきりわかるように赤で記されている。国民の祝日も、同じく赤で記されている。余白に行事や会合の予定などをメモすることによって、私、あるいは家族にとって、今日がどんな日であり、何をしなければならない日であるかということを知ることができるのである。私たちにとって、カレンダーとしての大体の用はこれで足りているといってよい。

所属する会社や学校によって、それぞれ独自の行事があり、個人的な稽古事等によっても、人それぞれにスケジュールは異なってくる。つまり、一人ひとりの生活の仕方によって予定は大きく変わるのである。基本的には、それぞれがどのような集団に属しているかによって異なるのであるが、現在は、個人個人が様々な集団に複雑な形で属しているので、一人ひとりが、それぞれ別の予定表によって行動しなければならない。つまり、現在は、それぞれが独自の暦をつくって使っている、あるいは使わなければならない状況になっているともいえるのである。

手元にある別のカレンダーは、先のものに比べるとかなり沢山のことが記されている。十月のところを見ると、年月、日付、曜日、国民の祝日（体育の日）のほかに、旧暦の日付、毎日の干支、九星、六曜、八専、三隣亡などの古くからの暦注、寒露・霜降（二十四節気）、十三夜、土用、共同募金、労働衛生週間、国際文通週間、新聞週間、読書週間、里親デー、世界郵便デー、目の愛護デー、鉄道記念日、貯蓄の日、統計の日、電信電話記念日、国連の日、原子力の日、速記記念日、世界勤倹デーなどが書かれており、さらに枠外に、先にあげた行事・記念日以外に、都民の日、東京虎ノ門の金刀比羅宮祭、東京日本橋のべったら市などがあげられている。また、一粒万倍日、不成就日などのように月に何度もある日は、別立てで記してある。農事暦として、早生稲・秋そば・大豆・落花生の収穫、温室の整備、果樹園の除草など、この時期の農事、園芸関係、さらには釣りに関する記述までみられるのである。そして、簡単な健康メモまでも記載されている。十月にはみられないが、ヨーロッパ系の祝日であるクリスマス（十二月）やバレンタインデー（二月）なども記されている。こうなると、もう、いわゆるカレンダーという概念をこえて、複雑な暦といった方がよいのかもしれない。

　このカレンダーは東京の某商店が暮れのサービスに配ったものであるから、ある特定の集団に属する人のためのものではない。それだけに、現在日本の暦として必要だと考えられるものが、恣意的ではあるけれども、ある程度網羅されているといってもよいだろう。

太陽暦と太陰太陽暦

　今日、我が国でみられるカレンダーの基本になっているのは、現在、日本の暦として採用されているグレゴリオ暦法に基づく太陽暦である。グレゴリオ暦は、よく知られているように、一五八二年、ローマ法王グレゴリウス一三世によって制定されたものである。

　グレゴリオ暦が制定されるまで、ローマ帝国の正式な

改暦について話し合うグレゴリウス13世と高位聖職者たち（シエナ国立文書館蔵）

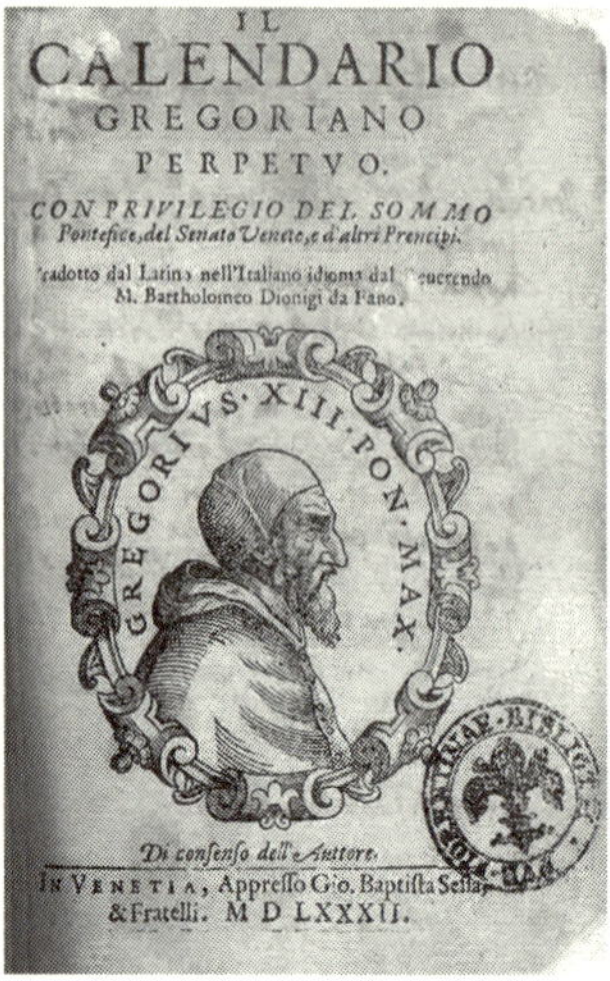

グレゴリオ暦（1582）

暦として使用されていたのは、BC四六年頃、ユリウス・カエサルによって改正されたユリウス暦であった。ユリウス暦も太陽暦であるが、この暦は一年を三六五、二五日と決めていた。実際の太陽年（三六五、二四二一八九…日）との間に生ずる誤差を四年に一度、二月に閏日を設けることで調整していたのだが、それでも一年が平均して約一一分一四秒長い。一二八年たつと、その誤差は一日に達することになる。そうした誤差が集積して、十六世紀末には、カエサルの時代には三月二十五日にあたっていた春分の日が三月十一日に来るようになっていた。実際の春分と暦の上での春分が半月もずれたのである。最も重要な祭の一つである復活祭を「春分の日の後の最初の満月の次の日曜日」に行なうと決めているキリスト教にとって、このずれは無視出来ないことであった。ローマ法王が改暦せざるを得なかった大きな原因である。

グレゴリオ暦は一年を三六五、二四二五日とし、四年に一回、二月に閏日を設けるのはユリウス暦と同じであるが、下二桁が〇で、上二桁が四で割り切れない年、たとえば二一〇〇年などは閏年にしないことで、太陽年との間に生ずる誤差を調整する事にしている。これによると、太陽年との誤差は約三三〇〇年に一日程度に抑えることができるのである。これはそれ以前のどの太陽暦よりも誤差の少ない優れた暦である。そのことによってグレゴリオ暦法による太陽暦は、ヨーロッパを中心に多くの国々で公式の暦として採用されることになる。

ちなみに、一五八二年は日本の暦では天正十年である。天文十八年（一五四九）フランシスコ・ザビエルが鹿児島に上陸して布教を始めてから三三年後にあたる。この年は、九州の大友・大村・有馬の三大名がローマ法王に使者（天正遣欧使節）を派遣した年であり、織田信長が本能寺で明智光秀に討たれた年でもある。

日本では明治六年（一八七三）から、それまでの天保暦を廃してグレゴリオ暦法による太陽暦を採用することとした。これは、キリスト教国と、その植民地を除く独立国の中では、最も早いグレゴリオ暦法による太陽暦の採用であった。

明治五年十一月九日に改暦の詔書を発布し、西暦一八七三年一月一日にあたる明治五年十二月三日を明治六年一月一日とした。改暦詔書の発布から、実施までに二三日しかなかった。文明開化に急であった明治政府を象徴するかのような性急さである。そのために、新暦による暦の印刷が間に合わず、太陽暦による明治六年の暦は見ることが出来ない。頒布されている明治六年の暦は天保暦法による旧来の暦である。

明治六年以後はグレゴリオ暦法による太陽暦を新暦と呼び、天保暦法による暦を旧暦と呼ぶことになる。旧暦は、また陰暦と呼ばれることも多かった。太陰太陽暦を略して陰暦といったもので、太陰暦のことではないが、太陰暦と書いている記事もときに見かける。

旧暦は、古くから中国を中心に発達してきた太陰太陽暦の一種である。太陰太陽暦は太陽暦が太陽年を基準としているのにたいして、一年は太陽年を基準とするが、一月《ひとつき》は月が朔（新月）から朔、あるいは望（満月）から望になるまでの時間である朔望月を基準にして決めるものである。朔望月は、正確には、

二九、五三〇五八九…日と不整数であるが、二九、五日を一月として計算している。
　純粋に朔望月だけを基準にした暦が太陰暦である。太陰暦は、一月が二九日の小の月と三〇日ある大の月を組み合わせて一二ヵ月で一年とするものであるが、そうすると一年（一二ヵ月）は三五四日にしかならず、太陽年には一一日足りない。三年で三三日も違って、季節とのずれがたいへん大きくなる。このずれを二年か三年に一度（一九年に七回）、平均して三三ヵ月に一度閏月をおき、一年を一三ヵ月にすることで調節するように工夫したのが太陰太陽暦である。ちなみに純粋な太陰暦は、今では回教徒が宗教行事に用いるイスラム宗教暦だけである。イスラム宗教暦はヒジュラ暦とも呼ばれている。

　太陰太陽暦で暦日と季節とのズレを縮めるのに大きな意味を持っていたのが二十四節気である。

	二十四節気名	月	新暦の日付
春	立春（りっしゅん）	1月節	2月4日頃
	雨水（うすい）	1月中	2月19日頃
	啓蟄（けいちつ）	2月節	3月5日頃
	春分（しゅんぶん）	2月中	3月21日頃
	清明（せいめい）	3月節	4月5日頃
	穀雨（こくう）	3月中	4月20日頃
夏	立夏（りっか）	4月節	5月5日頃
	小満（しょうまん）	4月中	5月21日頃
	芒種（ぼうしゅ）	5月節	6月6日頃
	夏至（げし）	5月中	6月21日頃
	小暑（しょうしょ）	6月節	7月7日頃
	大暑（たいしょ）	6月中	7月23日頃
秋	立秋（りっしゅう）	7月節	8月8日頃
	処暑（しょしょ）	7月中	8月23日頃
	白露（はくろ）	8月節	9月8日頃
	秋分（しゅうぶん）	8月中	9月23日頃
	寒露（かんろ）	9月節	10月8日頃
	霜降（そうこう）	9月中	10月24日頃
冬	立冬（りっとう）	10月節	11月7日頃
	小雪（しょうせつ）	10月中	11月22日頃
	大雪（たいせつ）	11月節	12月7日頃
	冬至（とうじ）	11月中	12月21日頃
	小寒（しょうかん）	12月節	1月5日頃
	大寒（だいかん）	12月中	1月21日頃

二十四節気

二十四節気はここに掲げたように、それぞれの月に当てられており、月の前半が節気、後半が中気とされている。現在の暦法では、二十四節気の起点は立春になっているが、そうなったのは天保暦からで、それ以前は冬至を起点としており、冬至のある月を十一月とするのが基本であった。

暦をつくる場合に、中気をふくむ月が、その月であるというのが原則であるが、二十四節気は太陽の運行によって決まるので、太陽年を二四等分すると、約一五、二二日になり、一五日か一六日毎に中気、節気がはいることになる。太陰太陽暦では、一月《ひとつき》は朔望月を基準にしているので、必ずしも毎月中気が含まれるとは限らない。中気をふくまない月がでてくる。その中気を含まない月を閏月として平月《へいげつ》のあとに置いて、一年を一三ヵ月とし、それによって太陽年（季節）とのずれを調節した。先述したように閏月は平均して三三ヵ月に一回の頻度でおかれている。

天保暦は、それまでの中国暦法に加えて、西洋天文学の暦法理論や数値をも参考にして編纂したもので、中国暦の水準を越え、太陰太陽暦としては最も完成度の高い暦だとされている。

明治の改暦とその理由

日本では古くから、様々な面で中国や朝鮮半島の影響を受けており、暦もまた中国の暦法に基づいた太陰太陽暦を、明治五年までは使用してきた。その暦を明治六年から太陽暦に替えたのである。それは、明治政府の西洋先進諸国に伍するための文明開化政策の一環として行なわれたものであるが、改暦詔書の発布から僅か二三日にして実施するという性急さの理由について、当時、参議であり大蔵卿として改暦のことに深く関わっていた大隈重信は、その回想録『大隈伯昔日譚』（東大出版会）に、おおよそ次のように述べている。

すなわち、旧暦のままだと明治六年は閏月があるため一三ヵ月となる。明治政府は、明治四年に官吏の報酬を、年俸制から月給制に切りかえていたので、このままだと月給を、一三回支給しなければならないことになり、出発したばかりで財政基盤の整っていない明治政府にとっては、負担が大きすぎる。しかし、太陽暦にすれば、閏月はなくなるので一二ヵ月分の支給ですむ。その上、明治五年は十二月が二日しかないことになるので、この二日分は支払わないで一一ヵ月分ですますことができる。また、当時は一、六の日を休業とする慣習があり、これに節句などの休業を加えると休日が年間の約四割にもなる。新暦導入に伴って週休制を導入すれば、休日は年間五〇日余に減らすことができる。というのである。

暦法の伝来と日本の暦

日本に暦法が伝えられ、それによって暦が作られるようになったのは、何時のことであろうか。

日本書紀によると、欽明天皇十四年（五五三）六月、百済に使いを遣わし、その使者に「医博士《くすしのはかせ》・易博士《やくのはかせ》・暦博士等、番《つがい》に依りて上《もうで》き下《まか》れ。今上件《かみのくだり》の色《しな》の人は、正に相代らむ年月に当れり。還使《かへるつかひ》に付《さづ》けて相代らしむべし。又卜書《うらのふみ》・暦本《こよみのためし》・種種《くさぐさ》の薬物《くすり》付送《たてまつ》れ」と命じたとあり、翌十五年二月、それに応じて易博士施徳王道良・暦博士固徳王保孫・医博士・採薬師・楽人など九人が来朝している。

医、易、暦などの博士が交代の時期であるから、交替させよといったのに対して早速送られてきている。

これによって、それ以前から暦博士などは来日していたこと、易書や暦本を百済に求めていたことがわかる。しかし、暦博士などが何時から来るようになったのかは記されていない。ともあれ日本書紀に出て来る暦関連の記事は、これが最初である。

次いで推古天皇十年（六〇二）十月に「百済の僧観勒《くわんろく》来《まうおもぶ》けり。仍りて暦の本《ためし》及び天文地理の書《ふみ》、併て遁《とん》甲方術《こうほうじゅつ》の書を貢《たてまつ》る」とある。この時、朝廷は、陽胡玉陳《やこのたまふる》に暦法、大友村高聡《おおとものすぐりこうそう》に天文遁甲、山背臣日立《やましろのおみひたて》に方術を学ぶことを命じており、「皆学びて業《みち》を成しつ」とあり、習得したことがわかる。書かれた時代は下るけれども、寛弘五年（一〇〇五）頃に成ったとされる『政事要略』に、推古天皇十二年（六〇四）正月に始めて暦日を用いたと記されている。また持統天皇の元年（六八七）正月に諸司に頒暦するとある。しかし日本書紀によると、暦をはじめて用いたのは、持統天皇の四年（六九〇）ということになっている。

持統天皇四年（六九〇）十一月の条に「甲申（きのえさるのひ・十一月十一日）に、勅を奉《うけたまは》りて始めて元嘉暦《げんかのこよみ》と儀鳳暦《ぎほうのこよみ》とを行ふ」とあるのがこれである。『日本書紀』（坂本他校注・岩波文庫）の推古十年十月の注に「国として正式に暦法を採用したのは持統朝だが、推古朝頃から暦日は大体確かになったのである」とある。

元嘉暦は中国南朝の宋の暦であり、儀鳳暦は唐の麟徳二年（六六五）に李淳風が作った暦である。何れも日本には百済を経由してもたらされた。岩波文庫本には「三代実録貞観三年六月の条に『持統天皇四年十二月、有勅始用元嘉暦、次用儀鳳暦』とあり、三正綜覧《さんせいそうらん》は儀鳳暦の使用を文武元年からとする」と注されている。これによると、元嘉暦が最初に用いられ、文武元年（六九七）から儀鳳暦に代わったことになる。

古代の暦は、中国の暦法の変化と関連して何回も変わっている。儀鳳暦は天平宝字七年（七六三）八月まで用いられ、大衍暦《たいえんれき》に代わった。

大衍暦は、唐で開元十七年（七二九）から上元二年（七六一）まで用いられた暦であるが、日本には遣唐留学生として霊亀三年（七一七）唐に渡り、天平七年（七三五）帰朝するまで、二〇年に亘って、経書と史書、天文学・音楽・兵学など幅広く学んで帰った吉備真備《きびのまきび》が、その暦法書である『大衍暦経』、『大衍暦立成』を持ち帰っている。大衍暦は、貞観元年（八五九）に渤海の大使、馬孝慎《ばこうしん》によって献上された宣明暦が採用され、そ

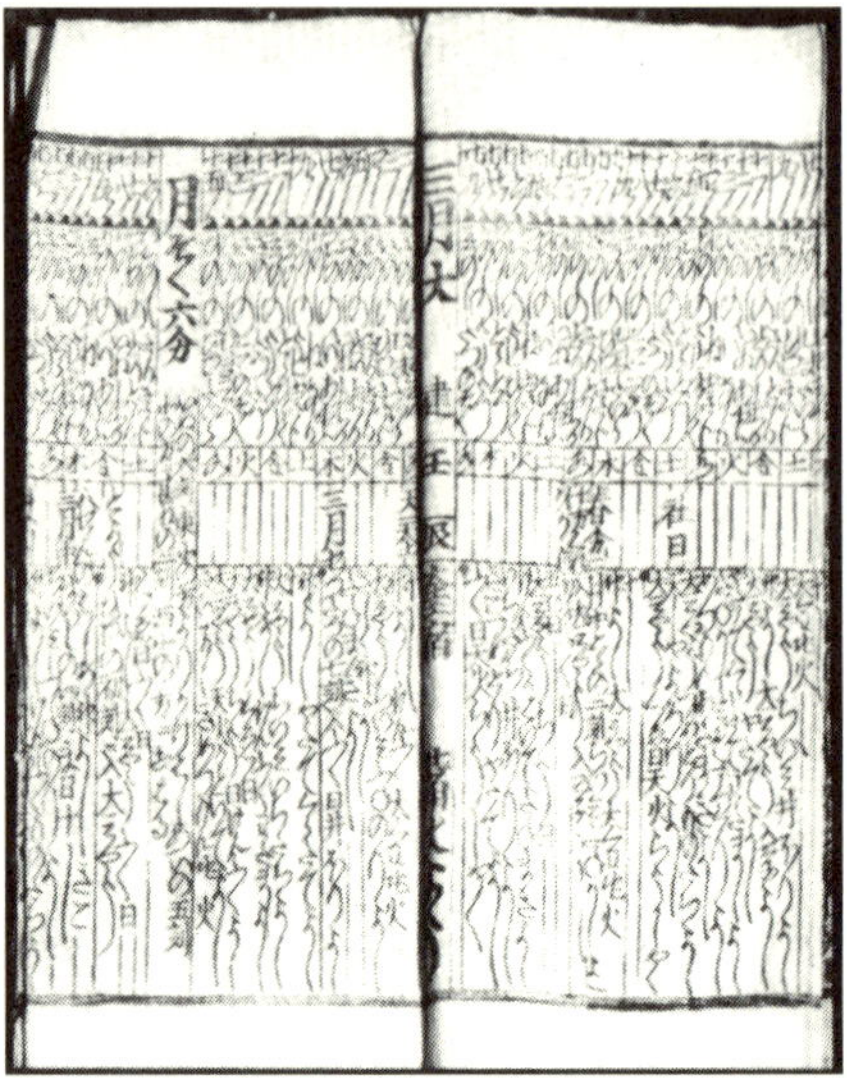

渋川春海の貞享暦（国立科学博物館蔵）

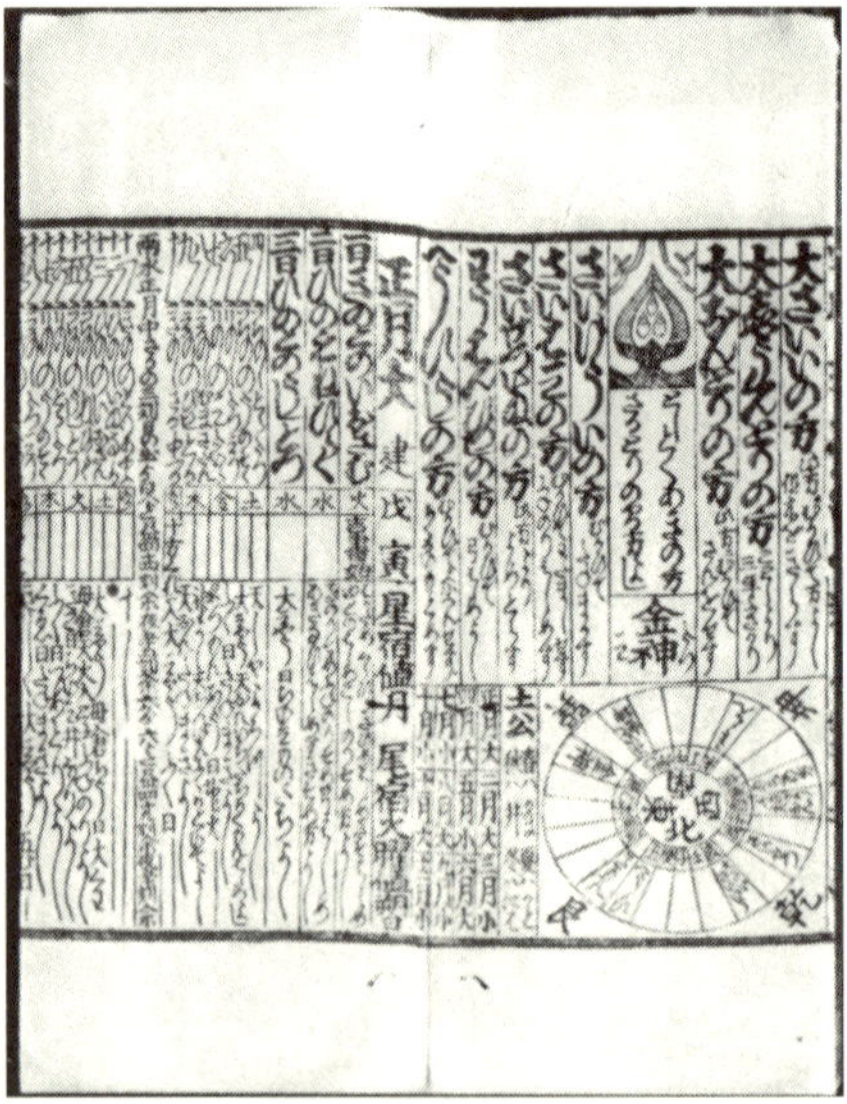

宝暦暦。宝暦5年（1755）、改暦当時のもの
（国立科学博物館蔵）

れに代わる。

宣明暦は、唐で、長慶二年（八二二）から景福元年（八九二）までの七一年間使用された暦で、日本では貞観三年（八六一）から行なわれるのだが、その暦法が優れていたこともあって、貞享暦に変えられるまで、八二三年の長期に亘って使われた。

貞享暦は貞享元年（一六八四）、渋川春海が編纂したもので、中国の暦法に従いながら、京都の緯度・経度を基準にして里差（経度差）を補正した日本独自の暦といえるもので、貞享二年から行なわれる。

江戸時代には、貞享暦以後、宝暦、寛政、天保に改暦が行なわれており、最後の天保暦は、弘化元年（一八四四）から明治五年（一八七二）十二月三日、太陽暦に代わるまで用いられた。

暦の制度と造暦

古代律令制下の日本では、暦は朝廷の管理にかかるものであり、暦に関する制度は、大宝元年（七〇一）に制定された大宝律令によって定められ、それが後世の規範となっている。令義解によると、中務省に属する陰陽寮が天文・陰陽・暦法・漏刻などを司り、陰陽寮には陰陽頭のもとに、陰陽師、陰陽博士、暦博士、天文博士、漏刻博士などが属していた。暦を造るのは暦博士の仕事であった。

「凡ソ陰陽寮ハ、年毎ニ預メ来年ノ暦造レ。十一月一日ニ、中務ニ申シ送レ。中務奏聞セヨ。内外ノ諸司ニ各一本ヲ給へ。並ニ年ノ前ニ所在ニ至ラシメヨ」

と令儀解にあるように、暦博士が作成し、天皇に奏聞した後、年末までに各官庁に配付していたものである。なお、天皇への奏聞は太政官を経ずに中務が直に行なった。

暦の基準を作るということは、人々の生活のリズムを統制するということであり、為政者としては無視出来ないことであったから、原則的には現在に至るまで、その基本は、官によって掌《つかさど》られているのである。

貞享の改暦の功によって渋川春海は幕府の天文方に任ぜられるのだが、それ以後、天文方によって暦本(原稿)を作成するようになる。

天文方では、年々の大小節気日食月食などを暦法に従って考究して原稿をつくり、それを京都の幸徳井家におくる。幸徳井家は賀茂氏の末で、平安時代中期以降、暦道を家学化して独占した暦博士の家である。幸徳井では、送られてきた暦本に中・下段の暦注を加えて天文方へ送り返し、そこで改められたものが、再度幸徳井方へおくられて校合され、問題がなければ、京都の大経師に渡され、版に付され、しかる後、各地の弘暦者(暦屋・暦師)に送られて摺られ、頒布されることになっていた。暦の原稿は天文方が作るが、それを完成するのは陰陽寮・暦博士であるという原則は生きているのである。

明治維新によって幕府天文方が消滅すると、作暦の業務は、一時、陰陽頭であった土御門家が担うが、明治三年の陰陽寮廃止によって、いわゆる暦博士の手を完全に離れ、新しい国の事業として行なわれることになる。

維新以後の編暦は、明治三年土御門家から天文暦道局へ、さらに星学局、天文局などと変遷をくり返し、明治二十一年六月に東京天文台(国立天文台)が設立されるまで安定しなかった。東京天文台は、東京天文台官制第二条に「東京天文台ハ天文学ニ関スル事項ヲ考究シ天象観測、暦書編成、時ノ測定、報時及時計ノ検定ニ関スル事務ヲ掌ル」（大正十年〈一九二一〉十一月二十二日勅令四五〇号）とあるように、天象観測、暦書編成を主要業務として設立されたものであり、そのことは現在においても変わってはいない。国家事業としての暦の編纂は国立天文台の主要業務である。

維新以後の頒暦は、従来からの暦師（弘暦者）が政府の許可を得て行なっていたが、明治五年（一八七二）に、弘暦者を社員として設立された頒暦商社（東京頒暦社・大阪頒暦社）が行なうようになる。しかし頒暦商社は明治十五年（一八八二）で終わり、明治十六年暦からは伊勢神宮が行なうようになる。「本暦並ニ略本暦ハ明治十六年ヨリ伊勢神宮ニ於テ頒布セシムベシ、一枚摺略暦ハ明治十六年暦ヨリ何人ニ限ラズ出版条例ニ準拠シテ出版スルコトヲ得」という太政官布告が明治十五年四月二十六日に出されている。御師によって全国に流布していた伊勢暦の伝統と実績が認められてのことであろう。これ以後、昭和二十年の敗戦によってその資格を剥奪されるまで、神宮司庁が発行する神宮暦が日本の正式な暦、官暦だったのである。ちなみに神宮司庁は伊勢神宮に関する事務、祭事を執り行なう機関である。そして昭和二十一年からは東京天文台が発行する暦象年表が官暦となった。暦象年表については後でまた触れる。

マツリゴトと暦

コヨミはカヨミの転訛だといわれている。カヨミは「日読み」であろう。だとすれば、本来は日を読むこと、つまり、今日という日がどういう日であるかを知ることである。

今日が令和元年五月一日、水曜日であることがわかるのも、知ることには違いないのだが、それ以上に、日を読む、日を知るということは、今日という日の善悪吉凶を判断することであり、その上で何をすべきか、何をしてはいけないかを知ることであった。

日を読むことは個人のレベルでも必要であるが、それ以上にマツリゴトの衝にあたる者にとっては必須のことであった。マツリゴトは政事であり、また祭事でもあった。古くは祭政一致であったとされているが、現代においてもそれが完全に分離しているとはいい難い面がのこっている。どの暦にも国民の祝日が記されているのは、それを端的に示すものであろう。私たち日本人は、暦を共有することによって、同じ日に元日を迎え、祝い、同じ日に平和憲法の発布を喜び、その意味を改めて考える機会をもっているのである。

グレゴリオ暦を使っている国や人は多いけれども、祝日は国により、宗教により、それぞれ異なっているのである。同じグレゴリオ暦を使うことで、年月日や曜日は共通していても、祝祭日は国毎に異なっており、およそ違った暦になっている。

集団が統一体として存続するためには、所属成員がその集団にたいして帰属意識を持っていなくてはならない。帰属意識の発生には、いくつもの要因があるが、同じ生活リズムを持つということが大きな要素になる。同じ時に同じ仕事や祭り行事をする。そのことによって人は仲間意識をより強く持つことになるのである。

集団が国家と呼べるほど大きくなると、成員の全てが時を共有することが困難になってくる。コヨミの必須条件として、まず年月日があるのは、それこそが成員の全てが同じ時をもつための前提となるものであり、同一行動をする基準ともなるものだからである。

日月の運行や季節の推移は人為によるものではない。天道の定めるところである。人の運命もまた天道の定めるところと考えられていた。暦は人の関与できない天道の定めるところを読みとって決められるものであった。それを読みとることの出来るのは、人ではあっても、常人のよくするところではなかった。それの出来る人を古くはヒジリ（日知り・聖）といった。聖《せい》なる人である。

それぞれの日の善悪吉凶を判断することの出来る人によって判断されたものが、暦注である。天保暦では暦注は、その中段・下段に書かれている。日の吉凶禍福を示すものであるから、人の行動の指針として多く使われた。陰陽道や五行説などに基づいて判断されたものが多く、弊害があるとして古くから非難されており、明治の改暦詔書では「人知ノ開達ヲ妨ル」ものとして厳禁されたのだが、本暦以外の暦では相変わらず主要な位置を占めて記載されてきたし、現在でもカレンダーにまで記されていることは先にみた通りである。市販されている暦には実に多くの暦注が載せられているが、その中で最もよく知られているものの一つが六曜であろう。六曜は先勝・友引・先負・仏滅・大安・赤口で六曜星、あるいは六輝ともいわれるものである。日替わりに順番に並んでおり、天保暦の時代にはそれほどの意味をもった暦注ではなかった。むしろ、明治の改暦以後に注目されるようになったものである。大安・友引・仏滅などの漢字の表意に引かれてであろうが、それに行動を制約される人が増えて来て、友引は葬儀屋の休日になっているし、大安の結婚式場は混雑を極めている。人智が開達してもなお何物かに頼り、縋らなければならない人の弱さは変わらないもののようである。

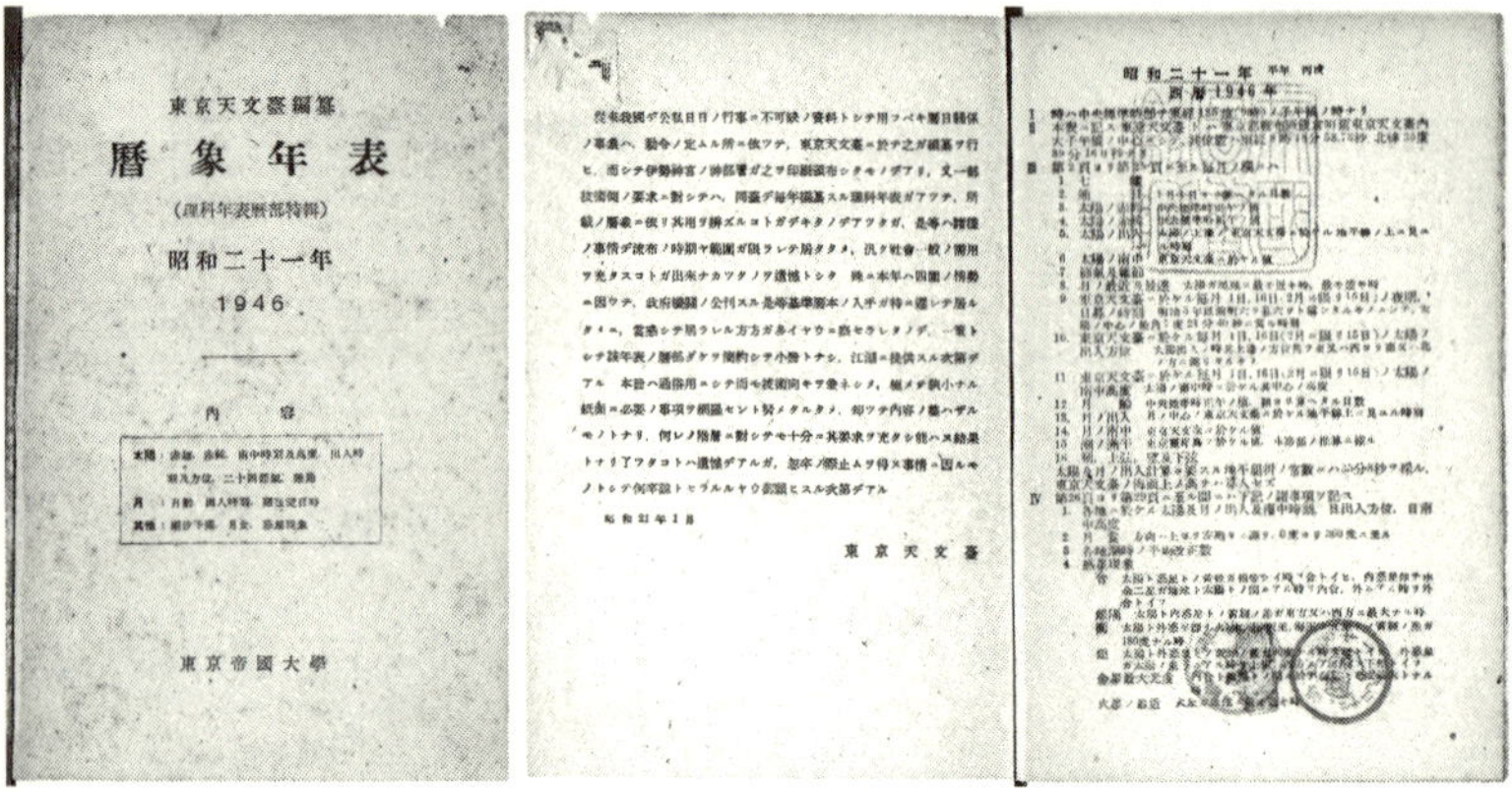

暦象年表（昭和21年（1946）、国立国会図書館蔵）

現在の日本ではグレゴリオ暦法に基づく太陽暦を使用しているのだが、私たちが日常手にする暦には年月日、曜日、国民の祝祭日以外に、正式な暦には記入されていない暦注にあたる事柄がたくさん記入されている。

ちなみに、今の日本で正式な暦、官暦とされている暦は、東京天文台で昭和二十一年から、編集発行するようになった『暦象年表』である。これは、一般に頒布されていないので現物をみることは難しいが、同じものが『理科年表』暦部に収録されており、一般に市販されている暦は、理科年表の暦部をもとにして作成されているのである。暦象年表には各種の天文事象の他に、二十四節気や雑節も記されている。

現在、官暦に最も近い内容の暦は、神宮司庁から発行されている神宮暦であろう。

神宮暦は、先に述べたように、明治十六年暦から昭和二十年暦までは本暦として発行されていたのだが、敗戦によって官暦としての資格を剝奪され、民間暦として発行されるようになったものである。しかし、内容は本暦当時のものをよく受け継いでおり、月日、七曜、干支、通日（元日からの通算日数）、国民の祝日、祭日、節気、雑節、主要神社の例祭日の他は、毎日の日出・日入・月齢・満潮・干潮、その他の詳細な天文事象のデータによって占められており、極めて科学的な内容をもった暦だといえる。しかし、その神宮暦にも付録として一枚刷りの七曜・六曜表が付けられており、旧暦が六曜とともに対照できるようになっている。先に掲げたカレンダーですら旧暦との対照がなされていたし、干支や六曜その他の暦注に類するものが多く記されていた。

今年・平成三十一年（令和元年・二〇一九年）の干支は己亥（つちのとい・きがい）で、年賀状などでは猪の図柄が活躍している。そして、現在ではほとんど意識することがなくなっているけれども、それぞれの月、夫々の日にも干支が付いているのである。

『日本書紀』の巻三「神武紀」の初めの部分に、「是年也、太歳甲寅、其年冬十月丁巳朔辛酉」とある。「是年也、太歳甲寅」というのは、大歳（即位元年）の是年《ことし》が甲寅《きのえとら》の年であるということである。また、「其年冬十月丁巳朔辛酉」とあるのは、十月一日（朔）が「丁巳《ひのとみ》」であり、その「辛酉《かのととり》」の日という意味である。干支は、

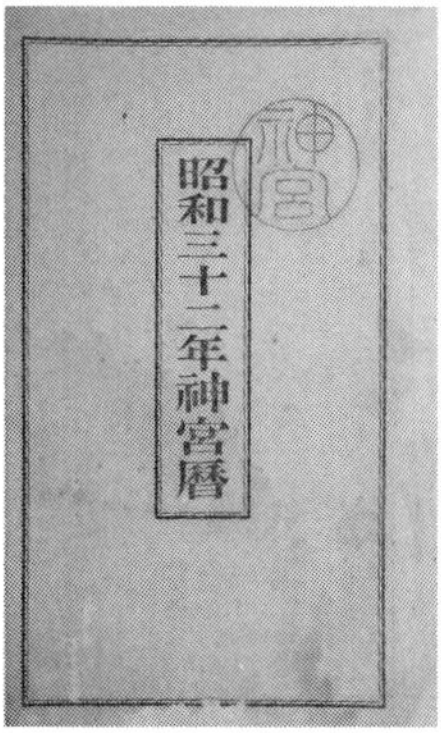

神宮暦　昭和32年（1957）

農業暦　昭和39年（1964）

日枝神社家庭暦暦
平成31年（2019）

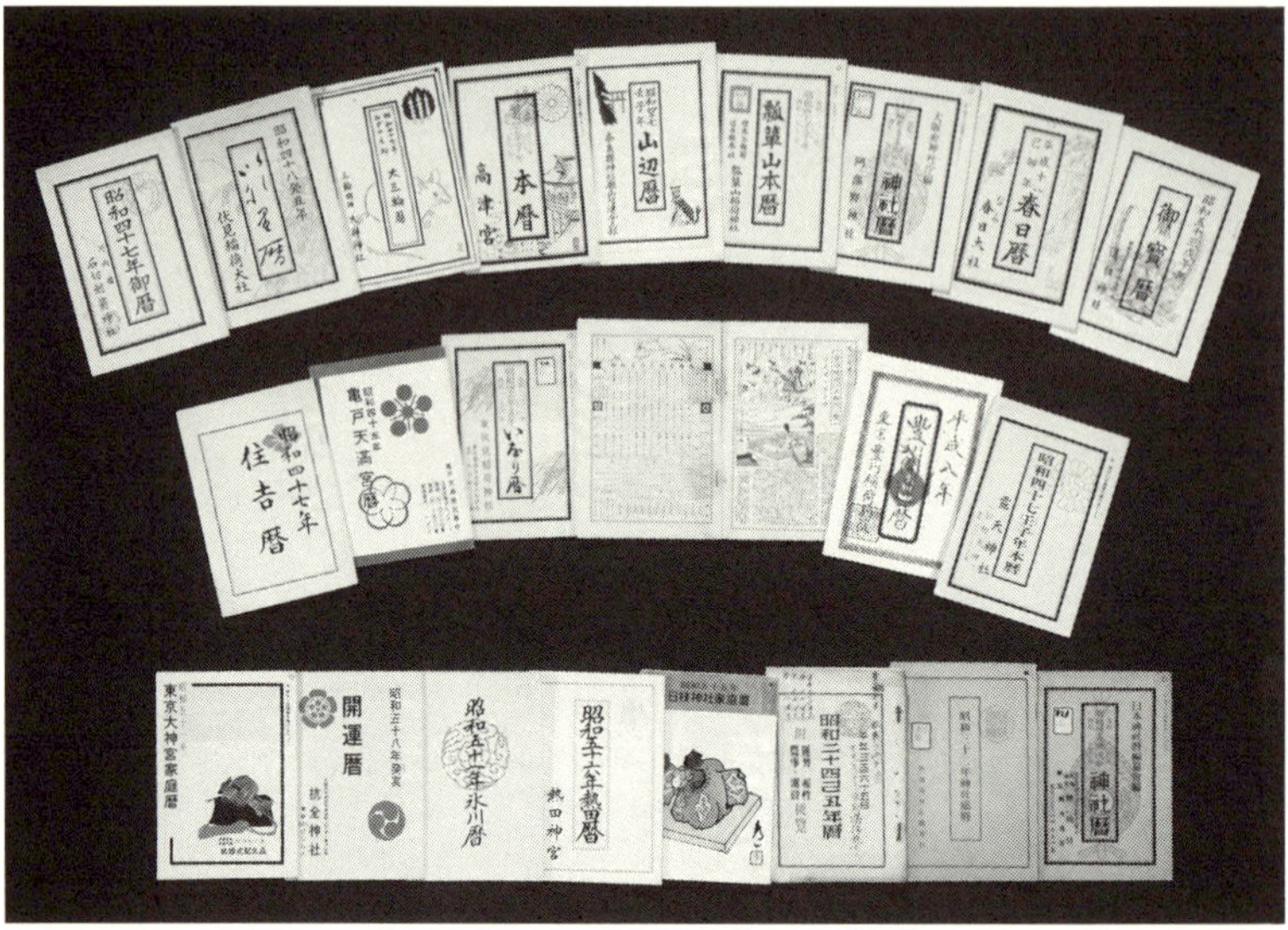

地方諸社発行の暦帳

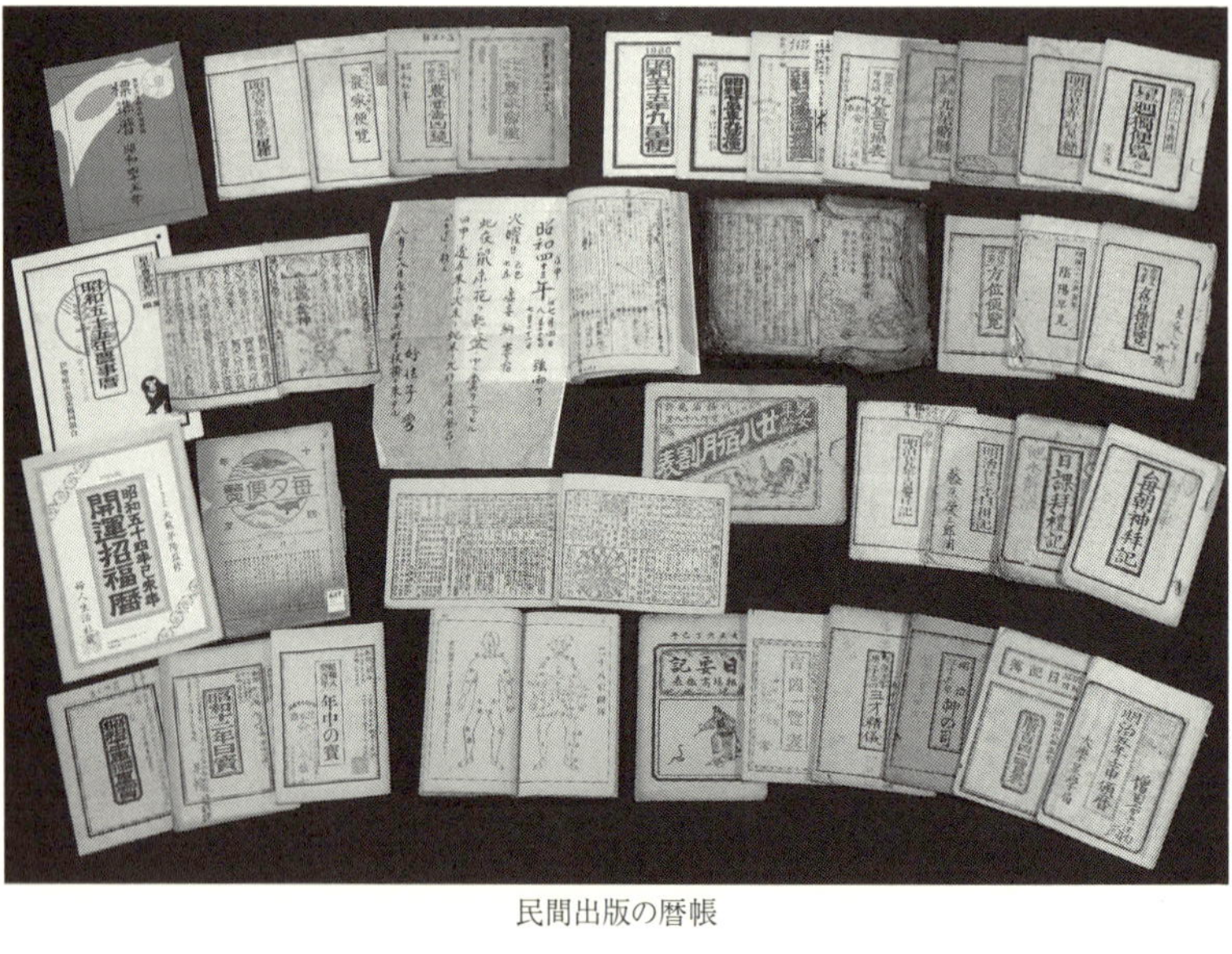

民間出版の暦帳

丁巳・戊午《つちのえうま》・己未《つちのとひつじ》・庚申《かのえさる》・辛酉と続くから、「十月丁巳朔辛酉」の日は十月五日ということになるのである。『日本書紀』では、この部分以後、このように朔日の干支と今日の干支を記すことによって、何月何日であるかを示していくのである。

干支は、甲・乙・丙・丁・戊・己・庚・辛・壬・己の十干と子・丑・寅・卯・辰・巳・午・未・申・酉・戌・亥の十二支を組み合わせたものである。甲子（かっし・きのえね）から始まって、癸亥（きがい・みずのとい）まで六十の組合せを経て、六一回目に再び甲子に戻るのである。周知のように六十一歳の還暦は、ここからきている。

現在では、干支は、その年のものが関心の中心だが、かつては、大黒天をまつる甲子祭や夜を徹して起きていることになっていた庚申待《こうしんまち》などのように、それぞれの日の干支からきた名称がつけられた行事があり、暦には必ず書かれるものであった。

私たちの生活の中から旧暦はまだ抜け切ってはいないのである。

自然暦と二十四節気

日本人は古代以来、太陰太陽暦の世界に馴染んできた。太陰太陽暦によって生活のリズムをつくりあげてきたといってよい。生活の隅々にまで染み込んでしまったものは容易に消えてはしまわないものである。

南北に細長く、山と谷の多い日本列島の気候の推移はたいへん複雑であるから、暦の上での季節と実際の季節とは日本全国どこも同じだというわけではない。桜の開花時期だけをとってみても、鹿児島と北海道では一ヵ月以上の差がある。同じ関東でも平野部と山地では一週間や一〇日の違いが見られる。水田稲作を基盤とする農業を生業とする点では一致していても、微妙な気温の違いや、天候に左右される農作業、ことに水田稲作にともなう、苗代づくりや田植は地域によって時期を異にしていたし、年による違いも大きかったから、全国一律の暦によって全てを律することは困難であった。

暦と実際の季節とのずれを日本の農民は、自然を見、自然を読むことによって調節してきた。たとえば、コブシの白い花を「種まきザクラ」とか「田打ちザクラ」などというところが東北地方では多いのだが、これは、この花の咲くころがちょうど苗代の種おろしをする適期になっており、この花の咲き具合をみて苗代づくりをしたからである。島根県邑智郡田所村（現邑南町）では「あの家の背戸のサクラが咲いたから種おろしをしなければ」などといっていたという（『民間暦』宮本常一、六人社、昭和十七年）。このような例はかつての農村には無数といってよいほどあった。民俗学では、このように花の開花や山の雪消えの状態によって季節の推移を知り、農作業などの目安にすることを自然暦といっている。

自然暦を農作業の目安としなければならないようなずれはあったにしても、私たち日本人は、大筋のところでは、月の満ち欠けの周期を一月とし、そのことによって生ずる季節とのずれを規則的な太陽の周期を一年とすることで補正し、冬から春に移り変わる節目である立春のころを正月とする暦、太陰太陽暦を暮らしの目安としてきた。

正月をなぜ立春のころにしたのか。この時が冬から春に移り変わるときで、農作業のはじまる前になるからといえば、なんとなく合理性があって納得できるような気がするけれども、季節との整合性をもった節目のときというなら、春分でも、冬至でもよかったはずである。グレゴリオ暦の正月は、ユリウス暦のそれを受け継いだものだというが、ユリウス暦の正月はカエサルによってユリウス暦が導入されたときに、それまで三月から始まっていた年初をコンスル（執政官）の任期はじめの月にあわせて二ヵ月早くしたのだという。

暦は高度な天文学の知識によって作られるものである。そのことに間違いはないのだが、一年のはじまりをいつに決めるかということは、この例でもわかるように、人為的なものであり、暦を管理する側の政治的意図や、前代からの慣習などによって決められてきたのである。

私たちは、正月は昔から正月であるとして異としない。さほどそれに馴染んでしまっているのであるが、明治五年までは、現在の二月初め頃が正月だったのである。

そのことはさておき、日本人は長年にわたって太陰太陽暦を使うことによって、それに馴染んできた。若干生ずる違和感は、自然暦などによって調整することで、自然のリズムと暦を調和させ、生活のリズムを作り上げてきたのである。

自然暦もたくさんあるが、その反面、「八十八夜の別れ霜」「暑さ寒さも彼岸まで」のように暦を基準にして季節を読んでいるものも少なくない。

江戸時代の農家の日記や覚書などにも「彼岸の中日に種籾を池に浸す」「苗代の荒起こしは彼岸から一〇日すぎてはじめるとよい」「苗代への播種は土用の入りとするのが定例である」「小満までに田植えをすませればよい、芒種に植えると必ず成育が悪くなる」（『村松家訓』、『日本農書全集』二七巻）というように、彼岸や二十四節気などを農作業の基準としているものがたいへん多くなっている。もちろん、農作業の基準となっている二十四節気や雑節などは太陽の運行をもとにした太陽暦に属するものが多く、自然のリズムとそれほど大きな狂いはなく、基準になりやすく馴染みやすいものであったということはいえる。

ちなみに、雑節というのは、二十四節気同様に太陽暦系統の一種の節目で、節分・彼岸・社日・土用・八十八夜・入梅・半夏生・二百十日・二百二十日などである。現在でも、日常、様々に語られることの多いなじみ深い日々である。

先にも記したように、これらの二十四節気や雑節は現代の官暦の中でも生きているのである。

月おくれと旧暦の感覚

明治六年から、グレゴリオ暦法による太陽暦を採用することになった。その結果、一般にはたいへんわかりにくかった閏月がなくなり、大の月・小の月の配列も規則的になるなど、暦がわかり易いものになった。天保暦では月の大小や閏月の入り方は、暦法上の法則はあっても普通にはわかりにくいものであるから、使う側はそれを常に確認しなければならなかった。大の月は三〇日、小の月は二九日、一日の違いでしかないが、借金の返済や、代金の支払いなどが晦日の契約になっていたりすると、たいへんな事態を引き起こすことになる。江戸時代の商慣習では月末支払いが多かったので、月の大小を知ることは商人などにとっては大事なことであった。太陽暦になることで、そういった不便は解消されることになるが、庶民がもっとも戸惑ったのは季節感が大きくずれることであり、日次《ひなみ》と月齢が合わなくなることであった。

明治の改暦は、明治五年十二月三日を明治六年一月一日としているので、それまでの暦と約一ヵ月のずれが生ずることとなった。そこで、人々は太陰太陽暦で行なっていた行事を太陽暦では一ヵ月ずらして行なうという方法をとった。いわゆる月おくれである。現在、八月十五日ごろになると、東京が空っぽになるほど多くの人が墓まいりのために帰省する。東京の盆は七月であるが、地方では月おくれで盆をするところがまだ多いのである。

現在ではよほど少なくなったが、昭和三十年代までは旧暦で盆の行事をするところが少なくなかった。盆は七月十五日を中心に行なわれてきた。旧暦の七月は初秋である。その満月のころ、日本人は祖霊のまつりを行なってきた。盆踊りは、明るい月光のもとで踊られるべきものであった。盆に限らず月ごとの祭り行事は月齢と関係して行なわれてきた。年中行事の日次は朔日と望月のころが最も多く、ついでその中間の七・八日、二十二・二十三日が多いのである。日本人は春夏秋冬のそれぞれの適期に農作業を行ない、その節目となる時期に祖霊や産土をまつり、豊作祈願や収穫感謝の祭り行事を長年にわたって行なってきた。その祭り行事は月と深く関わって行なわれ、私たちの生活リズムを作り上げてきたのである。季節感のずれは月おくれによって修正することはできても、本質的に月齢とは無関係に動く太陽暦では、月の有無によって生ずる違和感は補正することができない。「仲秋の名月」などは、いうまでもなく、旧暦の八月十五日に行なわれている。年中行事の多くが後まで旧暦を通してきたのは、私たちの月にたいする感覚と無関係ではないようである。

明治の改暦から一五〇年近くたって、私たちの生活も大きく変わってしまった。稲作農業を基盤にした生活から、都市的な生活に変わったといってよいだろう。生活リズムの変化に伴って旧暦や月おくれで行なわれていた年中行事なども、土曜・日曜や祝日などに行なわれるようになったものが多い。

日本人の生活もようやく太陽暦に馴染んできたといえるのであろう。それでもなお、私たちは年賀状に「賀春」と書いたり、「新春のお慶びを申し上げ」たりして異としない感覚を残しているのである。

（「なごみ」一二一号、一九九〇年一月、淡交社〔改訂増補 二〇一九年五月〕）

二、暦さまざま

具注暦と『御堂関白記』

『御堂関白記《みどうかんぱくき》』は、長徳元年（九九五）から治安元年（一〇二一）までの二七年間にわたって書き続けられたと考えられる藤原道長自筆の日記であるが、現存するのは十四巻のみである。

この日記は、本来の暦の記事の外に、二十八宿（この時代は二十七宿）・七曜・納音《なっちん》・十二直等の暦注を漢字で記入した具注暦《ぐちゅうれき》の頒暦に書かれている。それで、『御暦記』とか『御暦日記』などとも呼ばれているのである。天皇に献上される暦を「御暦《ごりゃく》」といい、各省や地方官庁等に配られるものを「頒暦」といったのだが、陰陽寮で作られる暦は、原則として官庁用であって、貴族たちは、陰陽寮の役人に特別注文したり、直接暦家から入手したりしていたようである。

初期のころの暦はすべて具注暦であったが、この時代の具注暦は一年が二巻の巻子本《かんす》となっていた。そして暦日ごとに二行の空白があり、そこに日々の記録が書きこまれていったのである。現在の日記帳と同じである。九条師輔の『九暦《きゅうれき》』・藤原忠実の『殿暦《でんりゃく》』・藤原公賢の『園太暦《えんたいりゃく》』・藤原頼長の『台記《たいき》』などの日記類も、頒暦に日々の記録を記入したものであろうと考えられている。

地方暦

江戸時代に民間に普及した暦の中では伊勢暦が主流であったが、その外にも、京暦・江戸暦・伊豆の三島暦、大和・伊賀の二国を対象とする南都暦、会津若松の諏訪神社で頒布した会津暦、仙台藩内で用いられた仙台暦、薩摩藩内の暦であった薩摩暦、紀州藩の暦であった丹生暦など、地方でつくられていた暦がたくさんあった。ここではそのうちのいくつかについて見ていくことにしたい。

京暦と江戸暦

江戸時代、京都には、大経師《だいきょうじ》と院御経師《いんのみきょうじ》の二家があって、版暦を制作頒布していた。それを京暦という。暦博士の家柄の賀茂氏の系統を引く勘解由小路家は、中世の摺暦座の本所であり、仮名暦の販売にも関係していたようである。この勘解由小路家の名跡を継いだのが大経師家の浜岡氏であった。

院御経師家は、十四世紀の初頭に後陽成上皇の許可を得て、京暦の制作に参加してきた家である。

幕末には、中嶋と河合の二家が加わり、京暦の版元は四家となっている。なお、貞享の改暦の直後に、近松門左衛門の『大経師昔暦』で名高い密通事件が起こり、以後、大経師家は降屋内匠《ふるやたくみ》と名乗っている。

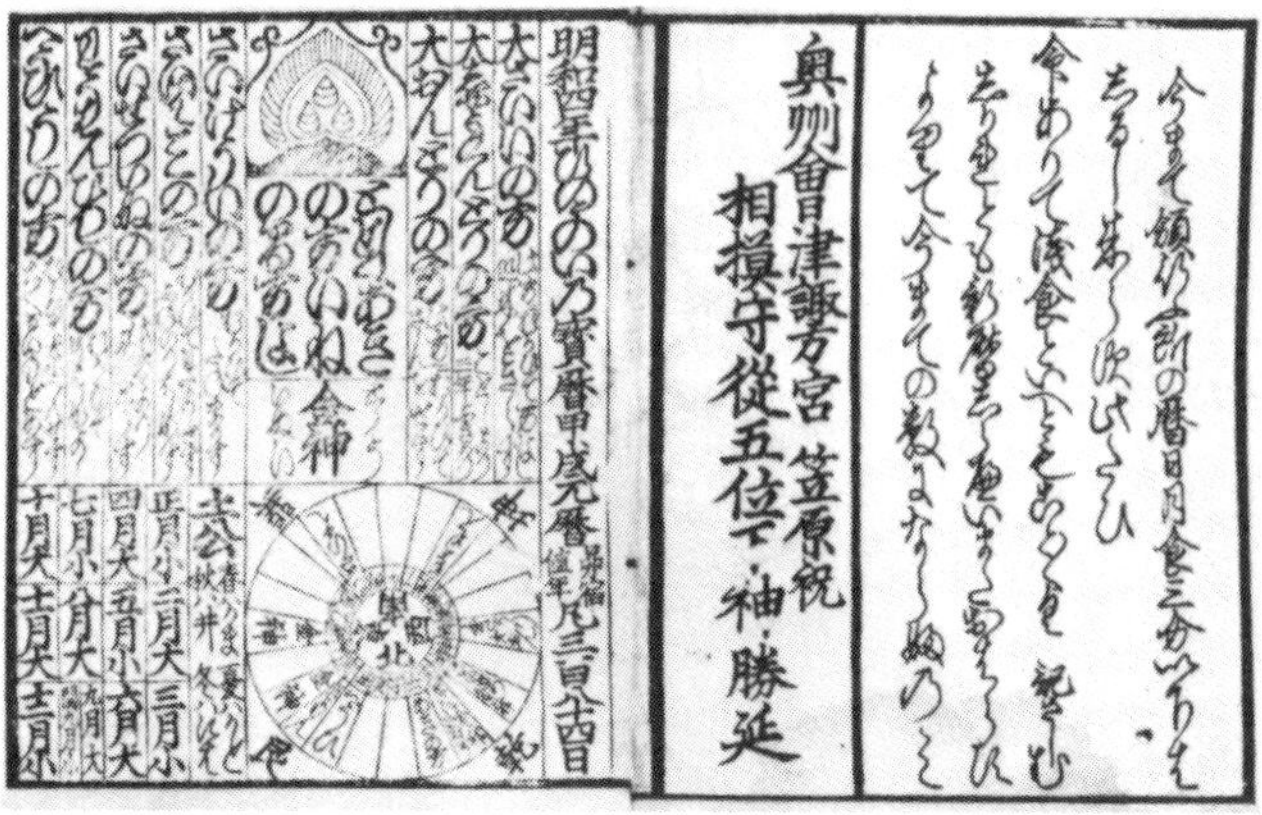

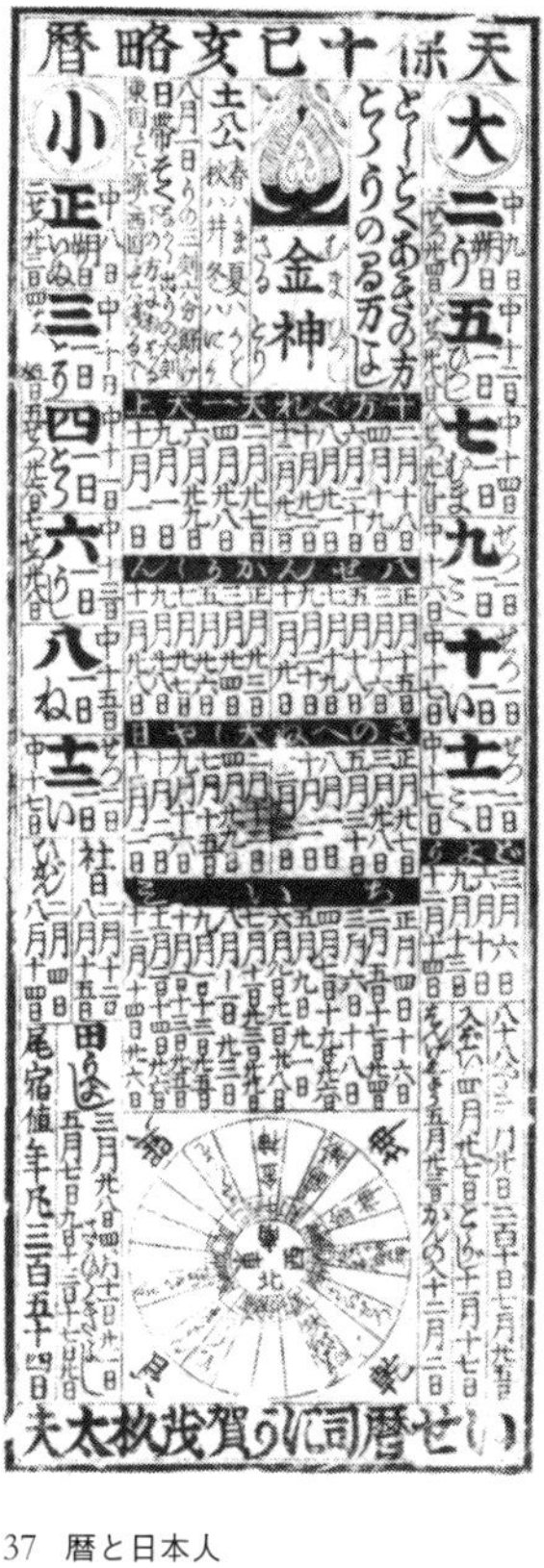

（上）明和4年（1767）の会津暦
（会津若松市立会津図書館蔵）
（右）嘉永7年（1854）の薩摩暦
（会津若松市立会津図書館蔵）
（左）天保10年（1839）の丹生暦
（神宮徴古館蔵）

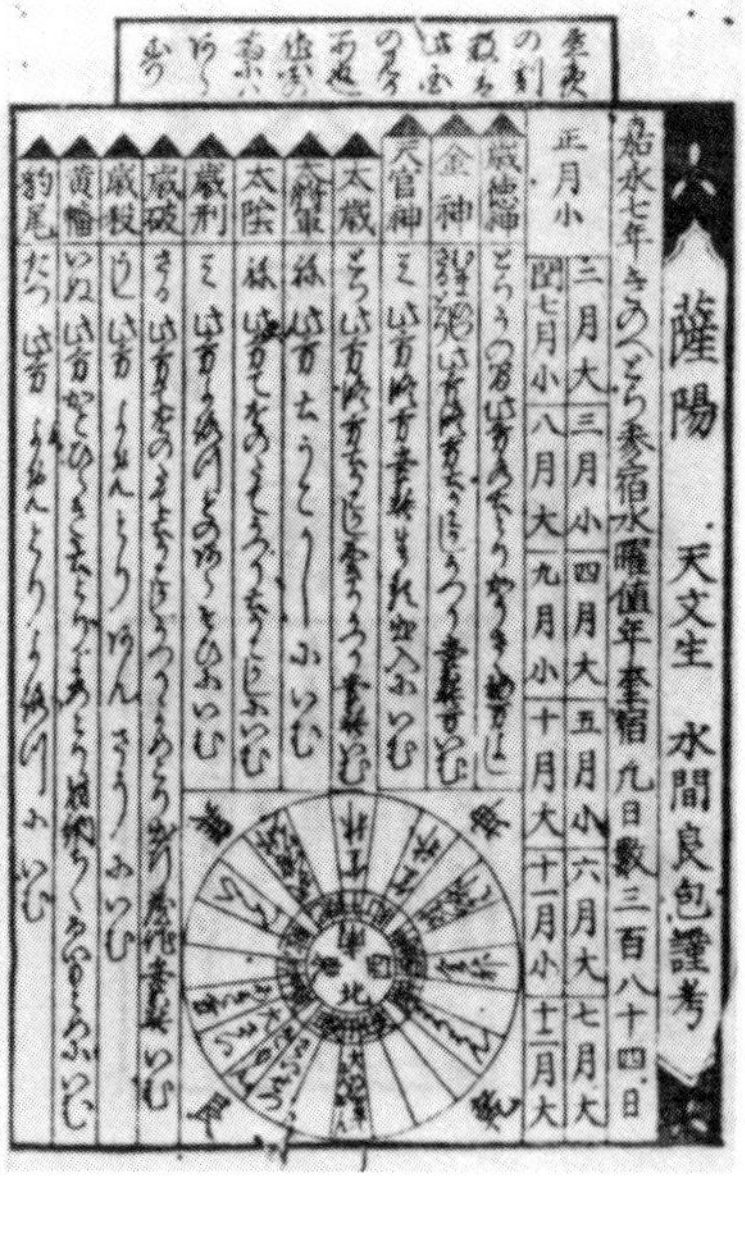

『京都御役所向大概覚書』によると、大経師内匠家では、奈良の幸徳井宮内から暦の写本をもらい、それに基づいて暦を版行すると同時に、江戸・会津・三島・伊勢・南都の暦師へ写しを送っていたということである。幸徳井家は、賀茂氏の末裔であり、一時は陰陽頭《おんようのかみ》に任じられたりもするが、十七世紀末からは、土御門家のもとで陰陽助《おんようのすけ》として造暦を監督することとなるのである。

江戸にも暦師はいた。江戸で版行されたと考えられる暦に、日本六十余州をナマズ（鯰）の背に描いた絵を表紙とする「いせこよみ」がある。この暦は、現在、十数部しか知られていないのだが、岡田芳朗氏の研究によって、江戸で版行された貞享《じょうきょう》改暦以前の暦であることが判明している。表紙の右上には、「ゆるくともよもやぬけしのかなめ石　かしまの神のあらんかきりは」とある。

元禄ごろまでは、江戸に二十八家あったという暦師も、その後、十一家に限定されて幕末まで続いている。しかし、株組織であったため、実際には様々の暦屋が版行している。

京暦は、巻子本形が主流で、綴じた冊子形の暦は地方へ頒布するためのものであったが、江戸で版行された暦は、小冊子形のものが主であった。

三島暦

三島暦は版（摺）暦としては最古のものと考えられている。代々三島暦の版行に携わってきたのは河合氏である。宝亀年間（七七〇～七八）に伊豆国三島に天文台を設け、暦を作り始めたのがはじまりであると伝え

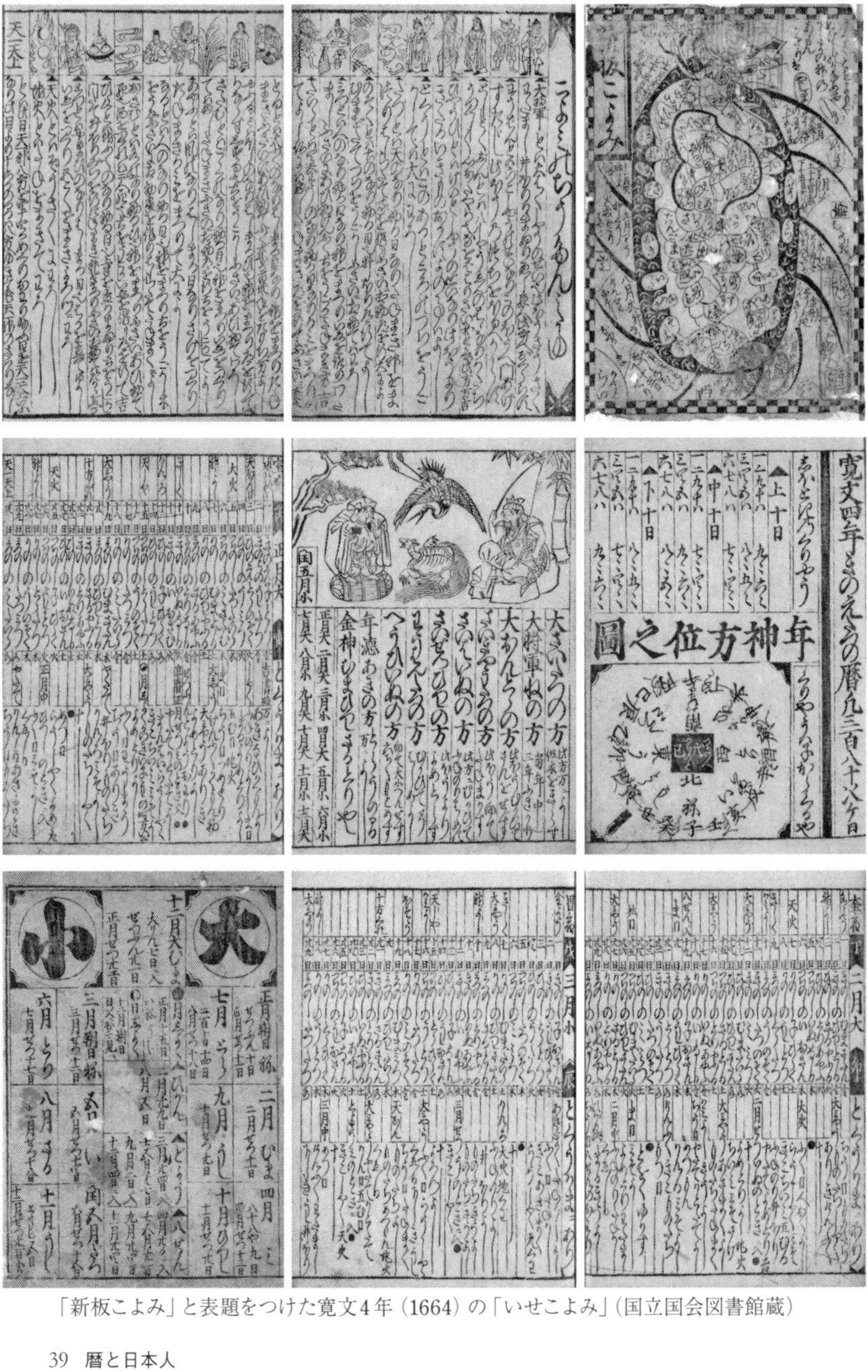

「新板こよみ」と表題をつけた寛文4年（1664）の「いせこよみ」（国立国会図書館蔵）

られている。足利学校所蔵の『周易十巻』写本の表紙裏に用いられている永享九年（一四三七）の仮名版暦が、現存する三島暦最古のものとされているが、『空華《くうげ》日用《にちよう》工夫《くふう》略《りゃく》集《しゅう》』の記録などから十四世紀後半にはあったことがわかる。三島暦は三島大社の神威を背景に、伊豆・相模・武蔵・甲斐・信濃などに頒布されており、三島といえば版暦の代名詞として通る時代もあったようだ。貞亨の改暦以後は地方暦として関東地方に頒布されていたが、元文四年（一七三九）からは伊豆・相模の二国に頒布域が限定されている。

伊勢暦

伊勢神宮は、私幣禁断であった。一般の人々は、直接、幣束や幣物を奉じて祈ることは出来なかったのである。そこで、神宮の権禰宜《ごんねぎ》層が、それらの人々に代わって祈りを捧げた。この権禰宜層が、後に、御師《おんし》と呼ばれるようになる。（注：御師は一般にはおしとよむが伊勢神宮ではおんしとよんでいる。）

十五世紀になると、伊勢には数百人の御師がいて、各地の人々と直接結びつき、それらの人々を檀那《だんな》として、その神宮に対する信仰を取りついでいたようである。江戸時代になると、檀那の数は五百万にものぼっ

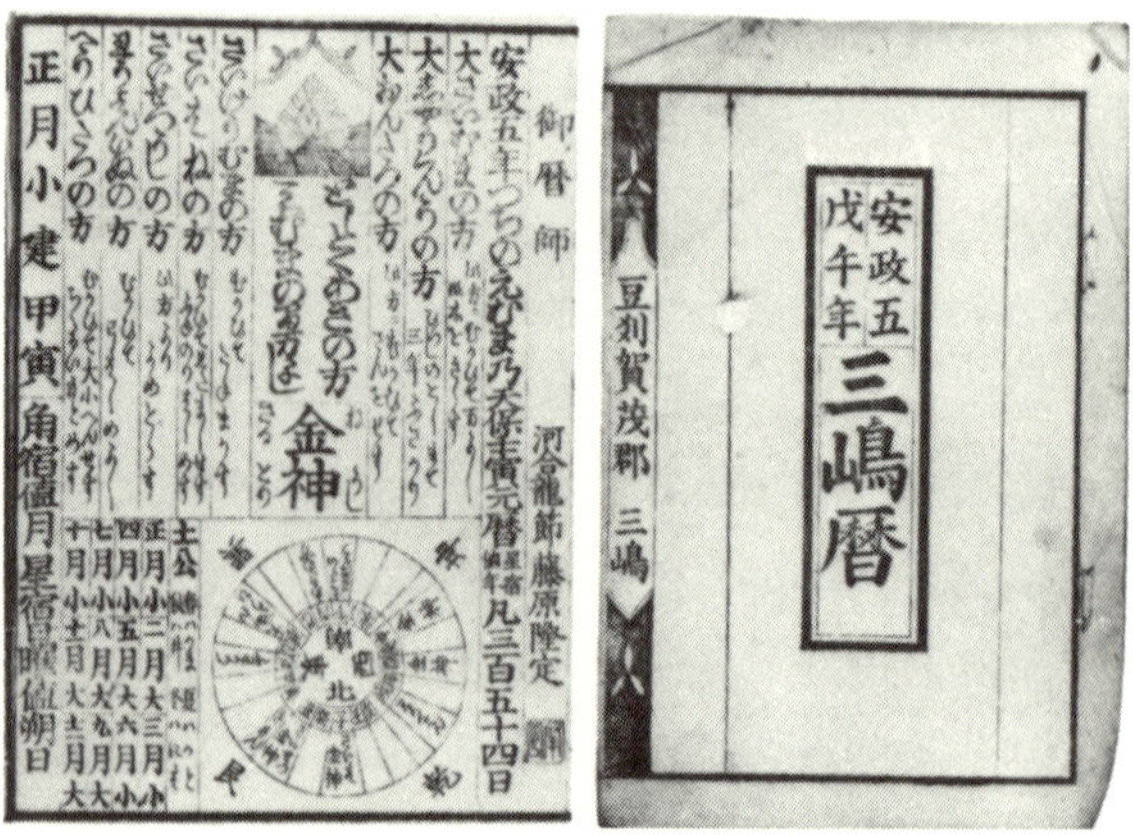

安政5年（1858）の三島暦（三島市郷土館蔵）

ている。

　御師の仕事は、各地の檀那をまわり、神宮のお札（大麻）を配ることと、檀那が伊勢参宮に来た時に接待をすることであった。檀那まわりは御師の手代の仕事であった。手代は、土産を持って檀那まわりをした。土産には、帯・白粉・扇子・茶・櫛・海苔・のし鮑・虫下し・墨などがあったが、最も重要な土産は、暦であった。

　伊勢の御師がお札と共に暦を土産に配るようになったのは、十五世紀後半からだとされているが、はじめは京暦や伊勢松阪の西方、丹生に住した賀茂家の版行した丹生暦を用いていたが、寛永八年（一六三一）に、森若太夫が作ったのを嚆矢として、伊勢でもつくられるようになったといわれている。

　伊勢暦は、全国のほとんどの人を組織していたともいえる御師が配るものであったので、またたくうちに全国に広がり、江戸時代の代表的な暦となった。伊勢暦は内容も形式も、丹生暦を踏襲した折本形式で、二枚の版木に彫られたものを一本に仕立てたものであった。暦師は、外宮《げくう》に数十人、内宮《ないくう》に一人いた。内宮の暦師は、佐藤伊織であった。暦の発行部数は、内宮外宮あわせて数

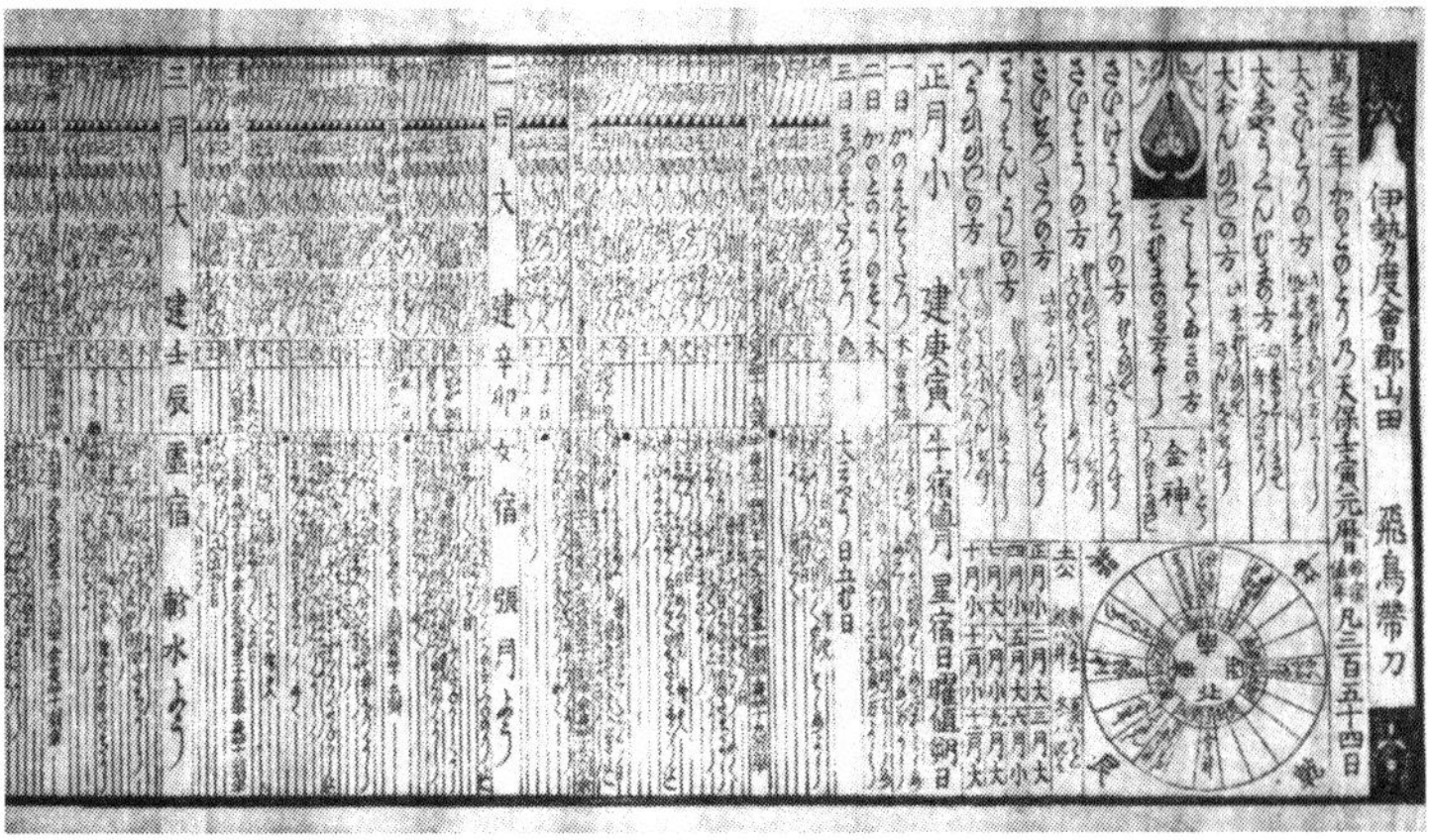

万延2年（1861）の伊勢暦

歌川国芳の浮世絵に描かれた、天保15年（1844）の伊勢暦を手にする女性（国立国会図書館蔵）

十万部にも達していたという。種類は十数種あったが、大折・上紺・並紺のものが主として配られた。十数種といっても、紙の質や大きさ、装幀が異なるだけのものであった。

　伊勢暦は明治四年（一八七一）の御師制度廃止にともなってその頒布も終わることになるが、明治十六年から神宮司庁によって本暦、略本暦として神宮暦が発行されるようになったことは先に記した。

　なお伊勢暦に先行して、享禄五年（一五三二）にはすでにあったという丹生暦は、紀州暦とも呼ばれ、伊勢暦に押されて影が薄くなるが、幕末までは作られていた。

信太暦

　信太暦は、舞暦とも呼ばれる。和泉国舞村（現和泉市舞町）の藤村氏によって作られ配られていた暦である。藤村氏は土御門家の免許を受けた陰陽師であり、また舞太夫として信太大明神（聖神社）の祭礼には舞を奉納する家であった。陰陽師としては正・五・九月の年三回、和泉河内両国内にある檀家をまわって家内安全・五穀成就などの祈禱をおこなっていたが、その回礼のさいの土産として持参したのが信太（舞）暦であった。信太大明神は、この社前に傷を負って倒れていた白狐が、安部保名に助けられ、美女となって現れ、保名と契って子をなして去った。その子が安倍晴明であるという葛の葉伝説と深い関わりのある古社である。信太暦を出していた藤村家は晴明と関わりのある家だといわれている。信太暦は、特定の檀家にくばる頒暦であったから、発行部数も少なく、したがって残存数も極めてすくない暦で、幻の暦とされてきたものであるが、早くからこの暦に注目してきた小谷方明《みちあきら》さんや渡辺敏夫氏によって、その全貌が明らかになってきた。渡辺氏によると、信太暦の起源は明らかではないが、奈良暦と深い関係があり、同じ冊子型の綴暦で、万治三年（一六六〇）には版行されており、宝暦四、五年（一七五四、五）頃に絶えてしまったとされている。この暦は檀家への頒暦として許可されたもので、売暦は許されていなかったが、売暦したことが発覚して板行を差し止めらるということを繰り返して、終わったのである。信太暦に関する資料としては、聖神社にも藤村家にも残っておらず、まとまったものとしては堺市豊田にある小谷城郷土館に収蔵されている古文書、版木類だけであろう。これらの史資料類は、小谷方明さんが昭和十年代に藤村義正氏から寄贈されたものだという。

絵暦――田山暦・南部めくら暦・砂川暦《うるかこよみ》

文字を用いないで絵あるいは記号で表示した暦がある。絵暦というが、めくら暦とか座頭暦などとも呼ば

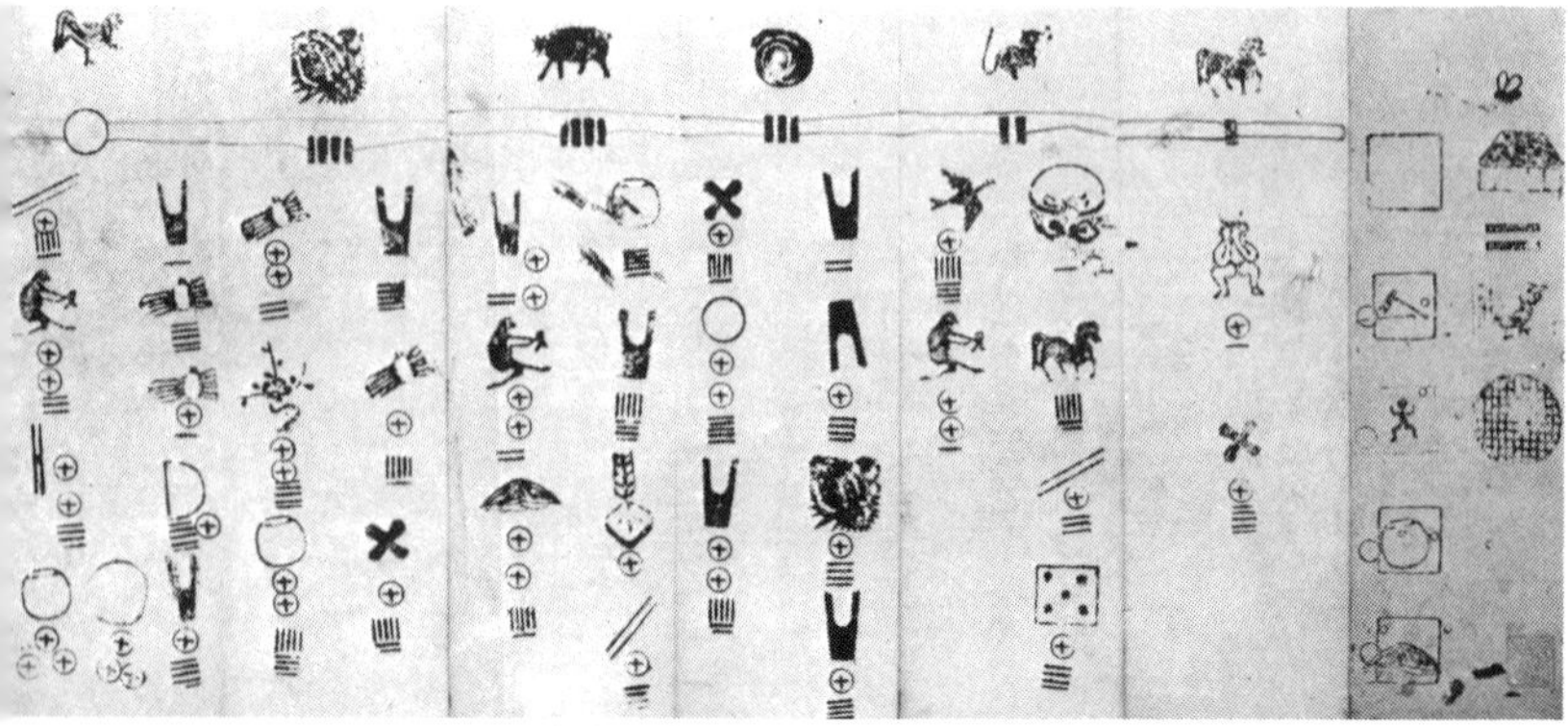

嘉永２年（1849）の田山暦（盛岡市公民館蔵）

れていた。岩手県の田山暦、南部めくら暦と沖縄県の砂川暦の三種が知られている。

これらの暦は、伊勢暦などの一般に流布していた暦と違って、日《ひ》次《なみ》に暦注を記入したものではなく、重要な日のみを記した略暦で、それを絵ないし記号を使って表現しているものである。

田山暦は岩手県二戸郡田山村（現八幡平市田山）の八幡家で作られていたもので座頭暦とかめくら暦と呼ばれていた。木活字を用いて一つひとつ押印したもので、暦一部に二百ヵ所以上も押印しなければならなかった。（図参照）

上段の絵は、その月の朔日の干支を表し、二本の線にまたがって月教が表示されている場合が大の月、下線に記されているのが小の月である。下段の絵は、鬼が節分、燕が社日、馬が初午、猿が庚申、梅花が入梅、鎌が稲刈吉、砥石が冬至、×印が十方暮などを表すといったものである。橘南谿の『東遊記』後編に、天明卯年（天明三―一七八三年）の田山暦とその注解図が載せられている。なお同書には盲暦の他に盲心経とその注解図も掲載されており、盲暦だけでなく般若心経や随求陀羅尼《ずいぐだらに》などの盲経も版行されていたことがわかる。田山暦は田山村の善八という人によって始められたと伝えられているが、正確な創始年代はわかっていない。が、正徳（一七一一〜一五年）頃の盲経が残されており、盲暦のはじまりもその頃かと考えられている。

田山暦は半紙三枚を横に貼りついだもので平年は一四折、閏年は一五折にした折本形式のものである。

「南部めくら暦」は、幕末から盛岡で出版された一枚刷りの略暦である。

中央上段に年号が表示してある。その下が歳徳神の司る方角で、万事につけて大吉の方位を示す明きの方である。明きの方は恵方ともいう。年号の左右にあるのが、月の大小で、大刀の下が大の月であり、小刀の下が小の月である。月数は賽の目の数で示し、その横にあるのが、朔日の干支である。大黒天をまつっているのが甲子、三猿が庚

盛岡の南部盲暦

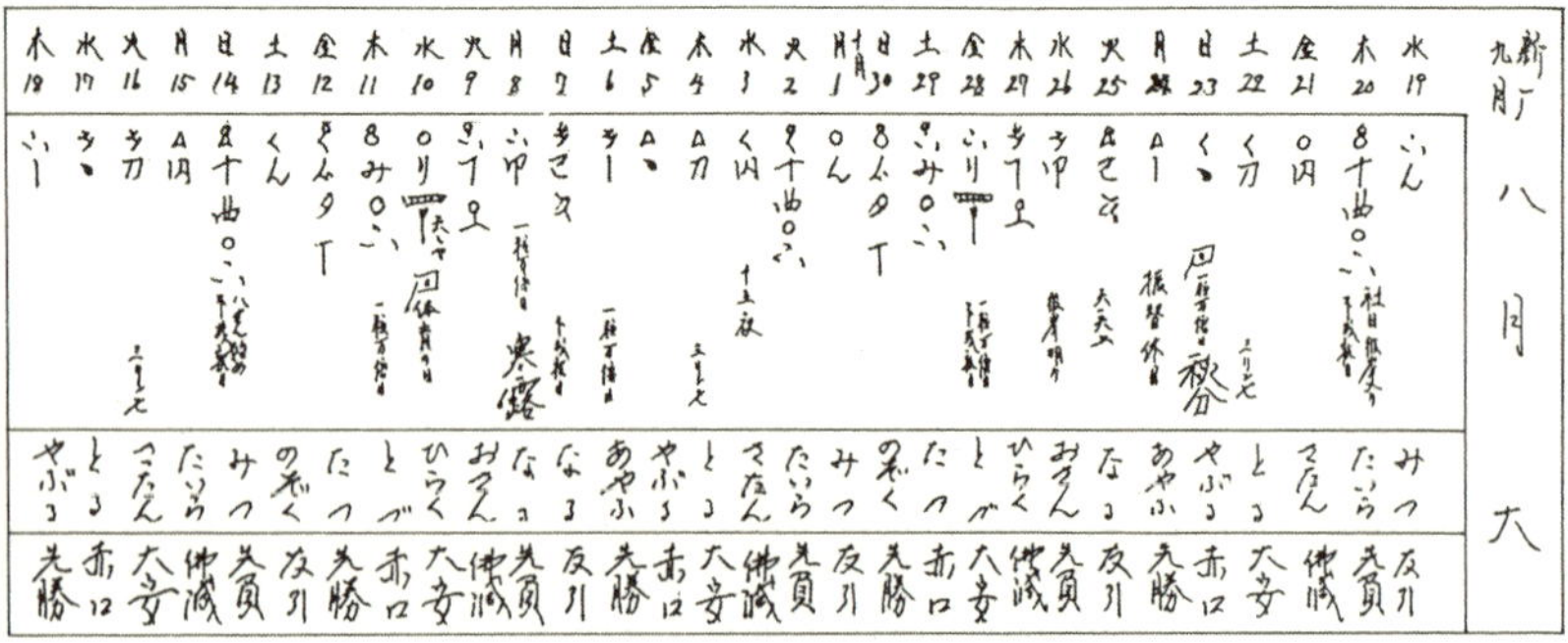

平成２年（1990）の砂川暦（『世界のなかの沖縄文化』より）

木	火	土	金	水
乡	ぃ	○	く	△
きのえ きのと	ひのえ ひのと	つちのえ つちのと	かのえ かのと	みずのえ みずのと

	子	丑	虎	卯	辰	巳	午	未	申	酉	戌	亥
砂川暦	十	内	刀	丶	丨	己	ㄗ	㇆	り	み	く	ん

申、団子が彼岸、神社参詣で社日、泥棒が荷を担いでいる絵は荷うばいで入梅、禿頭で半夏、罌粟《けし》に濁点で夏至、銭二百と砥石と蚊で二百十日などを示している。

「南部めくら暦」は現在も発行されている。ここに掲げた「南部めくら暦」は昭和二十二年暦で、干支は丁亥《ひのとい》、恵方は戌《いぬ》亥《い》で、二月に閏がはいっており、閏は下半身（股）で示されている。又の二月ということである。

沖縄の砂川暦は宮古島の砂川《うるか》（現宮古島市城辺砂川）で発行されていたものである。木版や活字による印刷ではなくすべて筆による手書きの暦であるから、発行部数は限られたものである。絵暦といっても、田山暦や南部めくら暦と違って、ここに示すように、五行、十二支を独特の記号で示す外には、天火日、地火日などの忌み日を示す九種類の記号が用いられているだけで、暦の中心となる日の吉凶判断等や十二直、六曜などは漢字もしくは仮名で記されているので、完全な絵暦とはいえないものであるが、独特の記号を用いていることから絵暦に準ずるものと考える。

略暦

江戸時代に、一年の主要な暦注を一枚の紙に刷った暦が存在した。それを略暦といっている。先に揚げた田山暦や南部めくら暦や大小暦も略暦の部類にはいるものである。略歴は、正規の暦師が作ったものもあるが、市井の摺物師が制作したものも多かったようである。

略暦の代表的なものは柱暦である。柱暦は、縦長で、いつでも見れるように、目につきやすい所の柱に貼ってあった。月の大小や甲子・庚申の日、八専、社日、十方暮などが記されている。略暦の場合は、一年に何度かある日については、その暦注ごとに日付をまとめて記してある。江戸時代の略暦には、芝居や流行り歌などを刷り込んだカレンダー風のものも出版されている。一枚刷りの暦を小さく畳んで懐に入れて持ち歩くようにした懐中暦もあった。懐中暦には易占についての注記を付録につけて綴じた書物状のものなどもあった。略暦は明治以後も、多様な形で様々出版されていた。

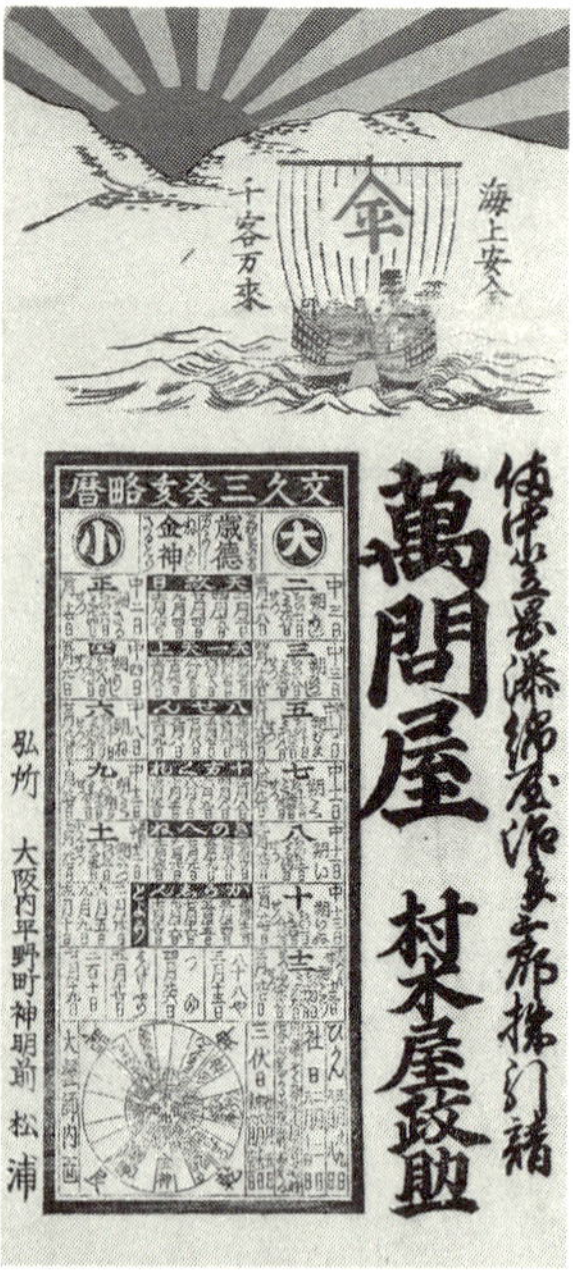

文政13年（1830）の柱暦
（大阪城天守閣所蔵）

為永春水の人情本『春告鳥』〈天保7-8年（1836-37）刊〉
の挿し絵に見える、壁に貼られた略暦

享和2年（1802）の懐中暦を描いた摺物
（国立国会図書館所蔵）

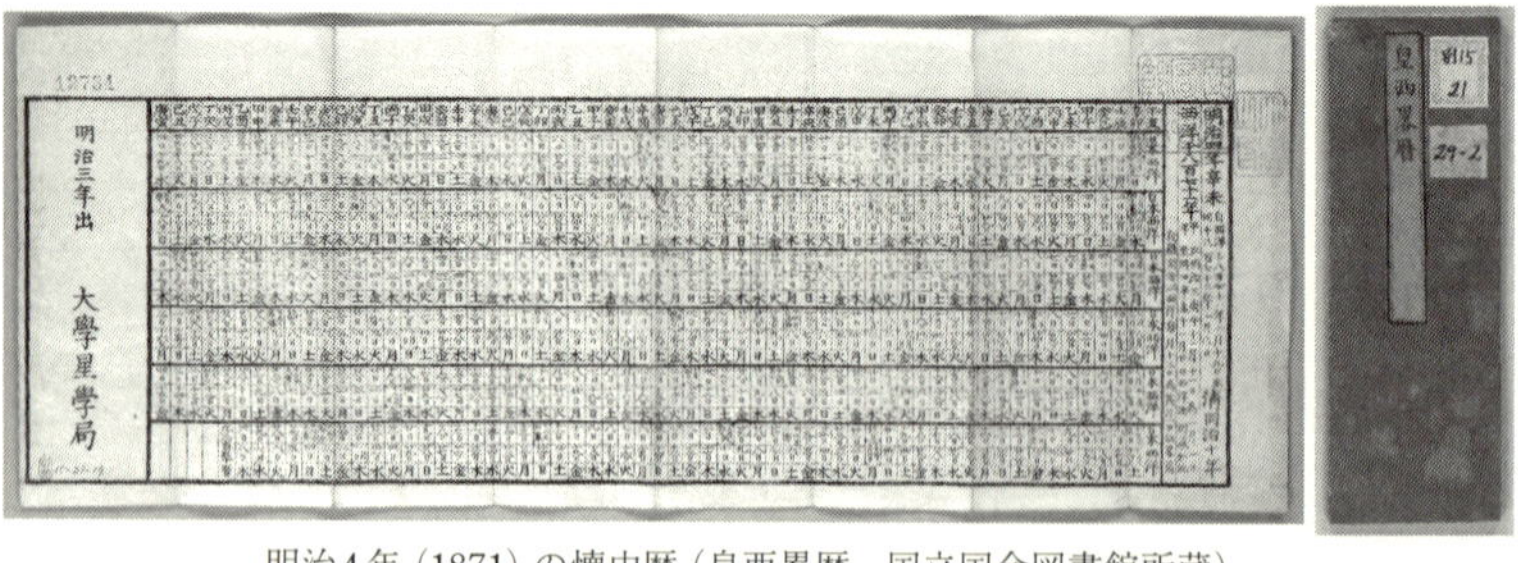

明治4年（1871）の懐中暦（皇西署暦、国立国会図書館所蔵）

大小暦と大小板

一年の月の大小を判じ絵のようにして描いた暦が大小暦である。

江戸時代には、決算・支払いは、盆・暮か晦日というのが慣例であったから、商人にとって月の大小はことに重要であった。それを間違えると、勘定がもらえなくなったり、取り立てを食ったりすることにもなりかねなかったのである。まして旧暦時代は、現在のように月の大小が定まっていなかったので、毎年、それを確認しなければならなかった。そのことが、略暦の一種である一枚刷りの大小暦を普及させた大きな原因であった。大小暦は、最も基本的なことを知らせる略暦であったということが出来る。

大小暦の多くは判じ絵仕立てで、様々の表現が工夫されていた。一方、それを求める側にも、読み解く面白さがあり、また、絵としても優れた摺物が多かったので、収集の対象ともされていたようである。

大小暦をさらに簡便にしたものが、大小板である。これは、表に大、裏に小の文字を書いた板で、商店の軒先や、人の多く出入りする寺などに吊るしておき、間違わないように注意を促すためのものであった。円形や四角の単純なものが多いが、なかにはヒョウタン形、将棋の駒形、九〇度回転すると大が小に変わるように工夫したものなどもあった。

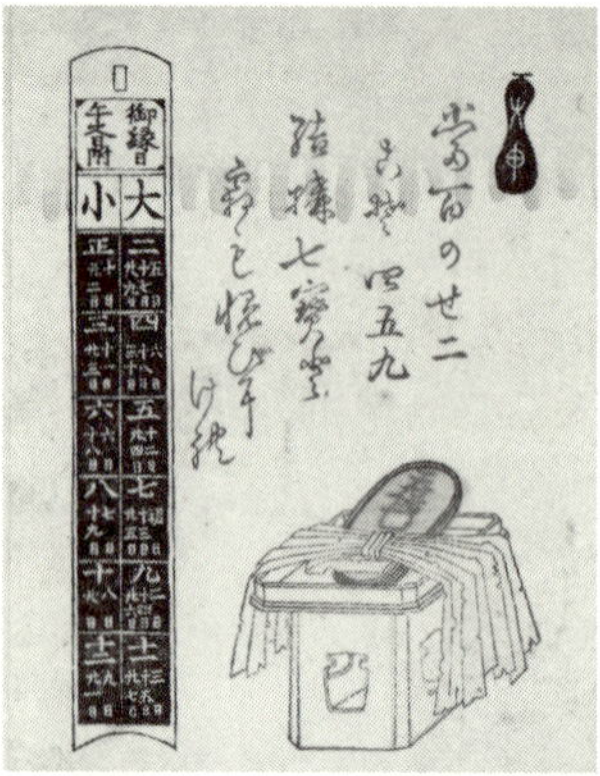

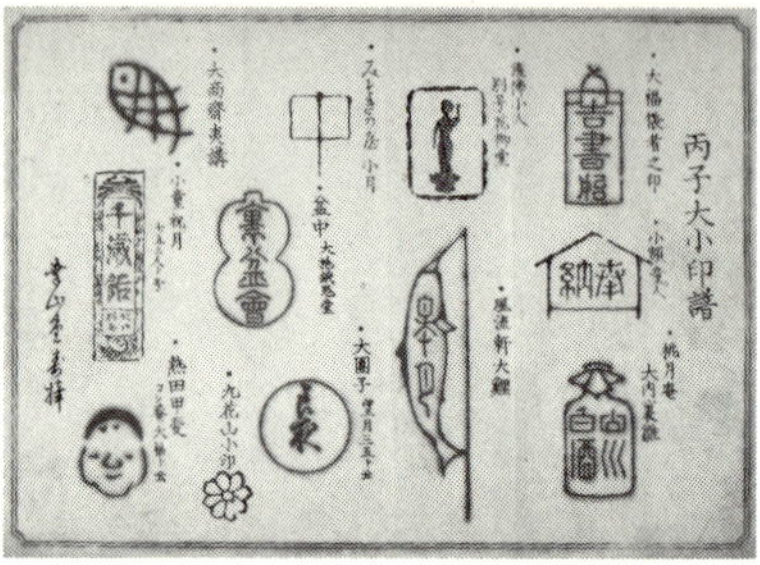

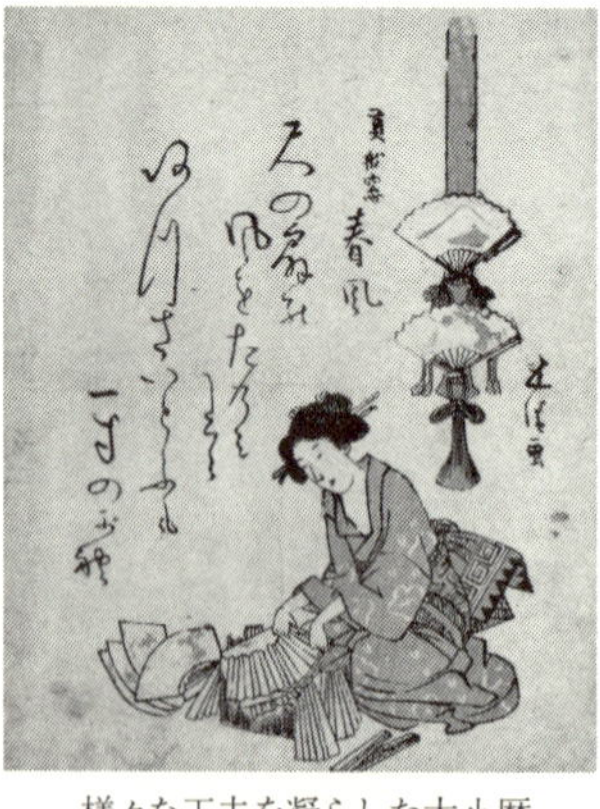

様々な工夫を凝らした大小暦
（6点とも国立国会図書館蔵）

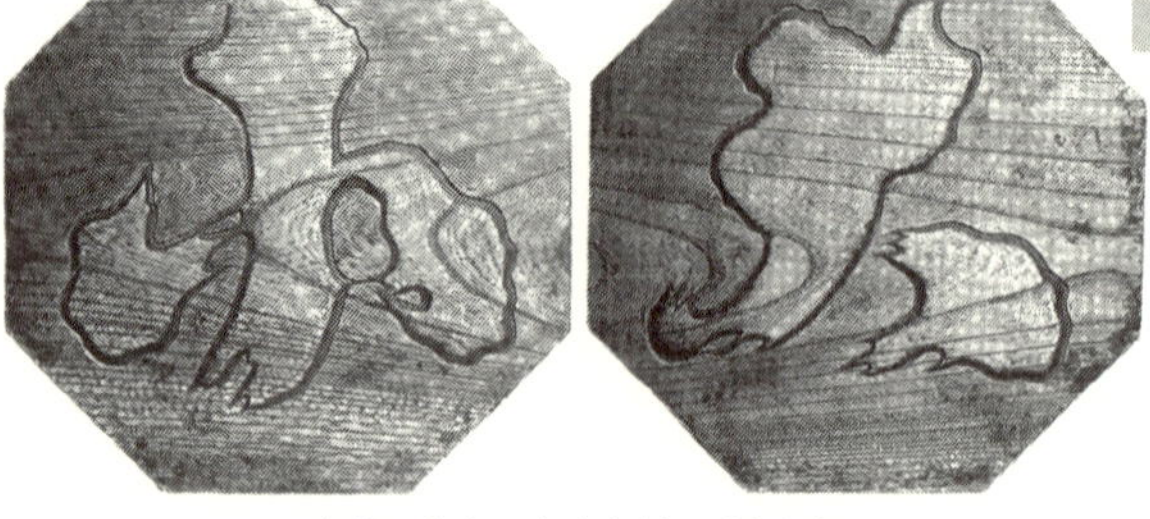

表裏に大小の文字を刻んだ大小板

引き札

先に述べたように、明治十六年、正規の暦は、伊勢の神宮司庁のみが頒布できることとなった。このとき、略暦の出版は誰にでも許されるようになったので、大阪を中心に、様々の略暦が作られるようになった。その中に、広告用の引き札、現在でいうチラシに大小略暦などを組み合わせたものがあった。明治二十年ごろからは、木版多色刷りの高級品も作られるようになった。

このような引き札が、いわゆる暦とは異なるデザインの暦に展開し、日めくりの暦となり、さらには、現在のカレンダーへとつながってくるのである。

暦の周辺

暦に記された暦注には様々あり、一般の人がそれに精通するのは困難である。したがって、江戸時代になると、その解説書とでもいうようなものがたくさん出版されて

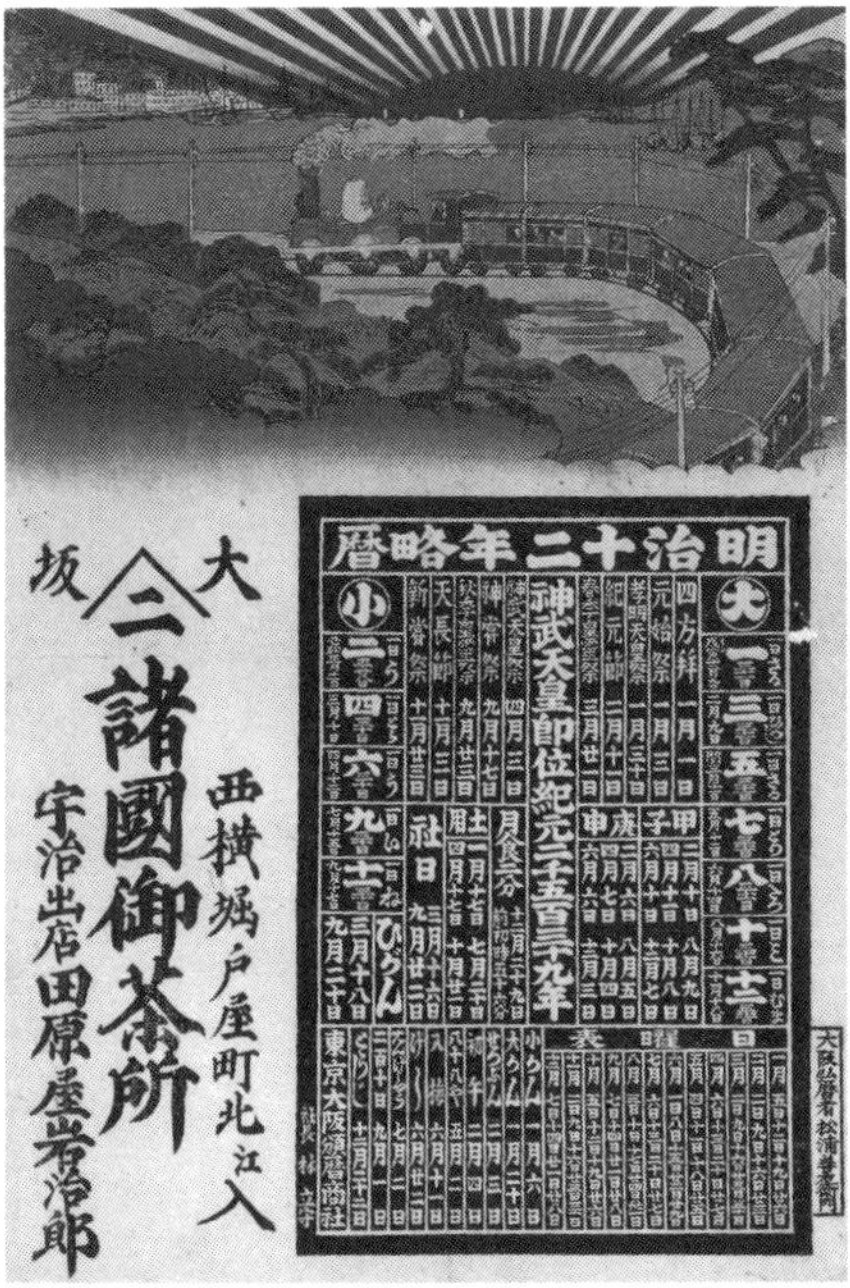

略暦を刷り込んだ明治12年（1879）の引き札
（大阪城天守閣所蔵）

くる。最も一般的なものが「雑書」とか「大雑書」とか呼ばれている一群の書物である。いずれもかなり大部な書冊で、内容は「宇宙天地の観察、人事において性格運命の鑑定、人相手相の吉凶、妙薬秘術の蘊奥、まじないの秘訣に至るまで、世人のためになるべき限りの諸秘訣を蒐輯し」と復刻版『天保新選永代大雑書萬暦大成』の序に記されているように、暦注の詳解から易占についての解説にいたるまでが記載されており、日常百科全書的なものになっている。大雑書の類は永代暦とか萬年暦等とよばれて重宝されたもので、古本市や古書店で見かけるものの中には、使い古して端がめくれ上がりボロボロになったものが少なくない。

暦に書かれている事項の解説というわけではないが、貝原益軒の著作である『日本歳事記』などは一年間の行事について記したものであり、暦注と深い関係があるといえるだろう。貞享四年の序文があり、そのころまでの民間での行事の概要が記されている。

『俳諧歳時記栞草』は、俳諧の季語について、月の順に並べて簡単な解説を記したもので、江戸時代に様々出版された歳時記の類の一種である。この本は、滝沢馬琴の『俳諧歳時記』を藍亭青藍が増補訂正して、嘉永四年に刊行した本で、世に大いに用いられたものである。

過去においても、現在も、多くの人が日記を記している。平安貴族たちの日記が有名だが、農民たちも、文字を知るようになる者は、それなりに日記をつける人もいたのである。日記は、『御堂関白記』をもちだすまでもなく、暦と深く関わっている。暦を写し取り、そこに日々の記録を書きつけていった庶民の記録は、私たちに様々のことを教えてくれる。

【資料】

明治五年太政官布告第三百三十七号（改暦ノ布告）

（別紙）

詔書写

朕惟フニ我邦通行ノ暦タル太陰ノ朔望ヲ以テ月ヲ立テ太陽ノ躔度ニ合ス故ニ二三年間必ス閏月ヲ置カサルヲ得ス置閏ノ前後時ニ季候ノ早晩アリ終ニ推歩ノ差ヲ生スルニ至ル殊ニ中下段ニ掲ル所ノ如キハ率子妄誕無稽ニ属シ人知ノ開達ヲ妨ルモノ少シトセス盖シ太陽暦ハ太陽ノ躔度ニ従テ月ヲ立ツ日子多少ノ異アリト雖モ季候早晩ノ変ナク四歳毎ニ一日ノ閏ヲ置キ七千年ノ後僅ニ一日ノ差ヲ生スルニ過キス之ヲ太陰暦ニ比スレハ最モ精密ニシテ其便不便モ固リ論ヲ俟タサルナリ依テ自今旧暦ヲ廃シ太陽暦ヲ用ヒ天下永世之ヲ遵行セシメン百官有司其レ斯旨ヲ体セヨ

明治五年壬申十一月九日

○

一　今般太陰暦ヲ廃シ太陽暦御頒行相成候ニ付来ル十二月三日ヲ以テ明治六年一月一日ト被定候事

但新暦鏤板出来次第頒布候事

一　一ケ年三百六十五日十二ケ月ニ分チ四年毎ニ一日ノ閏ヲ置候事

一　時刻ノ儀是迄昼夜長短ニ随ヒ十二時ニ相分チ候処今後改テ時辰儀時刻昼夜平分二十四時ニ定メ子刻ヨリ午刻迄ヲ十二時ニ分チ午前幾時ト称シ午刻ヨリ子刻迄ヲ十二時ニ分チ午後幾時ト称候事

一　時鐘ノ儀来ル一月一日ヨリ右時刻ニ可改事
但是迄時辰儀時刻ヲ何字ト唱来候処以後何時ト可称事

一　諸祭典等旧暦月日ヲ新暦月日ニ相当シ施行可致事

太陽暦　一年三百六十五日　閏年三百六十六日四年毎ニ置之

一月大	三十一日	其一日	即旧暦壬申十二月三日
二月小	二十八日　閏年／二十九日	其一日	同癸酉正月四日
三月大	三十一日	其一日	同二月三日
四月小	三十日	其一日	同三月五日
五月大	三十一日	其一日	同四月五日
六月小	三十日	其一日	同五月七日
七月大	三十一日	其一日	同六月七日
八月大	三十一日	其一日	同閏六月九日
九月小	三十日	其一日	同七月十日
十月大	三十一日	其一日	同八月十日

十一月小　三十日　　　　其一日　同九月十二日
十二月大　三十一日　　　其一日　同十月十二日
大小毎年替ルコトナシ

時刻表
午前
　零時　即午後十二時　子刻　　一時　子半刻　　二時　丑刻
三時　丑半刻　　四時　寅刻　　五時　寅半刻　　六時　卯刻
七時　卯半刻　　八時　辰刻　　九時　辰半刻　　十時　巳刻
十一時　巳半刻　　十二時　午刻
午後
　一時　午半刻　　二時　未刻　　三時　未半刻　　四時　申刻
五時　申半刻　　六時　酉刻　　七時　酉半刻　　八時　戌刻
九時　戌半刻　　十時　亥刻　　十一時　亥半刻　　十二時　子刻
右之通被定候事

（「なごみ」一二一号　一九九〇年一月　淡交社　改訂増補 二〇一九年五月）

〔参考文献〕

『日本の暦』　岡田芳朗　木耳社　一九七二年
『日本の暦』　渡辺敏夫　雄山閣　一九七六年
「暦 wiki　日本の暦1～6」　国立天文台暦計算室　二〇一九
「暦 wiki　明治以降の編暦」　国立天文台暦計算室　二〇一九
『暦の大事典』　岡田芳朗編　朝倉書店　二〇一四年
『暦の百科事典』　暦の会編　新人物往来社　一九八六年
『現代こよみ読み解き事典』　岡田芳朗・阿久根末忠編　柏書房　一九九三年
『世界の暦文化事典』　中牧弘允編　丸善出版　二〇一七年
『南部絵暦』　岡田芳朗　法政出版　一九八〇年
「宮古島「砂川暦」の研究」　岡田芳朗（「沖縄文化」三巻一五号　沖縄文化協会　一九六四年四月）
「王府の暦をめぐる諸問題」　中鉢良護（「沖縄文化」二八巻一号　沖縄文化協会　一九九三年一月）
『琉球諸島における倭寇史跡の研究』　稲村賢敷　吉川弘文館　一九五七年
『世界のなかの沖縄文化』　渡辺欣雄　沖縄タイムス社　一九九三年
「和泉暦」　小谷方明（「近畿民俗」一六号　近畿民俗学会　一九五五年四月）
『陰陽師の末裔たち』　歴史民俗学研究会編（「歴史民俗学」No.25　批評社　二〇〇六年八月）
『天保新選　永代大雑書萬暦大成』（復刻版）　東京神宮館　一九六九年

行事十二ヶ月

睦月

「睦月《むつき》」は正月、一年の最初の月であり、何もかもが新しくなるめでたい月である。

旧暦の正月は立春の頃だった。明治六年に太陽暦が採用され、一ヶ月近く正月が早く来るようになったのだが、今でも、年賀状に、新春・初春などと記して不思議としないのは、古くからの感覚が残っているからであろう。

月の満ち欠けによる一巡りを一ヶ月とし、その十二ヶ月を一年とするのが太陰暦であるが、それによって起こる季節のずれを太陽暦によって修正したのが太陰太陽暦であった。そして、冬至を十一月に置くことによって、立春の前後に正月が来るようにしていたのである。自然に規制されることの大きい生活に適合したものであった。

冬至は一年でいちばん陽の短い日であり、自然が枯れ果て、もの皆衰えるときである。それを、人々はカミの衰えによるものと受け止めたのであった。その衰えたカミは、力強いカミに再生しなければならない。枯れた草も、土中に埋もれた種も、春に新しい力を蓄えて芽を出して来る。それは、自然の再誕であり、カミの蘇《よみがえ》りなのである。冬から春への自然の推移は、カミの衰え・こもり・再誕と考えることが出来る。

「あらたまの」は年や春の枕詞であるが、まさに新しく生まれ変わったタマ（カミ）の意であった。

正月には、その新しく蘇ったカミが、歳神様として我々のもとにやって来て、これからの一年を言祝《ことほ》いでくれると考えていた。そのカミを迎えるために、歳棚を作り、門松を立てた。歳棚には、鏡餅・神酒が供えられた。瓶子《へいし》にはミキノクチが挿してあった。

丸くて白く大きい鏡餅こそ新しいカミ（タマ）の象徴であった。お年玉は、この新しいカミの分霊を頂くという意味を持っていた。

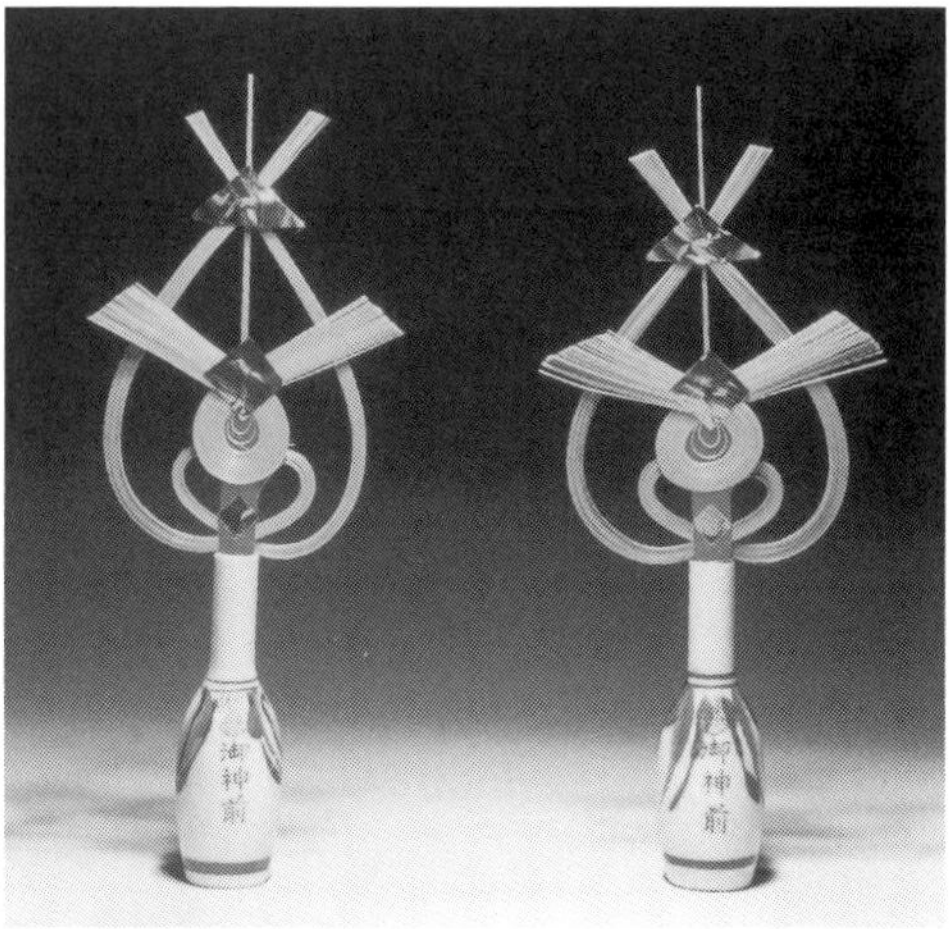

三多摩地方の竹製のミキノクチ「ヒトツダマ」

ミキノクチは、神酒用の瓶子に挿して歳棚などに供えるものである。赤い紙で作られたものなどは鮮やかな彩りを添え、竹製のものは、細やかですがすがしい線の交錯が繊細な造形美を創り出している。

神社の神饌として御神酒を捧げる時に瓶子の口に奉書を巻いて挿すことがあるが、ミキノクチはこれと同じものであろう。

ミキノクチというと、白い紙や赤い紙などを扇型に折ったものを瓶子の口に挿しているのをよく見かけるが、京都の商家では白木のヘギ製のものが使われている。御幣《ごへい》型と宝珠《ほうじゅ》型の二種類があって、歳の暮れに錦市場などで売っているのを買って来るのだという。

関東、とくに三多摩地方では、竹製のミキノクチが多く用いられている。これは、三十センチほどの長さに切った三年生の真竹を、幅八ミリ厚さ五ミリ位に割り、薄く剝ぎ、さらに、それを曲げて宝珠などを象ったものである。みかけほど複雑なものではないが、経験と勘がものをいう職人の作品である。これを専門に作る人が各地にいたようだ。東京の青梅市今井や日の出町玉の内では、今でも作っていて、歳の市などで売っている。また、各家をまわって売り歩くこともある。

三多摩ではいろいろな形のものをみるが、基本は二種類で、宝珠型の「ワ」と、万年青《おもと》型の「ザ」とになるようだ。「ヒトツダマノワ」「マルグチ」「フクグチノワ（ホウシュノタマ）」「ミョウガ」などと呼ばれるのが「ワ・輪」である。「ザ・座」には、「オモト」「ヒトツダマノザ」「ミツダマ」「タカラブネ」「フクグチノザ」などがある。

万年青系は大神宮様や床の間に、宝珠系の「ミョウガ」「フクグチノワ」などは恵比寿大黒に供える瓶子に用いるといわれている。

ミキノクチは、正月の飾りだとか、縁起物だとかいわれているが、単純にそういってしまっていいのだろうか。

竹やヘギのものが使われるようになったのは近年のことで、古くは、ケズリカケ、あるいは松や榊の枝を使っていたのではないかと考えられる。神奈川県の葉山では、ヘギ製の松を象ったミキノクチを使っていたし、岩手県大東町では、竹製だが、松を象ったミキノクチを用いている。これらには、昔の記憶が残っているのだろう。多摩地区の万年青も、いつまでも緑を保っているので、松などと同じものと考えられたのであろう。

松や榊は神を迎えるためのヨリシロだし、ケズリカケも同じ役割を持っている。ヨリシロの一般的な姿は御幣である。とするとミキノクチもヨリシロだと考えられる。

正月でも春秋の祭礼でも、ヨリシロとしての御幣の類は実に重複して用意される。これでもかこれでもかといった具合である。それが日本人の神を迎える方法だったのである。

カミは、毎年、その年の恵方《えほう》からやって来る。それで、恵方詣に出かけたりもする。何処からともなくやって来る獅子舞・万歳・鳥追い・猿曳きなども来訪するカミであった。

秋田の男鹿半島のナマハゲも正月の来訪神である。宮城・福島・山形・大分・熊本・鹿児島などのカセドリ、山陰地方のホトホト、岡山・徳島のコトコトも同類である。

正月には、羽根つき・かるた・トランプに興じる。そこには、正月は一年を占うときなのだという気持ちがあるように思われる。占いごとは正月行事の中に多くみられる。太占祭《ふとまにさい》・粥占《かゆうら》・歩射《ぶしゃ》なども占いの行事である。

歩射（滋賀県若宮神社）『年中行事図説』（昭和28年〈1953〉）より

古くは十五日が月の初めであって、それの名残りが小正月であろうと言われている。

農民は主として小正月を行なって来たのであり、農事暦的正月行事はむしろ小正月の方に多い。アワボ・ヒエボやマユダマ・モチバナなどでハナを作ったり、雪中で模擬田植を行なったりするのは、豊作を祈る小正月の予祝行事である。

トンド・サギチョウ・サンクロウヤキなどと呼ばれる小正月の前夜に焚かれる火も、カミを迎えるためであった。

正月は行事の多い、おめでたい月である。

マユダマ
（東京都保谷市、『防長警友』より）

サンクロウヤキ
（長野県、『年中行事図説』より）

如月

「如月《きさらぎ》」は二月、草木が若々しく芽生え、更生する「生更ぎ」の意であるという。旧暦（太陰太陽暦）の二月は仲春であったが、太陽暦の二月は初春である。まだ野は霜枯れており、北国は雪に覆われていて、寒気の厳しい日が続く。

二月の始め、寒さが峠の頃に「節分」がある。立春の前夜の行事であるが、古くは年末に行なわれていて、「追儺《ついな》」といった。豆を撒くようになったのは、室町時代頃かららしく、狂言の『節分』では、オニに対して豆を撒いている。

この夜、人々は、鰯の頭を柊《ひいらぎ》の枝に付けて戸口に挿して邪気除けのまじないをし、カミのよりました豆を撒いて、カミの霊力を周囲の世界に撒き散らし、春のカミを迎えるのである。

昔の人は、立春の頃の寒さの中に、春の兆しを見ていたのである。

旧暦時代も、立春は正月を過ぎての事が多かったのだが、稀に立

節分
（長野県、『年中行事図説』より）

春が年末に来ることもあった。『古今集』冒頭の、

　年のうちに春は来にけりひととせを

　こぞとやいはん今年とやいはん　　在原元方

という歌は、稀にやって来る年内立春を詠んだものである。立春が新しい年、新しい春の到来と考えられていたからこそ、このようなとまどいが生じたのである。

立春が過ぎると、二月八日のコトの日が来る。この日、一つ目小僧・ダイマナコなどという妖怪がやって来るといって、目篭に柊の枝を挿して竿の先に付け、家の前に立てる所が、東日本には多くみられた。厄神除けのまじないだが、軒先に立てる長い竿は、春のカミを迎える依代とも考えられる。

コト八日は、節分と同様に、春を迎える行事の一つだったのではないだろうか。

一月から二月にかけて「田遊び」と呼ばれる行事を行なう地方も多い。一年の農作業をカミの前で象徴的に演じることによって、その無事を祈願する予祝行事の一つである。

二月二日をヤイトビ・フツカキュウなどといって、灸をすえる日としていた。これは、農作業にかかる前に行なう健康管理であり、病災除けの行事の一つと考えられる。

二月最初の午の日は「初午」で、お稲荷さまを祀る。稲荷も、また、農耕神としての性格を強く持っていることはいうまでもない。東京の北区にある王子稲荷は、この日、凧市が開かれることで名高い。神社で火

ヤイトビ（長野県、『年中行事図説』より）

除けの凧を授与していることにちなんで行なわれるようになったものだが、大きな奴凧など、江戸独特の凧が売られている。

埼玉県東松山市に妙安寺がある。馬頭観世音が祀られており、通称「上岡《かみおか》観音」と呼ばれている。馬・馬産の守護神として、関東地方を中心に広く信仰されている。

毎年二月十九日が縁日であるが、この日には、馬を牽いて参詣する人が多く、良馬の産出や馬の安全を祈願して、お祓いをうける馬が、早朝から列を成したものだという。いまは農耕馬を牽いてくる人は少なくなったが、競馬関係者など馬に関係のある人たちで、人出は結構あり、賑やかな縁日の一つとして知られている。

この日、境内では絵馬市がたち、絵馬が売られる。

王子稲荷の火除けの凧

王子稲荷初午祭ノ図（一陽斎豊国画、国立国会図書館蔵）

埼玉県東松山市妙安寺、通称「上岡観音」の絵馬

菊花模様の飾り鞍をつけた馬を描いた絵馬が主で、大・中・小の三種ある。中でもツナと呼ばれる、七頭つなぎの飾り馬に松を配し、遠景に富士山と日の出を描いた、彩りの華やかな絵馬が昔から知られている。

参詣者はこの絵馬を求めて帰り、厩の入口などに掲げて、牛馬の守りとするのである。一年間掲げておき、翌年の縁日には古い絵馬は取り外して観音堂に納め、新しい絵馬に替えるのが例になっている。

絵馬は、人々が様々な思いを込めて、神仏に祈願する時、あるいは祈願が成就した時などに、寺社に奉納するものと考えるのが一般的だが、上岡観音の絵馬は奉納するものではない。お守りとして厩などに祀るのである。その点で、いわゆる奉納絵馬とは性格を異にしている。しかし、これもまた絵馬と呼ばれているのである。

飾り馬の絵馬は、観音絵馬講の人達によって描かれ、売られているものであるが、人びとは、これをたんなる板に描かれた馬の絵と見ているのではないようだ。だから厩などに祀って不思議としないのである。絵馬は市で売られる前に、観音に供えられ、御祈禱をうけているから、もちろん単なる馬の絵ではないのだが、絵馬を求める人が全て、そのことを知って求めているのではない。人々にとって、祈禱をうけ、魂が入れられているか、否かということは、それほど重要な事ではないのである。それ以上に、この絵馬が観音の縁日に、境内で売られている馬の絵であり、自分自身が、飼っている馬の安全を祈願し、求めたものであることが大事なのである。

観音の縁日は、馬頭観音の降臨したまう聖なる時であり、その境内は、神の降臨する聖なる場なのである。その聖なる時、聖なる場で、祈願を込めて求めてきた馬の絵は、上岡観音から授与される御札や神像と同様に、観音の分霊と考えられているのである。そして人々は、ここに描かれた馬の絵に神の加護をうけて生育するに違いない、我が飼い馬の理想の姿を見ているのである。だから、厩などに祀り、守りとすることができるのである。上岡観音の絵馬は、奉納絵馬ではない。しかし、これもまた、絵馬の一つの姿であることは間違いない。

立春を過ぎ、コト八日、初午が終わると、木の芽も日毎に大きくなり、吹く風も柔らかくなって、春の訪れが肌に感じられる。農作業の準備がこの頃から本格的に始まる。

二月は、もの皆動きだし、活動を始める初春の月である。

弥生

春を呼ぶといわれる奈良の東大寺のお水取りは、東大寺でも古くから続く重要な行事である。

二月の末から始まるこの行事は、寺院の儀式としては、観音菩薩に罪を懺悔し平安を祈る「修二会《しゅにえ》」なのだが、そのクライマックスのお水取りは、今は三月十三日の早朝午前二時に行なわれる。篭松明が二月堂を駆けめぐり、その火の粉を浴びると無病息災だといって人々が集まる。若狭の小浜と通じているという二月堂下の若狭井から水を汲む行事は、正月の若水と同じく、水を新しくするのであろう。十四日には、堂内でダッタンの行法が行なわれ、半月に及ぶ儀式が終わる。このお水取りを境にして、気候は暖かくなって、いよいよ本格的な春になって行くのである。

雪国でも、次第に雪が解け、土が見えて来る。三寒四温を繰り返しながら、春は進み、草も萌え出す。ねこやなぎ・じんちょうげ・たんぽぽ・ひがんざくら・ももなど様々の花が次々と咲く。

この頃、激しい風が吹くことがある。春の嵐である。また、春雷といって、雷が鳴ることもある。気候は定まらず、病人にはつらい季節である。

三月三日は桃の節句、雛祭である。女児を中心にした祭としては、大切なものである。初節句には、親族から祝いの雛が届けられたりして、子供の無事が、白酒や菱餅で祝われた。端午の節句や七五三など子供の成長を祝う儀式が多いのは、それだけ子供の生育が困難であったからである。

古くからこの節句に草餅が用意された。それは、若草の萌え出づる季節に相応しい、生き生きとした生命力をそこに見ていたからであろう。

一般的な段飾り雛

現在、一般の家庭では、段飾り雛を飾っている。最上段が内裏雛で、続いて三人官女・五人囃子と飾って行くのが一般的である。

長野県の松本地方の押絵雛は、人形に竹串が付いていて、それを台座に挿して飾ったものであった。この地方でも、現在では段飾りのお雛さまを飾っているが、昔は、押絵雛が主だったのである。押絵雛は、二月の中頃、母の親元や親族が持ってきてくれるものであった。そして、三月三日には、お雛さまをくれた人たちを招いて、紅白の餅で作った菱形のヒナモチで祝ったのである。

松本では、五月の節句にも押絵の人形を用いていたが、明治の末頃から次第に姿を消して、現在ではほとんど見られない。

押絵雛（長野県松本市）

押絵というのは、人物や花鳥などの形を、厚紙で作り、これに綿を入れた布を貼って立体的に作ったものである。江戸時代には、羽子板に押絵を貼った押絵羽子板が流行した。これは、現在でも浅草の羽子板市などで見ることができる。

江戸時代に、雛祭りは全国的に流行し、各地に様々な押絵雛の類も生まれた。秋田の横手など東北地方にもこの種の押絵雛が見られた。各家庭のお婆さんや主婦の手作りであったということである。

『増補改正・俳諧歳時記栞草』は嘉永四年の刊行だが、そこに「三月三日良賤の児女、紙偶人を製し、是を雛と称し、之を玩ぶ」とある。「偶人」は人形で、このように、江戸時代には、一般に紙人形だったのである。

貝原益軒の『日本歳時記』は貞享四年（一六八七）の刊行で、そこに雛飾りの図があり、立雛と座雛の夫婦の人形が、一組ずつ、一畳台に並べて飾られている。菱餅らしきものが三宝に載せられ、御神酒や重箱、魚などが供えられている。同書には、三月二日によもぎ餅を製し、三日にそれを食べ、桃花酒を飲み、また、よもぎ餅を親戚に贈るともある。現在のような段飾りではないが、ほぼ同じような雛の飾り方や祝い方が、貞享頃には、既に行なわれていたのである。

三月三日は、必ずしも巳《み》の日とは限らないが、上巳《じょうし》の節句ともいう。古くは、月初めの巳の日に祓をしていたのである。

『源氏物語』の須磨の巻に、光源氏が、海辺に陰陽師を召して、祓をし、船に人形を載せて流したとある。人形にケガレを移し、それを他界に流し去ったのである。この面影は、鳥取の流し雛などに見ることができる。

「雛飾りの図」(『日本歳時記』貞享4年〈1687〉)

人形で女児が遊んだことは、『源氏物語』にも見える。また、人形は、子供の幸福や安全を守るカミのヨリマシとして大切にされてもきた。この人形によせる心と上巳の祓とが一体となって、女児の節句を形成して行なったと考えられる。

雛人形は、祓の人形と子供の平安を守るヨリマシとが一体となったものであろう。ツミやケガレを祓って、子供の安全を祈願したのである。

三月の二十日頃に、春の彼岸がある。これは、太陽暦系統の春分の日の行事である。

この日には、墓詣りをする。墓詣りは、春秋の彼岸と、盆にするのが一般的である。

暑さ寒さも彼岸までともいう。日向（宮崎県）では、河童は、春の彼岸に川へ下り、秋の彼岸に山に入るといわれている。東北の青森・岩手などでは、三月十六日、農神様が降りて来るともいう。

水ぬるむ春、この頃から、いよいよ戸外での農作業が始まる。

この月は、日をいつと定めているわけではないが、各地で磯遊び・山遊びといった行事が野外で行なわれる。村の人々が、山や海辺に出て、一緒に食事をして、終日遊ぶのである。山や海辺はカミに近い所であったと考えられる。そこで、カミを迎えて、一年の平安を願ったのかもしれない。村の全員での共食は、ナオライなのであろう。

三月は会社・官庁・学校の年度末である。間もなく新しい年度が始まる。人々の心の浮き立って来る時節でもある。

雛拝見「千代田之大奥」楊洲周延画　明治29年（1896）国立国会図書館蔵

卯月

四月は卯月《うづき》である。

春たけなわ、花咲き鳥歌い、森羅万象の動きが最も活発になる月である。

四月に入ると、雪におおわれた北国の高山も雪解けが進み、山の地肌が広がってくる。山麓の人々は、消え残る雪と黒い山肌の描き出す模様によって農事の時期を知った。そして、時と共に移りゆく模様に天候を読み、農作物の出来を占ったのである。宮城県仙北地方では、栗駒山の残雪が坊主の形になったら籾を蒔き、鮪の形になったら田植を始めよといっている。また、新潟県柏崎の米山は越後富士ともいわれる山だが、その一帯では、残雪の大鯉の形で漁業の豊凶を占っている。白馬岳・駒ヶ岳・農鳥岳などの山名は雪形にちなんで付けられたものが多いのである。

雪形だけでなく、サクラ・コブシ・モクレンなどの花も季節を告げるものであった。秋田県鹿角郡ではコブシを田打ち桜という。佐渡では、コブシが咲くと大豆を蒔くとか、鰯が漁れるとかいう。自然の姿は、季節を知らせるだけでなく、労働そのものと密接に結びついていたのである。

三月の終わりから北上を始めるサクラ前線は、四月の末には青森にまで達する。日は決まっていないが、

ヤマザクラ

サクラが満開の時を見はからって花見の宴が催される。仲間が連れだってご馳走を作り、花のもとに座を占め、毛氈を敷いて酒を酌み交わし、無礼講の宴を繰り広げ、一日を楽しんで帰るのだが、これは現在でも各地で行なわれている。

咲き誇るサクラの花にカミの意志を読み、カミの宿り給う花の下で神人共食の宴をすることによって、共同体の結束をより強くし、一年の祝福を得たのである。

桜には、挿頭草（カザシグサ）・春告草などの別名がある。これも、この木の持つ意味を示しているといえるだろう。

現在ではソメイヨシノが一般的となっているが、この桜は明治以降に東京の染井の植木屋から全国に広まったもので、江戸時代までの桜といえば山桜であった。江戸時代の膨大な出版物の版木として山桜が用いられていることからも明かなように、山桜は現在の我々が考える以上にたくさんあったのである。

花見と並んで、重要な四月の行事は、八日を中心に行なわれる花祭りである。仏教では、釈迦降誕の日として灌仏会《かんぶつえ》を行なう。いろいろの花で飾った花御堂に誕生仏を安置し、参詣者はそれに甘茶を灌ぐ。そして、甘茶を頂いて帰り、その甘茶で墨をすり「昔より卯月八日は吉日よ、神さけ虫を成敗ぞする」と紙に書いて戸口にさかさまに貼ると長虫が家に入らない、便所にさかさまに貼るとうじ虫がわかないなどという。甘茶は、ユキノシタ科アジサイ属の落葉樹アマチャ、またはウリ科の多年草であるアマチャヅルの葉を揉んで乾燥させ、煎じたものである。

この日に、播磨（兵庫県西部）では、ウツギ・シキミ・ツツジ・シャクナゲなどを山から採ってきて束にし、長い竹竿の先に付けて庭先に立てる。これをタカハナといっている。ツツジやシャクナゲなどを山から採ってきて庭先に立てる習俗は各地に見られるもので、テントウバナとかタテハナといっている地方もある。京都では、屋内の花瓶に立てることが普通であった。これらの花の行事は、田のカミを迎えるといった内容の農耕儀礼の一種と考えるべきものであろう。このタテハナが発展して、立花・生花となり、現在の「いけばな」が成立したという説もある。その正否はともかく、人々

灌仏会の図（「江戸年中行事図絵」明治26年〈1893〉）

は、晩春から初夏にかけて一斉に開き、そして散って行く花にカミの存在と意志を認めたのである。そして、人々は、その花に世の平安と五穀豊穣を祈った。

京都の紫野今宮神社のやすらい祭も花の祭りである。四月十日の朝、桜と椿の花を添えた「ヨタレ」と呼ぶ御幣を神前に供える。そして、上賀茂・下賀茂・上野などの集落の人々による練り衆が歌舞を演じながら神社に参詣し、また、集落に戻るのであるが、その帰途、各家々の厄を払って行くのである。練り衆の行列は、先立・鉾・督殿・羯鼓・羯鼓まわし・大鬼・花傘・音頭とり・囃子などから成っている。そして、赤毛・黒毛の大鬼が太鼓や鉦を鳴らしながら踊るのである。それはまさに跳躍というべきものである。この時の歌に「ヤスライ花ヤ」という囃子詞があるのでやすらい祭と呼ばれているのである。この祭りは、本来、稲の象徴である花を通じて、稲がしっかりと結実するようにと祈るものであり、その意味での「ヤスライ花ヤ」で

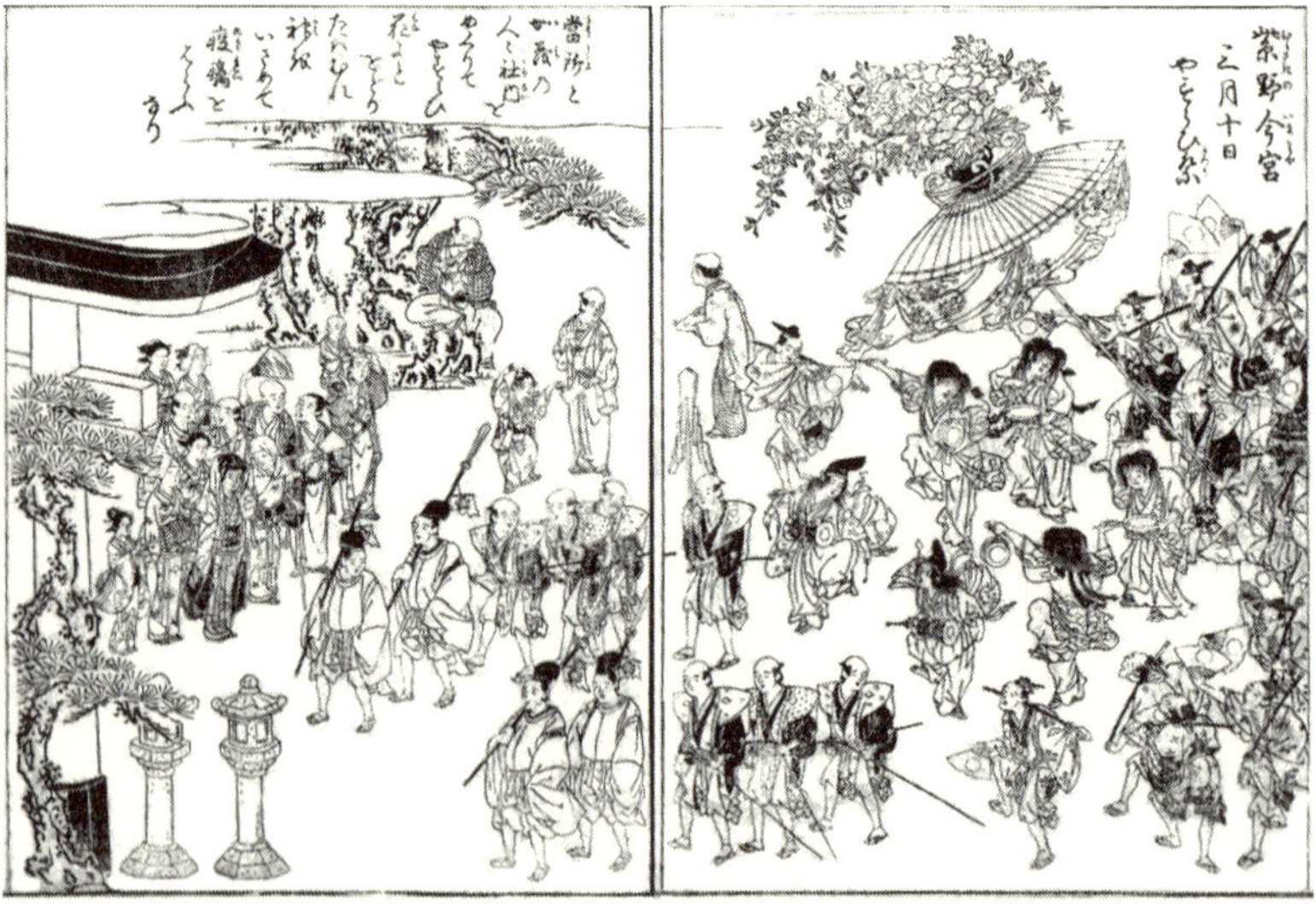

紫野今宮神社のやすらい祭（『都名所図会』安永９年〈1780〉）

あったが、中世以降、疫神鎮めの行事となったものといわれている。

やすらい祭に登場する花傘は、桜・椿・柳などを周囲に飾った鉾を頂きに付けた大きなもので、その下に入ると悪霊を払ってもらえると信じられているのである。ここにも、花に宿るカミの力を信じ、その加護の下で生きようとする庶民の姿を見ることが出来る。

大阪の堺の大鳥神社で十三日に行なわれる花摘祭《はなつみまつり》も花の祭りである。花車を前後に従えた御輿の渡御で、優美華麗な祭礼として知られている。

福井県敦賀市の金崎宮では、造花の桜を参詣者に投げ、人々は「花換えましょう」と呼び合って交換する。そして、当り花を得た者には神社から鏡餅が授与されるのである。これも、花にカミの力を強く感じているからこその行事であるといえるであろう。

四月は年度始めである。学校は、幼稚園から大学まで、四月から新しい一年が始まる。企業も四月から翌年の三月までを年度としているところが多い。これは国の会計年度に合わせてのことである。

日本では、明治十七年十月の改正により、明治十九年から四月～三月という会計年度になった。四月を年度始めとしているのは、イギリス・インド・カナダなどである。

皐月

五月は皐月《さつき》、初夏である。

春に不安定であった気候も比較的定まり、一年中で最も気持ちのよい季節となる。行楽に適した日々が続く五月は、ゴールデンウィークで始まる。

四月二十九日のみどりの日・五月三日の憲法記念日・五日の子供の日があり、これに日曜日が絡んで、休日が続く。子供と一緒に小旅行に出かける人が多い。

若葉の候といわれるように、木々の緑も生き生きと繁り始め、これからの豊かな実りを約束してくれるような感じである。

この頃、萌え出る若芽を摘んでつくったお茶は、新茶として喜ばれ、仏壇に供えられたりもしている。なかでも、八十八夜に摘んだお茶は珍重されている。

八十八夜は、立春から数えて八十八日目をいうのだが、五月の始めにあたる。立夏もほぼ同じ頃である。八十八夜は、春から夏に移る目安になる日として記憶されてきた。この頃に霜の降ることがあり、八十八夜の別れ霜などといって農民は恐れている。ひよわな新芽が、一夜にして霜にやられてしまうことがあるからである。まさに、五月の始めが、植物の芽ぶく時期であり、夏の農事の始まりの季節なのである。まもなく田植が始まる。

　この頃、関東の沖に、鰹が回遊して来る。それが非常に美味しいので、古くから初鰹として珍重されてきた。

　目には青葉山ほととぎす初鰹　素堂

が有名だが、他に、

　大江戸や犬もありつく初鰹　一茶

があり、江戸での様子を知ることが出来る。みな初鰹にこだわり、犬までもがお裾分けにありついていたのである。

初鰹（『東都歳事記』天保9年〈1838〉）

　五月は、麦秋、麦の取り入れの季節でもあった。かつては、冬の麦踏に耐えて生きて来た麦が、いたるところで黄色く実っていたものである。

　五月といえば、端午《たんご》の節句を忘れるわけにはいかない。男の子の成長を祝う儀式で、初節句には、親類縁者から五月人形・鯉幟などが贈られて賑やかである。

　床の間に武者人形や破魔弓を飾り、戸外に幟を立て、菖蒲を軒に挿す。そして、柏餅や粽《ちまき》などを食べ、菖蒲湯に入る。

端午の節句は、男の子の成長を祝う儀式として知られていて誰も疑いを持たないが、五月四日の夜を「女の夜」とか「女の宿」といい、五日を「女の家」といって「女の日」とするところもある。「女の家」については近松の『女殺油地獄』に「嫁入先は夫の家、里の住家も親の家、鏡の家の家ならで、家といふものなけれども、たが世に許し定めけん、五月五日の一夜さを女の家といふぞかし」とある。

五月の幟というと鯉幟が思い浮かぶが、江戸時代には、様々の図柄の幟が戸外に立てられていた。そこに

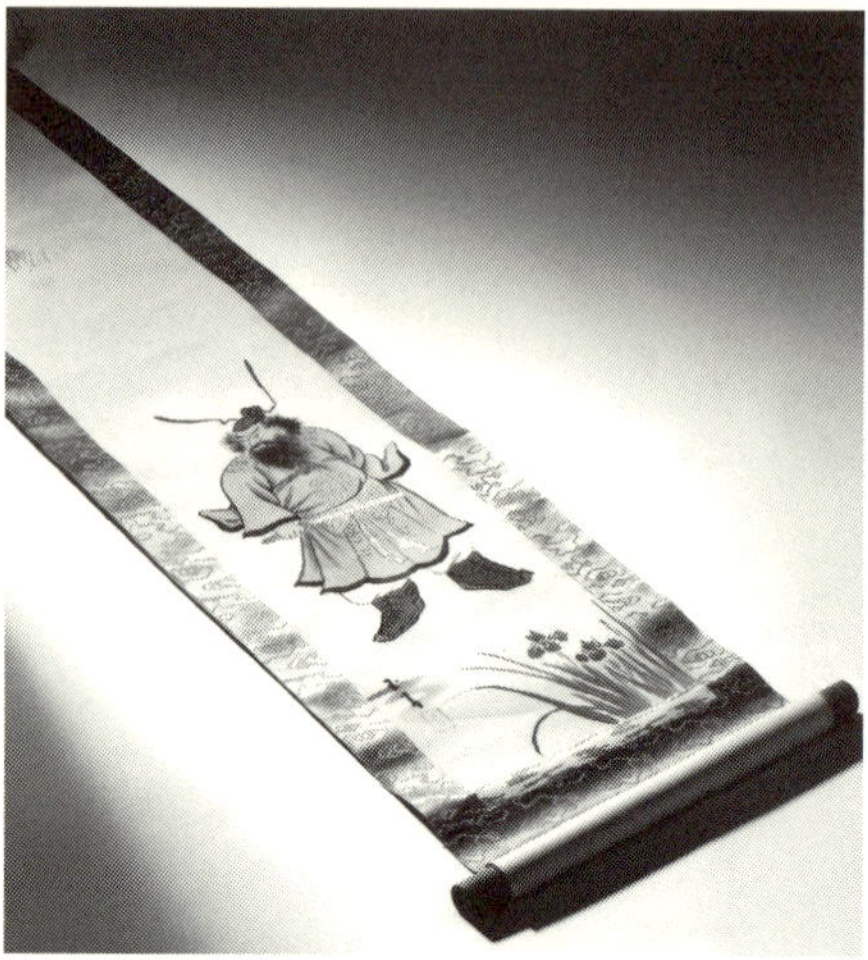

鍾馗と菖蒲の掛け軸

鯉幟（水道橋駿河台「名所江戸百景」
歌川広重画　安政4年〈1857〉）

は、武者絵《むしゃえ》・鍾馗《しょうき》・神功皇后《じんぐうこうごう》・牛若丸・弁慶・尉《じょう》と姥《うば》・金時《きんとき》・和藤内《わとうない》など様々の絵が描かれていた。今は、それらのうちのいくつかを毛槍などと共に室内に飾っているが、かつては、その幟の下部に、風を鎮める目的で小さな重しを付け、更に、そこに、紅布で作った小さな這子《はうこ》を付けていた。それを幟猿とか括り猿とかいった。

幟が「昇り」に通じるところから、縁起の良いものとして喜ばれ、延岡・倉敷の「昇り猿」や東京柴又の「弾《はじ》き猿」などいくつかの玩具を生んでいる。

社寺に奉納された「括り猿」

這子は、単なる人形ではなかった。古くから、小児誕生の日に白練の絹で綿入りの人形を作るということがあった。その人形を陰陽師・神主などの所へ持って行って祈禱してもらい、子供に降りかかる災厄をその人形に負わせようと考えたのである。人形は、子供の傍らに、小さな布団を作って寝かされた。そして、毎日御膳が供せられたのである。それを「アマガツ（天児）」といった。これはいわゆる形代《かたしろ》であろう。これが縫いぐるみ人形の元祖と考えられる。現在は、犬張子が「アマガツ」と同じような目的で子供の枕頭に置かれている。

江戸時代、女の子は、裁縫の手始めに、布製の這子を縫った。同じような這子を紅色の布で作ったものが括り猿とか負《おぶ》い猿とかいわれたのである。紅いので猿といわれたのであろうが、猿は、馬を守る霊力を持つといって馬小屋で飼ったり、日吉《ひえ》神社のお使いと考えたりして来たことが背景にあって、紅い這子が「猿」とされたに違いない。

括り猿は、紅布で胴を作り、それに丸い頭を付けたものであったが、目鼻は付けられていなかった。小さいものでは、頭部を別には付けないこともあった。それを、裁縫上達を祈願して淡島様へ奉納したのである。現在でも括り猿をたくさん見ることができるのは、京都東山の八坂庚申堂（金剛寺）などを始めとする各地の庚申様である。そこでは、女の幸せが祈願されていて、必ずしも裁縫上達というわけではない。庚申様に猿を奉納するのは、庚申の申（猿）にちなんでのことであって、稲荷社に多くの狐を奉納するのと同じ心である。その他、秩父などでは、観音霊場の所々でも見ることができる。

女たちは、一つ一つの猿に思いを縫い込めたのであった。そこには様々の生活があり、様々の願いがあった。

五月の代表的な祭礼には、次のようなものがある。
東京府中大國魂神社の暗闇祭（五日）
奈良当麻《たいまじ》寺の練供養（十四日）

東京神田明神の祭礼（十四日）
京都賀茂神社の葵祭（十五日）
東京浅草の三社祭（十七日）

関東では、二十八日を、曾我兄弟の仇討の日として大切にしている。弟の五郎が御霊に通じるところからのものである。江戸時代の歌舞伎では、新春から必ず江戸の三座で曾我狂言を上演していたが、それが大団円を迎えるのが、この五月だったのである。

五月の末には、天気が悪くなり、雨の降る日が多くなる。この頃の雨を走り梅雨とか卯の花腐《くた》しといっている。

そろそろ梅雨の季節が始まるのである。

「建久四年五月廿八日曽我兄弟敵討之圖」
（一勇齋國芳画　嘉永6年〈1853〉国立国会図書館蔵）

水無月

六月は水無月《みなつき》、仲夏である。わが国特有の「梅雨」の季節を迎える月である。旧暦の五月、皐月に当たる。サツキは、田植の代名詞であった。現在では、全体に田植が早くなって、五月中に終えるところが多いが、かつては、雨の多い梅雨の期間が田植時であった。

江戸時代には、旧の五月五日に衣更《ころもがえ》をし、袷《あわせ》から帷子《かたびら》に着かえた。

現在、六月十四日には大阪住吉神社の御田植祭があり、六月二十四日には伊勢の伊雑宮《いざわのみや》の御田植祭が行なわれている。どちらも、江戸時代には五月の行事であった。六月、つまり旧暦の五月に田植神事が各地でみられるのは、サツキが田植月だったからである。

東京日吉神社の山王祭は六月十四日から始まる。天下祭ともいわれ、江戸を代表する祭礼であった。山王

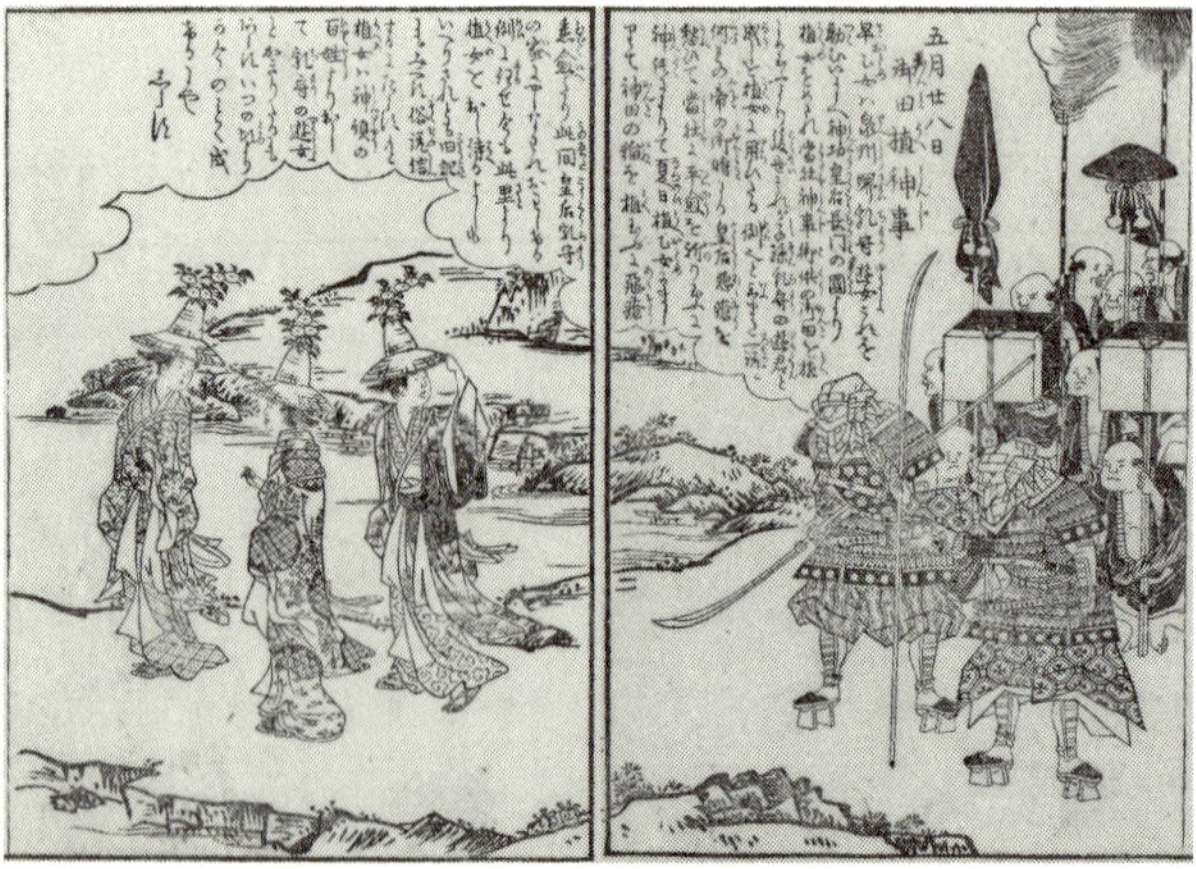

御田植神事（『住吉名勝図会』寛政6年〈1794〉）

山王祭「江戸風俗十二ヶ月之内　六月山王祭」楊洲周延筆　明治22年（1889）

祭は、江戸時代にも六月十四日からであった。東京では、暦が太陽暦に変わっても、日を替えずに行事を行なうことが多いが、関西やその他の地方では、月遅れにしたり、旧暦で行なっている場合が多い。

「梅雨・五月雨《さみだれ》」というと降り続く雨が思い出されて陰鬱な気分になるが、それだけに梅雨の晴れ間は印象的で、さわやかな「五月晴」となる。アジサイ・水芭蕉・夾竹桃などが咲く季節でもある。雨に濡れたアジサイの風情は多くの人に喜ばれている。鮎も解禁になる。なお、蚊が出てくる時期でもある。

六月の二十二日頃が夏至である。一年で日が一番長いのだが、日の短い冬至ほどには、人は気にしていない。田植などで忙しい時期だから気にしていられないのである。

六月の代表的な行事は「ナゴシの祓」である。古くは「名越の祓」と書かれていたが、今は「夏越の祓」と記す例が多い。「水無月祓」ともいい、十二月の「年越の祓」と対応する行事である。

宮中では「大祓」といった。

「大祓」は、『古事記』の中巻に、仲哀天皇崩御に際して神功皇

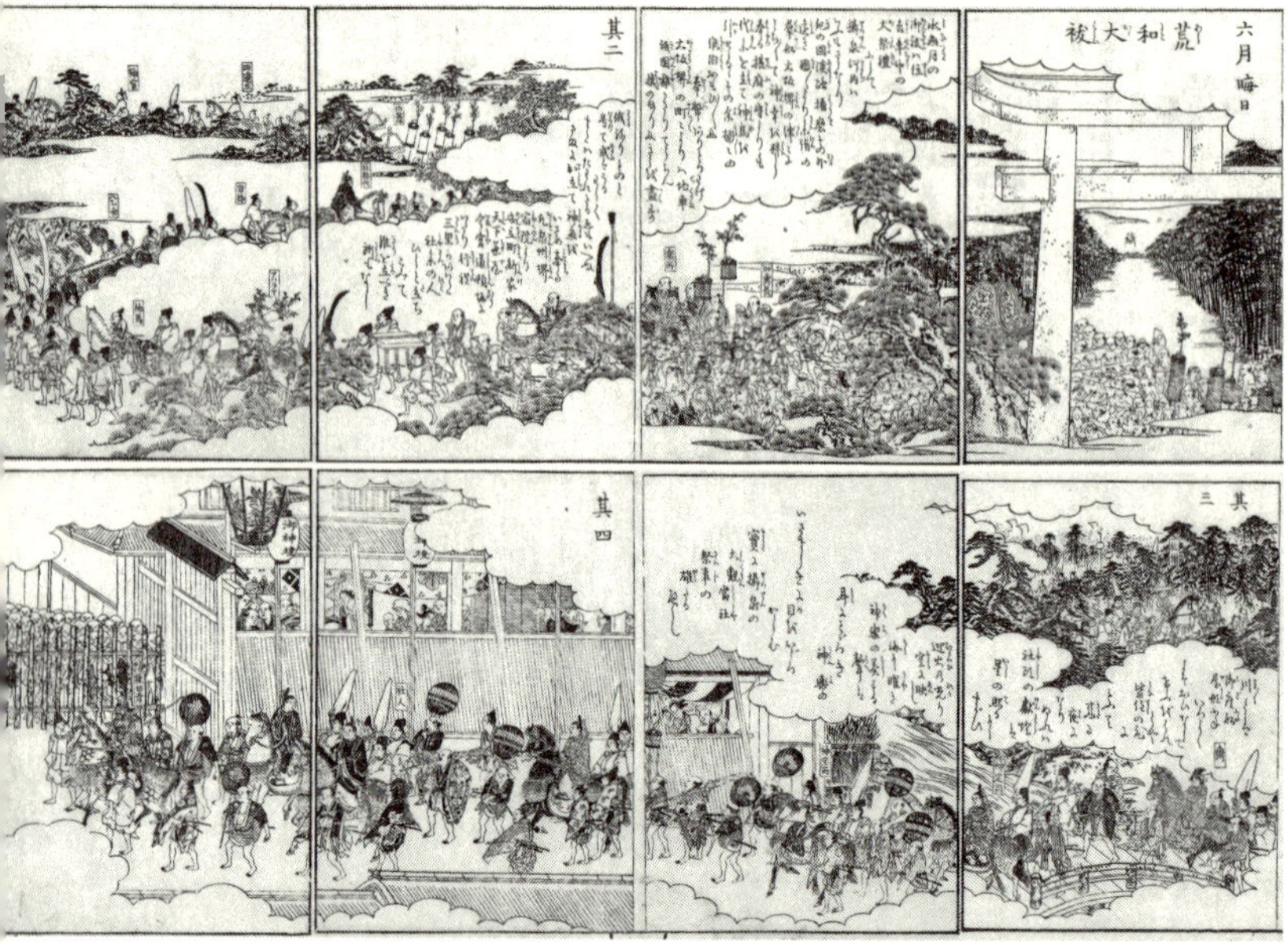

夏越の大祓（荒和大祓『住吉名勝図会』寛政6年〈1794〉）

后が行なったとされるものが初見である。それは、春如月の事であったが、皇后は、殯宮《もがりのみや》において、国々の様々の罪や穢れを祓い清めたのであった。『大宝律令』が制定されて、この儀式は、六月と十二月の晦日に行なわれる事となった。

『貞観儀式』によると、この儀式に「鉄偶人三十六枚・木偶人二十四枚」が、幣帛などと共に用意されている。ここで「天ツ罪・国ツ罪」の数々を祓い清め、大海原の彼方へ持って行ってほしいと願う「六月の晦日の大祓」の祝詞が読みあげられた。「偶人《ぐうじん》」は、穢れをそれに乗り移らせて、遠く別の世界へ捨て去るための撫物《なでもの》、すなわち形代《かたしろ》であった。

現在各地の神社で用いている紙製の「ヒトガタ・人形」もこれと同じである。それに名前と年令を書き、身体を撫で、身に付いた穢れを移し、祓い清めを願うのである。神社では、それを水に流す。東京府中の大國魂神社では、今でも東京湾の羽田沖で流している。

西日本に広く分布する「実盛《さねもり》送り」は「虫送り」の行事で、稲の害虫を村境から外に送り出すのである。この時期は稲の害虫が発生しやすいので、奈良県吉野地方の「サバエムシ」など「虫送り」系の行事が多い。これらは、田植が終わってから行なわれていた。愛知県津島神社の津島祭の際の「葦流し」も、葦の束に疫神を載せて川に流す行事であった。

関東の群馬・埼玉で行なわれていた「ママ子流し」も藁人形を川に流すものであった。同様の行事は、埼玉県の秩父にもあった。

秋田・青森地方で行なわれる「鹿島流し」も、六月に行なわれる所が多い。大きな藁人形を作り、それを、茅の舟に載せて、村の中を練り歩き、川に流す。「虫送り」系の行事なのだろうが、巨大な男根を付けられて村はずれに立っている大きな藁人形は、稔りの神の面影をたたえている。

虫送りの図『養蚕秘録』
明治20年（1887）より

鹿嶋流『秋田風俗十態』
昭和13年（1938）より

都市の祭礼として有名な京都八坂神社の祇園会を初めとする各地の祇園祭も、旧六月の行事であった。疫病から逃れることを目的とした行事であるが、その根底には、農村的虫送りがあったに違いない。この「ナゴシの祓」に関連した行事に「茅の輪」の神事がある。月の初めに、茅で作った大きな茅の輪を神社の境内に設置し、それをくぐるものである。それをくぐると、病気その他の災厄から免れるといわれている。

『備後国風土記』の逸文に、蘇民将来の話に関連して、「茅の輪」を腰に付けた人は疫気を逃れ得るとある。古くから、人々は「茅の輪」に災厄を祓う力をみていたのである。

応永二十九年（一四二二）成立とされている『公事根源』に、

けふは家々に輪をこゆる事有、〝みな月のなごしのはらへする人はちとせのいのちのぶといふなり〟、此歌をとなふるとぞ申つたへ侍る

とあるから、少なくとも、中世には、この茅の輪の神事が行なわれていた事は確かである。

『後水尾院当時年中行事』に、

茅ノ輪と形代　『年中行事図説』（昭和28年〈1953〉）より
1. 茅ノ輪　2. 形代（人形）　3. 茅ノ輪くぐり

麻の葉を右の手に採らせましまいます、上臈輪の端をもたぐ、先づ左の御足を踏入れたまふ、次に御右、〃水無月の名越の祓する人は千歳の命延ぶといふなり〃、といふ歌を御口の内に唱へたまふ、これらも俗に習ふ事にや。

とある。中世には、世俗に習って、宮中でも同じような儀式を行なっていたのである。能の『水無月祓』では、女物狂が麻の枝に小さな茅の輪を付けて持ち、舞う。

「茅の輪」をくぐるというのは、神事の前の「コモリ」を象徴した行為であろう。人は「忌みごもり」によって、それまでとは異なる清浄な身体となった。人々は、半年の間に積もり積もった穢れを祓い清め、清浄な身体となって「盆」「正月」を迎えたのである。

六月は、蒸し暑い日が続くかと思うと、セーターが欲しくなるような寒い日が訪れたりする、陽気の定まらない月でもある。

文月

七月は文月《ふみつき》、七月の初めは、まだ雨が多いが、なかば頃には梅雨が明け、本格的な夏を迎える。ぎらぎらと照りつける太陽、むくむくと沸き上がる入道雲、稲妻、夕立、どれも皆男性的である。学校も夏休みになり、登山や海水浴の季節となる。

山開きは、かつては卯月八日の頃が多かったが、今は、七月一日以降に山開きをする所が多くなっている。卯月八日は灌仏会・花祭で知られているが、徳島県の剣山山麓では山へ登る日であったり、静岡県庵原《いはら》郡や長野県北安曇《きたあづみ》郡では山の神を祭る日であったりしている。山は、登山の対象ではなく、信仰の場であったのである。

夏至から十一日目を半夏生《はんげしょう》という。七月二日頃になる。この日は、毒気が天から降るといいならわして、野菜などの青物を食べないとか井戸の水を汲まないという風があった。

汲まぬ井を娘のぞくな半夏生　言水

かつては、この頃が田植の終わる頃であったから、農家ではこの日の天候で稲作を占ったり、物忌みをしたりしたのである。

この月には、

京都の八坂神社の祭礼（十六〜十七日）

博多の櫛田神社の山笠（十五日）

など、旧暦六月に行なわれていた祇園系の行事、

大阪の天満天神の祭礼（二十五日）

住吉大社の住吉祭（三十一日〜八月一日）

などの夏祭も多く見られる。

同時に、初秋の行事である盆にちなんだ行事も多い。

七月一日は、地獄の釜の蓋が開く日だということで、釜蓋朔日といい、盆の始まる日と考えられていた。

七夕の日も、牽牛織女の伝説ばかりが云々されるが、七日盆ともいい、一連の盆行事の一つであった。

東京浅草の浅草寺では、七月九〜十日にほおずき市が立つが、これも盆花や供物などを売る草市の一種である。また、この日は四万六千日といい、この日寺参りをすると四万六千回分の御利益があるといわれている。

祖先の霊を迎えて供養をするのが盆で、東京では七月に行なわれるが、全国的には、月遅れで行なっていて、八月行事となっている。

盆は盆正月ともいい、一年の大きな句切り目であった。今では忘れられているが、七月十六日は藪入であった。

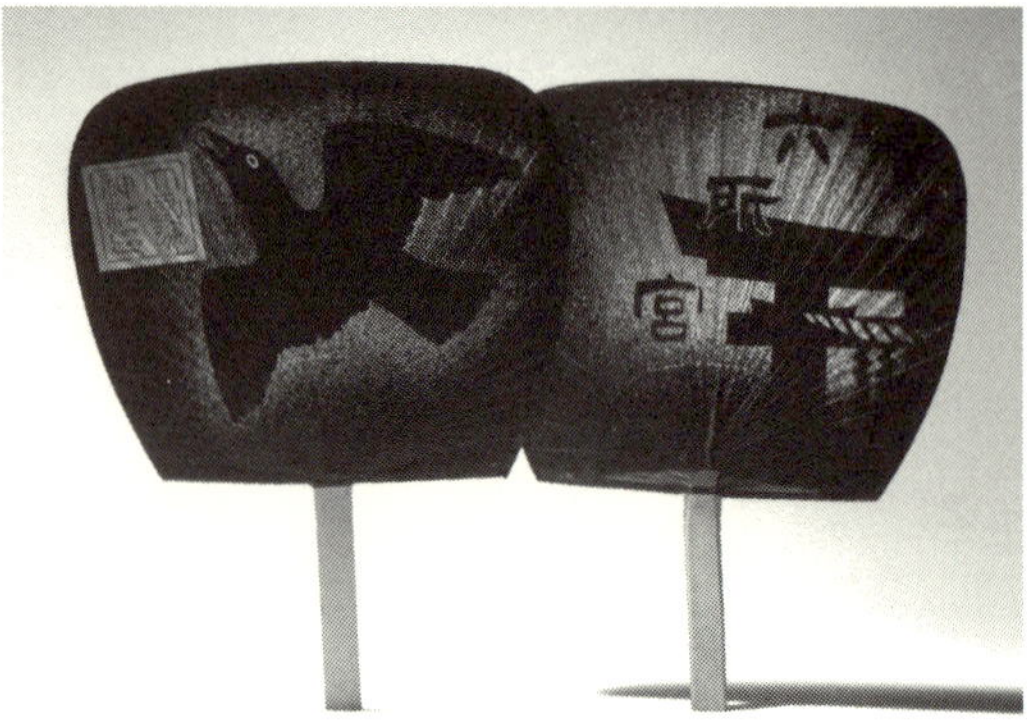

大國魂神社のカラスウチワ

この頃、歳暮と同じく、日頃世話になっている人に贈り物をする。古くから、七月には宮中で相撲の神事が行なわれてきた。これは、年の句切り目に行なう年占的行事であった。現在でも、この頃、各地で草（宮）相撲が行なわれている。

七月二十日には、東京都府中市の大國魂神社でスモモ祭が行なわれる。そこで、烏団扇や烏扇が授与されている。そして、このウチワであおぐと農作物が病虫害にかからないといわれている。また、魔除として門守にしたりもする。

カラスといえば、神武天皇の東征の時、熊野から大和へぬける山中の道案内として、アマテラスの告げによって飛来した「八咫烏《やたがらす》」が有名である。宮中で、朝賀や即位の時などに庭上にたてるヤタガラスの幟の棹の先端にも金銅製のカラスがついていた。

中国の伝説では、三本足のカラスが太陽の中にいるといわれている。三本足のカラス（金烏）は、太陽の異称にもなっている。

熊野権現では、カラスを神の使いとして大切にしており、午王《ごおう》の神符には、カラス数十匹を用いて神文を描いている。この神符は、悪魔退散、陰陽和合、自他平等、和光同塵の願意を含んでいるという。江戸時代の遊里では、起請文《きしょうもん》にこの神符の裏を用いていた。

安芸の厳島神社でもカラスを神の使いとしている。トリバミメシの神事では、粢《しとぎ》を器に乗せて海に流し、それをカラスがくわえて行くと願望が成就するといっていた。

名古屋の熱田神宮のカラス祭も、神饌のしとぎを本殿の屋根に投げ、カラスに供える神事である。同じような神事は、津島神社・多賀大社などにもある。これらは、カラスの食べ方で様々のことを占う行事である。

熊野権現の午王の神符

日蓮遺文『開目抄』に「からすは年中の吉凶を知れり、云々」とあり、年占的役割を古くからカラスが持っていたことを示している。

民間でも、野外に神饌を供え、カラスの食べようによって占いを行なうのを、カラスヨビ・カラスノツト・カラスノハシ・カラスノママ・カラスノモチクレ・カラスノヤキゴメなどといっている。

いまはカラスを不吉な鳥として忌む風が強いが、それも、カラスが神の使いで、みだりに接することの出来ない聖なるものであったからであろう。

奈良の唐招提寺の五月十九日の梵網会《ぼんもうえ》では宝扇が楼上から群衆の中にばら撒かれる。紙の唐団扇に梵字を書いたもので、これを田畑の中に立てれば、害虫を駆除し、五穀豊穣のまじないになるといわれている。また、火除け、雷除け、安産の守りともされている。

新潟県六日町では、正月十六日の仏の正月に食べる、串に挿し砂

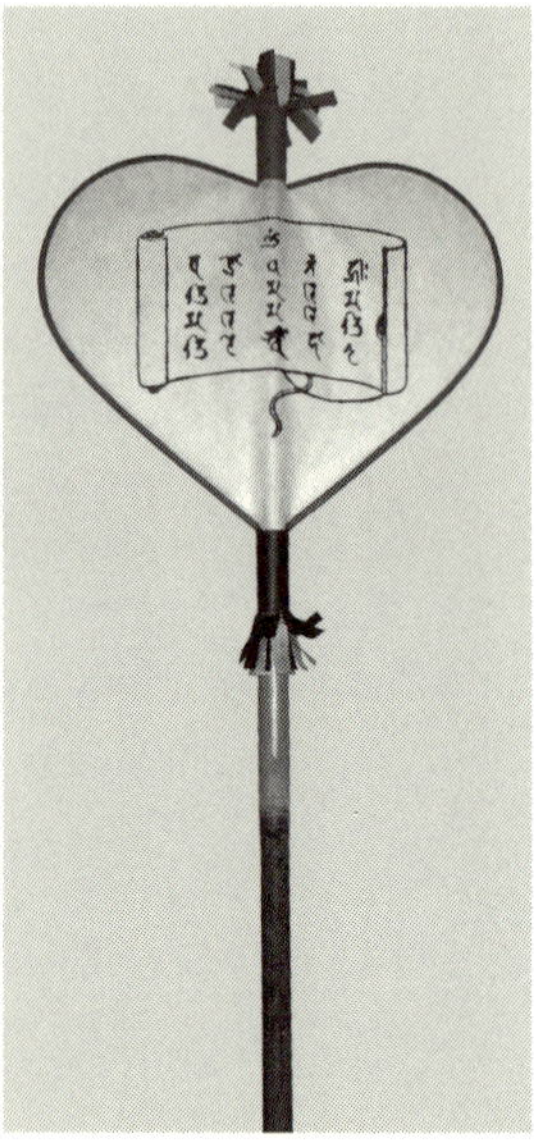

唐招提寺の宝扇

糖味噌をつけた餅をウチワ餅という。岐阜県大野郡久々野《くぐの》では、御幣餅（五平餅）のことをウチワ餅という。これらは形からくるのであろうが、そう呼んでも良いとする心の底には、ウチワと御幣は同じものだという考えが流れていたに違いない。

相撲の団扇（軍配団扇）も同じで、それに神が宿っているから、それを持つ行司の審判に力士は従うのである。地方の宮相撲などでは、行司が御幣を持つ場合も多く見られる。

ウチワは、扇と同じ採物《とりもの》、すなわち神の宿りますヨリシロということが出来る。

七月は植物の精気が最も盛んな時であり、稔りの季節の始まりの月である。

葉月

八月は葉月《はづき》である。小暑から立秋までを夏の土用という。七月の終わりから八月の初めに当たる。最も暑さの厳しい時である。その暑さを凌ぐために、お灸を据えたり、喰い養生といって鰻やしじみを食べたりしたのである。土用の丑の日に湯にはいると身体によいといい、薬湯を立てる所もあった。それを丑湯といった。この頃、土用見舞といって、近しい者の間で無事を確かめあう風習があった。現在の暑中見舞がそれである。

八月の上旬は比較的晴天の日が続き、最も暑い時期で、学校も夏休みであるから登山や海水浴など夏の行楽に賑わう時であるが、それも立秋を過ぎるとずっと下火になる。

立秋は八月七日か八日頃になる。

立春の頃から上り坂に転じた気温は立秋の頃にピークに達する。つまり立秋は暑さの峠で、これから次第に涼しくなっていくという境の時なのである。照りつける日中の日差しはかわらず強いが、立秋をすぎると流れる雲にも、吹く風にも忍びよる秋の気配がそこはかとなく感じられるようになる。

初秋の候である八月には、旧暦七月に行なわれていた行事が多く見られる。

青森県津軽地方のネブタ流しは八月一日から七日まで行なわれるが、これももとは七月の行事であった。様々な張子の人形に灯をいれて引き回し、七日の夜は船に乗せて海上運漕をする勇壮・華麗な行事である。八月六・七日に行なわれる秋田の竿灯もネブリ流しといわれ、七夕もまた七夕流しで、流すことに大きな意味があり、ネブタ流しと同系統の行事と考えられる。ネブタ流しは禊祓いの目的で形代などを流す夏越の祓に、夏の睡魔を追い流す行事が結びついたもので、盆を迎えるに当っての祓いの行事であった。七夕の頃に眠り流しといって川や海にはいり水浴びをする所が他にも多かった。

ネブタや竿灯は水を用いての祓いであると同時に、灯もまた重要な役割を果たしており火まつりの性格も持っている。

私たちの感覚の中には、火も水と同様に清浄であり、邪悪なものを祓う力があるといった考えが潜んでいるのである。

いわゆる盆行事のなかにも迎え火・送り火をはじめとして火が重要な役割を果たしている。八月十六日に京都市東山の大文字山（如意ヶ岳）で焚かれる大文字送火は、夏の京都の代表的な観光行事として有名である。熊本県山鹿市の山鹿燈篭祭（八月十六日）は大規模で複雑精緻な燈篭を奉納することで知られている。盆は祖霊を供養する祭りであるが、また火と水の祭典でもあったのである。

東京の盆は七月であるが、その他の地域では月遅れの八月に盆を行なうところが多い。従って、八月十五日を中心とする時期は、民族の大移動といわれるほど、たくさんの人々が故郷に帰る。この時ばかりは過疎の村も若者や子供の姿が増えて活気づき、親戚知友の交歓が活発に行なわれる。

ネブタの玩具

秋田の竿灯
『諸国年中行事』
昭和14年（1939）
より

大曲ノ郷の眠流『月の出羽路（真澄遊覧記）』文政9年（1826）より

盆の終わりは地蔵盆である。京都の地蔵盆は八月二十三・二十四日で、町内ごとに祀られている地蔵さまの前に屋台などを組み、子供が中心になって地蔵供養をする。

蓮の葉に絵蠟ながれて魂祭　破笛

あけ放された座敷に木の間を渡る風が涼しい、祖霊棚に灯した絵蠟燭の炎がかすかに揺れ、溶けた蠟の雫が流れるともなく流れ落ちて下に溜まっている。これは初秋の盆の夕暮の情景を詠んだ句であろう。盆には夕暮が相応しい。迎え火を焚いてご先祖さまを迎えるのも、精霊送りも暮れなずむ頃に行なわれる。盆に訪れるご先祖さまは迎え火に導かれ、提灯の蠟燭に移されて縁側から入り、盆棚といわれる祖霊棚におさまる。家々の座敷に設えられた盆棚には軸や位牌が飾られ、数々の供物が供えられているが、祀られる祖霊は蠟燭の灯に依りまして訪れると考えられていたようである。従って盆棚の蠟燭はご先祖さまのいます間絶やすことなく灯し続けられなければならないものであり、この灯火を管理するのは家刀自《いえとじ》の大事な役目であった。

地下の洞穴に無数の蠟燭がもえていて、その一つが消えると誰かが死ぬという話がグリム兄弟の昔話集にある。我が国でも、かすかな風の気配にゆれ、たゆたい、消えなんとして消えずに燃え続ける蠟燭の灯に、祖霊の世界に連なる何かを感じとっていたのである。

ヨーロッパでは蜜蠟で製した蠟燭が聖なる火としてクリスマスなどの儀礼の際には多く使われるが、日本では和蠟燭がずっと使われてきた。蠟燭は仏教に伴って輸入され、早くから宮廷や寺院では使われていたが、国内で作られるようになったのは室町時代の末頃からとされている。和蠟燭は、ウルシ・ハゼなどウルシ科の木の実を臼で搗き、蒸して搾り取った木蠟を原料とするものである。その木蠟を溶かし、和紙を細く丸めた上に藺草の髄を巻きつけた燭芯に、塗り掛けて乾かす、この塗り掛けを何十回も繰り返すのである。絵蠟燭は仕上げの段階で膠《にかわ》を混ぜた泥絵具で花鳥などの模様を描き、赤、緑、黄などの彩色をし、上掛けをしたものである。

現在でも、山形県の庄内地方や会津若松の絵蠟燭が知られている。絵蠟燭は高級なものであったから必ずしも広く用いられてきたものではないが、上流家庭では盆、法事などの仏事ばかりではなく、雛祭・婚礼などでも用いられた。

結婚式のことを華燭《かしょく》の典というのは、貴族などの婚礼の際、左右一対の燭台に華やかな絵付けをした絵蠟燭を灯して三三九度の儀式を行なったことに由来するのだという。

地蔵盆が終わるともう二百十日が近い。二百十日の前の七日目をマエナヌカとか杵崎様《きざきさま》の祭とかいって山にのぼり、大きな火を焚く行事が山口県や広島県などの村々にはあった。風神に大風の吹かぬように祈る行事であった。稲はもう穂孕みをはじめているのである。

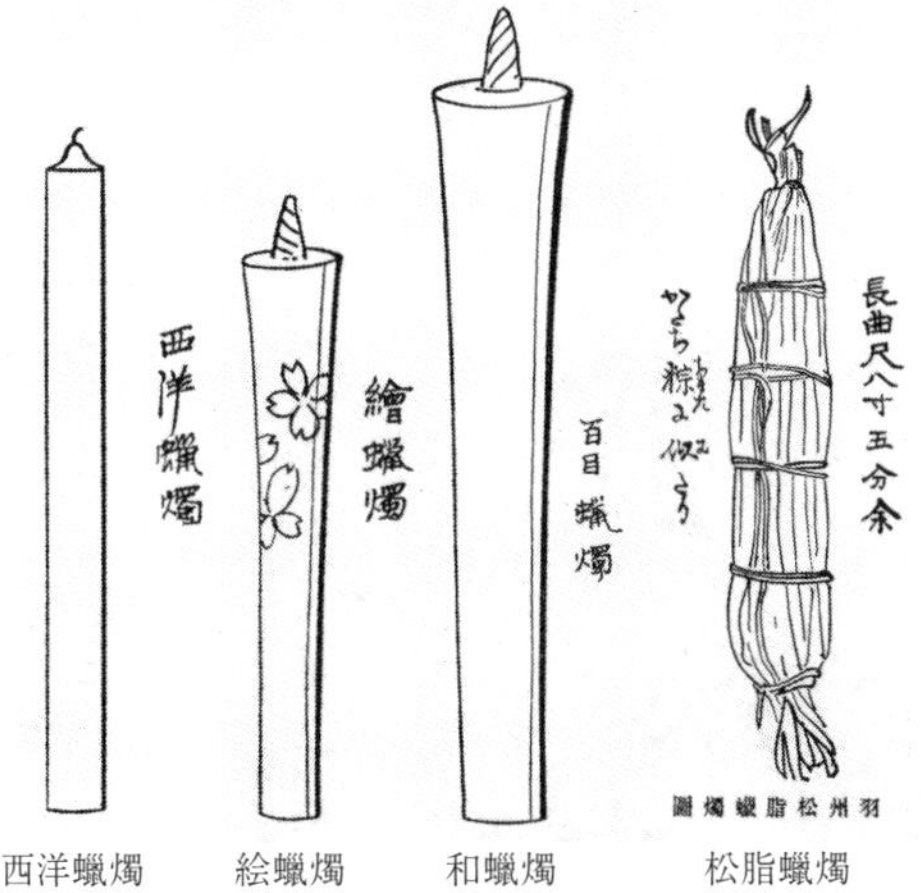

西洋蠟燭　絵蠟燭　和蠟燭　松脂蠟燭

『日本灯火史』大正6年（1917）より

長月

九月は長月《ながつき》、中秋である。

蟬の声もツクツクホーシの寂しい鳴き声に変わる。秋分の頃までは、残暑の厳しい日が続くが、吹く風にも、草におく露にも、次第に秋の気配が感じられるようになる。

台風のシーズンでもある。二百十日や二百二十日は、古くから農家の厄日と言われてきた。丹精こめて育ててきた稲、その他の作物が台風に襲われ、大きな被害を受けることが多いからである。

九月はまた長雨の続く時でもある。秋の長雨を秋霖《しゅうりん》という。年によって若干のずれはあるが、普通九月十一日頃から秋霖に入る。この時期に台風がくると大雨になることが多い。

旧暦の八月一日は八朔《はっさく》である。この日、平素世話になっている人に贈り物をする習慣があった。八朔を夕ノミの節ともいう。贈り物を交換して、頼みとする人との結合をより強くするという意味であるが、農家では稲の稔りを祈願する日でもあり、穂掛祭などを行なうところが多かった。近畿地方では、この日で昼寝を

八朔『三州奥郡風俗図絵』
昭和11年（1936）より

止め、夜なべを始める習慣があった。

二百十日には、風祭といって、竿の先に鎌をつけて高く掲げる習俗が北陸地方を中心に広くみられる。富山県婦負《ねい》郡八尾町《やつおまち》では、九月一日から三日間、風の盆といって、全町の人々が三味線・笛・太鼓・胡弓の囃子で越中おわら節を歌いながら、踊り明かす。この行事も、風を和らげ、台風の災厄を払う風祭と考えられる。

九月九日は重陽《ちょうよう》の節句である。貴族や武家社会では菊の節句ともいって重視したが、民間ではオクニチ（お九日）、オクンチといって氏神の秋祭を行なうところが多かった。有名な長崎のオクンチは、十月九日に行なわれているが、本来は九月の行事で、それが月遅れで行なわれているのである。

重陽の節句「豊歳五節句遊」
香蝶楼国貞画（国立国会図書館蔵）

また、旧暦八月十五日には、各地の八幡宮で放生会《ほうじょうえ》が行なわれていた。京都の岩清水八幡宮や鎌倉の鶴岡八幡宮では、月遅れの九月十五日に行なっている。鶴岡八幡では十六日に流鏑馬《やぶさめ》も奉納される。

八幡宮のお使いは鳩と考えられてきた。それで、八幡宮には鳩が奉納されるのである。

京都市左京区にある三宅八幡神社は、俗に

京都三宅八幡神社の土製鳩

虫八幡ともよばれ、子供の虫封じに御利益があるという。虫封じからの連想であろうが、今では、疳《かん》の虫だけではなく、子供の病気平癒、子育てなど、子供についての願い事すべてに御利益があるとして、子連れで参詣する人が多い。ここでは、祈願をする時に、土製の鳩を奉納する風があり、土製の鳩や鳩笛がたくさんあげられている。

八幡宮が、軍神として、源氏を中心とする武士の間で信仰されてきた事はよく知られている。しかし、庶民の間では、武神としてではなく、安産や子育てのカミとして信仰されてきた。

鳩は、古くから家禽として飼育され、食料にもしてきた。同時に、寺院や神社など人の多く集まるところに巣をつくり、群れをなしている鳩は、同じ鳩であっても、捕らえて食べるものとは考えていなかった。

公園などで、歩き始めたばかりの幼児が、覚束ない身振りで餌を与えている様子は、微笑ましく、長閑な光景である。鳩が平和のシンボルとされているのは、その鳴き声や生態が穏和であるのに加えて、日常的に見かけられる、こうした和やかな情景が大きく預かっているのであろう。鳩は、特に子供たちに親しまれてきたのである。

安産・子育ての祈願が行なわれるようになったのは、軍神としての八幡ではなく、このような鳩と人との関わり方からきていると考えてよいであろう。

鳩笛といえば、鳩の鳴き声に似た音を出す土製の玩具が思い浮かぶのだが、かつて狩人が所在を知らせたり、山鳩や鹿を誘い寄せたりするのに使った笛も鳩笛といった。狩人が山中で鳩笛を吹いたのは、鳩の鳴き声にカミの世界に通ずるもののあることを感じとっていたからであろう。

鳩は、八幡の使いであるだけではなく、人の世と神々の世界を結ぶ神秘な力を持つ鳥だと私達の祖先は考えていたようである。

旧の八月十五日は中秋の名月である。薄《すすき》を飾り、団子を供えて月見をする。月見には、里芋は欠くことの出来ない供物であった。それで、この日を芋名月ともいう。

蕪村に、

名月やあるじをとえば芋ほりに

という句がある。この夜に限って、誰でも芋を採ってよいという風習の地域は多かった。供えられた団子なども黙って取ってよかった。団子などは、盗られた方がよかったのである。これは、カミが訪れて

月見祝『三州奥郡風俗図絵』
昭和11年（1936）より

ツナ引き（『南東雑話』より）

くれた証拠と考えられていたからである。

この夜、巨大な綱で綱引きを行なう地方が南九州に多い。十五夜の月にカミを感じ、そのカミの前でこれからを占ったのである。

なお、旧暦の九月十三日を豆名月とか栗名月とかいい、豆や栗を供えて月を祀った。

葡萄・梨・栗などの果物も月見の頃には出揃ってくるのである。

九月二十三日頃に秋分がくる。その前後七日間が秋の彼岸である。そして、この頃、田の畔などに曼珠沙華《まんじゅしゃげ》の別名を持つヒガンバナが真紅に咲く。ハギやケイトウなども咲き始める。

「暑さ、寒さも彼岸まで」といわれるように、長かった残暑も終る。秋の夜長の季節が始まるのである。

天候もようやく定まり、平地ではモズの高鳴きが、澄み切った秋の空にひびくようになる。古く、人は、モズの高鳴きを聴いて寒さや霜のくる時期の目安としたのであった。

家々では夏物の整理をし、秋の衣がえを行なう。秋は急速に深まって行くのである。

神無月

十月は神無月《かんなづき》である。

この月は、家々の荒神様や恵比寿様を留守番に残して、神々が出雲に集まって男女の縁結びの相談をするのだという。出雲地方では神在月といい、神々の集まる月であるから特に忌み慎むべきとされている。出雲大社や佐太大社では、神在祭《かみありさい》を行なっている。

出雲大社では十月（今は十一月）十一日から十七日まで神在祭が行なわれるが、これをオイミサンといっている。

神無月である旧十月は祭事の少ない月であったが、現在の十月はたいへん行事の多い季節である。

初旬には、秋の味覚の代表ともされている松茸も出始め、シメジその他の茸が茸狩りの人びとを楽しませてくれる。中旬になると長雨の続く秋霖も終わり、天候も定まり、「天高く馬肥ゆる候」となる。

菊の品評会『花壇養菊集』正徳5年（1715）より

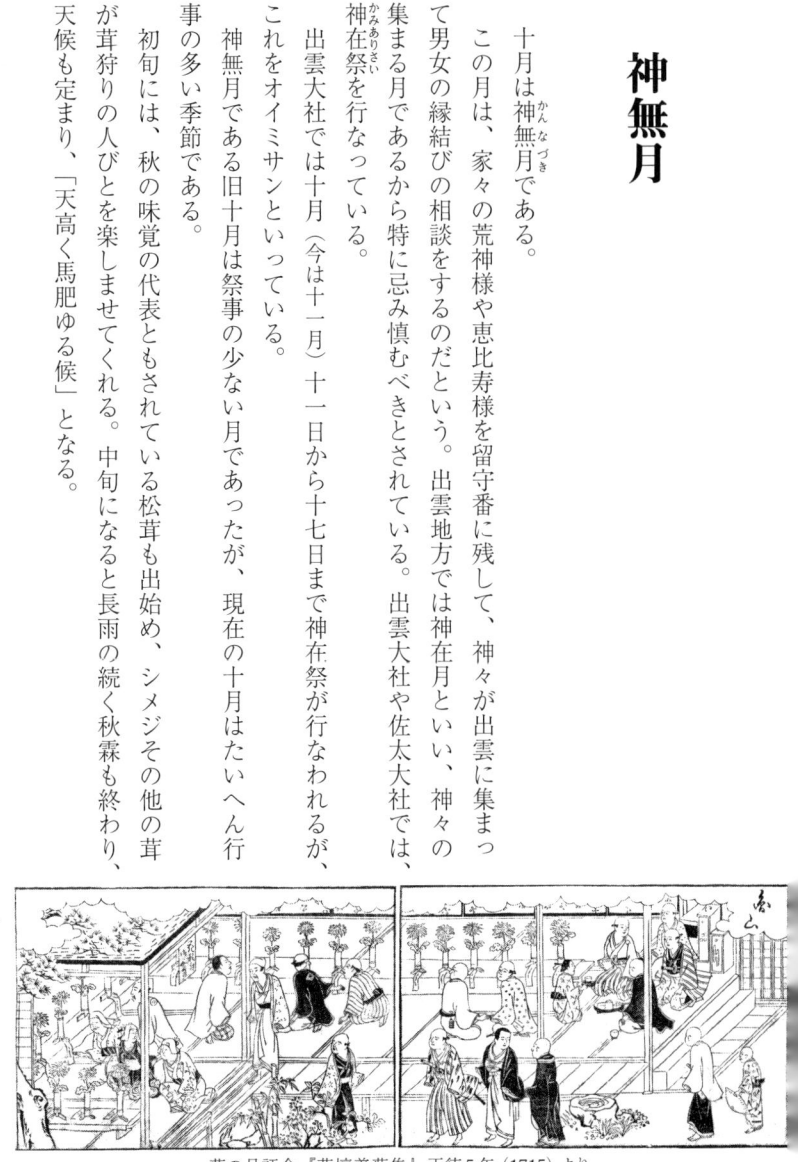

秋晴れの続くこの時期は運動会や行楽に最適の時であり、菊の季節でもある。

重陽（旧暦九月九日）には宮中で菊の宴が催された。沖縄地方では、この日、チクザケ（菊酒）といって、菊の葉を浸した酒の杯を祖先の霊前に供える風がある。またこの日を男の遊びといい、収穫後の骨休めの日としている。

東京浅草の浅草寺では、十月十八日に菊供養が行なわれる。参詣者は菊を供え、帰途、供えてあった菊を引換えに持ち帰り家に飾ると病気・災難よけになるという。

全国各地で菊の品評会が開かれ、懸崖づくりやあんどん作り、大輪の菊など、丹精込めた様々の菊花が目を楽しませてくれる。

菊は欠くことの出来ない秋の風物詩の一つである。

ずいき祭の名で知られる京都北野天満宮の祭礼（十月一日～四日）も、もとは重陽に行なわれていた。ずいき祭というのは、屋根、柱などの主な部分にズイキ（芋茎）を用い、瓔珞《ようらく》などを赤トウガラシ、ホオズキなどの秋の果物、野菜

住吉宝の市　『難波鑑』大正13年（1924）より　住吉相撲会

などで飾った「ずいき神輿」が出御することからついたもので、氏子たちが収穫を感謝して捧げた秋の味覚で神輿を飾ったことから始まったとされている。

大阪住吉区の住吉大社の祭りは十月十七日で、相撲十三番が奉納されていた事から住吉相撲会とよばれていた。またこの時、升や銀（銭）を入れる器（取鉢）が市で売られたので、宝の市・升市ともいった。

旧九月十三日は「後の月」で、十三夜の月待ちをする。八月（仲秋）の芋名月にたいして、豆名月・栗名月と言う。豆・栗等の収穫を祝う気持ちが込められている。

十月の最初の亥の日に、新米で餅を搗き、互いに贈答しあう風習がある。これを亥の子の餅といい、玄猪《げんちょ》ともいう。この行事は平安時代の貴族社会で既に行なわれていて、そこでは無病息災を祈願してのものであった。武士社会でも同じような意味で行なわれていたが、農村では収穫祭の性格を強く持っていた。中国地方などでは、平年は十二個、閏年は十三個の餅を枡に入れて箕に載せ、臼の上に置いたりして田の神に感謝した。

この日、子供たちが棒状に作った藁を持って家々を訪れ、庭先を叩いてまわる所も多くあった。家々では、餅や菓子を与えて祝ったのである。

十月
亥の子
此の日は
ほた餅を作りて
神棚に供ふる
慣例なり
云ひぐさは
「ニギリコム」
のだと言ふ

亥の子の餅『三州奥郡風俗図絵』昭和11年（1936）より

藁束の亥の子と石づきの亥の子
『年中行事図説』(昭和28年〈1953〉)より

広島・山口県の海岸部などでは、藁の棒ではなく、何本もの綱を付けた丸い石で地面を突いてまわった。この時に「亥の子の晩に祝わんものは、鬼産め蛇産め、角の生えた子産め」などと唱えた。そして、餅などを貰った時には「繁盛せえ、繁盛せえ」と祝い、何も出さない場合には「貧乏せえ、貧乏せえ」といった。

中部から関東地方にかけては、十月十日をトオカンヤといい、子供たちが新藁で藁鉄砲を作り「トオカンヤ、トオカンヤ、トオカンヤノ藁鉄砲、大豆モ小豆モヨクミノレ」と唱えながら地面を叩きまわる。この日に餅を搗く地方も多い。田の神を祭る日と強く意識している地方もある。

長野県北安曇郡では、十月十日に案山子を田から持ってきて庭先に立て、餅を供えて祀る。それをカカシアゲという。同県上伊那地方では、十月十日の夜に、庭に臼を据え、農具などに蓑笠を着せて案山子を作り、餅を供える。それをカカシガミサマという。同県の諏訪地方では、この夜は案山子のカミが天に上るのだといい、餅を搗く。新潟県南魚沼郡でも、十日の夜に案山子を田から撤去して餅を搗いている。南魚沼地方では案山子を祀ることはないようであるが、その日に餅を搗いている以上、カミに関わる日と考えていたことは確実である。

大地を叩くというのは、古くからの行事にみられる反閉（ヘンバイ）の伝統の影響と考えられる。大地を踏んで、邪気を払い、生気を強めるのである。神事芸能にみられる足拍子もそれであり、盆踊りなどの足の使い方も反閉と同じである。

山形県櫛引町（現鶴岡市黒川）の王祇祭《おうぎさい》では、当家の座敷に設えられた神事の場で、王祇様とよばれる大きな白布に包まれるようにして、少年が「大地踏み」を行なう。座敷は周辺の大地の象徴であり、そこを踏むことによって、豊かな実りが約束されるのである。

備後國三原「亥の子の図」
『風俗画報』第152号（明治30年〈1897〉）より

東京日本橋の宝田恵比寿《たからだえびす》神社では十月十九日にべったら市がたつ。これは二十日えびすの前日に、えびす講に使う土焼きの恵比寿大黒などを売る市で浅漬大根に麹のべっとりついたものを売りだしたことに始まるという。

総じて十月に行なわれる祭には収穫祭としての性格をもったものが多い。

祭りや行楽で賑わう晩秋の十月は、また、人恋しく、もの思う季節でもある。芭蕉も、

秋深き隣は何をする人ぞ

と詠んでいる。

霜月

十一月は霜月《しもつき》である。十一月三日は文化の日である。記録によると、この日は驚異的に晴れの日が多いということである。秋晴れのもと、全国的に様々の文化的な催し開かれる。文化庁主催の芸術祭もこの日を中心に行なわれる。また、大学や高校などでは、日頃の学業の成果を発表する文化祭が行なわれる。

江戸の町では、この月は顔見世狂言の月であった。来年の正月から各座に出勤する役者たちを披露したのである。

江戸時代までの十一月は、今でいうと十二月であり、冬至のある月だった。霜が降り、まさに冬であった。暦を作製する場合には、必ずこの月に冬至がくるように調整された。そして、この月に翌年の暦が発表されたのである。

太陽が最も衰える冬至は、一年の終わりであると同時に、一年の始りでもあった。また、霜月は、古くから祭の月であった。現在各地で行なわれている「冬祭」は、多くこの冬至前後に行なわれていた霜月の祭である。

宮中では、この月の中の卯の日に新嘗祭《にいなめさい》が行なわれた。今でも勤労感謝の日として残っているのだが、こ

一陽来復酉の市　『観音霊験記』　豊国画　万延1年（1860）

の新嘗祭は、一年を締めくくる重要な祭礼であった。天皇の即位式に当たる大嘗祭《だいじょうさい》が行なわれるのも、この新嘗祭の日である。この事からみても、この日の重要性が分かる。翌日は豊明節会《とよのあかりのせちえ》である。天皇から臣下たちに酒饌が供されるのである。

　この月は、七五三の祝いの月でもある。十一月の十五日に、三歳の男女、五歳の男、七歳の女の成長を祝って氏神様に参詣するのである。この時、千歳飴《ちとせあめ》を買ってもらう。また、お祝いをくれた人に千歳飴を贈ったりする。七五三を祝うのは関東に多いが、最近では関西でも行なわれるようになっている。

　十一月の酉《とり》の日には、関東では酉の市が開かれる。大鳥神社の境内で縁起物のクマデ《熊手》を売る市が立つのである。関東の商人は、それを買い求めて、店頭に飾る。

　クマデは、竹を割って、先端を火であぶりながらカギ型に曲げたものを扇状に広げて編み、竹の柄を付けた簡便な道具である。落葉や塵を掻き集めたり、土をならしたりする時に使う掃除道具なのだが、私たち日本人の遠い祖《おや》たちは単なる掃除道具とは考えなかったようである。

尉と姥「芳年略画」月岡芳年　明治10～22年(1877～88)頃

能の「高砂」の尉《じょう》と姥《うば》はクマデと箒を持っているのだが、単に掃除をしているのではないだろう。老松の下に立つ尉と姥は長寿の象徴である。とすると、その手に持つクマデと箒はタマ（魂）を掻き寄せるものと考えるべきであろう。

クマデや箒は、散らばったもの、汚いものを掃除する道具には違いないが、掃き清めて美しくするという点に意味を強く持たせていたと考えられる。即ち、クマデを使うということは、美しく清らかなモノ、力あるモノを掃き寄せ、呼び込むという事でもあったのである。

そうしたクマデの持つ呪力を最も端的に見せているのが酉の市である。当日神社で授与するクマデは簡素なものだが、神符や稲穂が付けてあったりする。そこに、私たちは、このクマデの基本的な意味を見る事ができる。境内に立ち並んだ市で売られるクマデも、いうまでもなく招福・開運の縁起物である。クマデには、夷大黒や福の神・七福神、さまざまの宝物・千両箱・宝船などが付けられている。人々はそれを買い求めて店頭に飾り、豊かになる事を願うのである。

酉の市は、主として関東で見られるものであるが、これと同じ役割の祭礼が関西では夷講となる。

酉の市は、一般に「おとりさま」と呼ばれて親しまれているが、もともとは「とりのまち」といった。十一月の酉の日に、東京を中心とする地域の大鳥神社で行なわれる祭である。最初の酉の日を一の酉といい、以下、二の酉、三の酉と呼ぶ。昔は三の酉まである年は火事が多いといった。

大鳥神社は大阪府堺の大鳥神社が本社だといわれているが、堺では酉の市は行なわれていない。かつては東京都足立区花畑の鷲《おおとり》神社の市を本酉と呼び、大いに賑わった。今は、浅草に近い台東区の大鳥神社が最も盛んである。大鳥神社は、武運の守り神として古くから武士の信仰が厚かったが、江戸時代中期以降、商人など客商売をする人たちの参詣が多くなったのである。酉の市の「とり」を「取り込む」に結びつけて開運の神と考え、その信仰が広まったようである。

鷲神社の酉の市風景
『風俗画報』第11号（明治22年〈1889〉）より

酉の市では、クマデだけでなく、笹竹に通したヤツガシラや生菓子の一種であるキリザンショウなどが売られている。

酉の日、各地の大鳥神社の境内にはこれらの縁起物を売る露店が立ち並び、勇ましい売り声を挙げて客を呼び、売買が成立すると一同で手締めをして一層の景気をつけている。

この月、九州の鹿児島地方では、「弥五郎どん」の祭が行なわれる。巨大な人形を作って町を練り歩くものである。虫送りにも通じる行事で、災いを送り流すという意味を持っているようである。これは御霊信仰の一つと考えられる。だいたい、五郎という名前は御霊に通じると考えられていたのである。それ故、曾我の五郎も御霊としての特別の力を持ったモノとして意識され、歌舞伎劇の主人公として、毎年のように登場していたのである。

一面の紅葉が山々を彩るかと思うと、里のサザンカが咲き出したりする。渡り鳥の雁・鴨・白鳥・鶴などがやって来る。秋田の浜にはハタハタがやって来る。蜜柑が黄色に色づき、蛇や蛙は冬眠をする。自然界では冬の準備が着々と進んで行く。

各地で、冬の保存食となる野沢菜・白菜などの漬物の作業が始まる。こうして、冬を迎えるのである。

師走

老いの波もあら忙しの師走かな　貞室

十二月の声を聞くと、何となく慌ただしく、心せわしい気になる。

師走は旧暦十二月の異称であるが、太陽暦十二月の異称としても違和感なく通用している。伝統的な正月行事は、月遅れや旧暦で行なうことがあっても、新年は太陽暦の一月からで、十二月は年の暮れであるという感覚が一般化したせいであろう。

師走は、今も昔も一年の総決算の月で、新年を迎える準備の時、というよりは「正月」という長い行事の始まりの月だと日本人は考えていたようである。

十二月一日をオトゴノツイタチという。オトゴは末っ子のことで、一月を長男と考えてタロウヅキといったり、元日をカシラツイタチなどというのに対する言葉である。オトゴノツイタチは西日本に多い。大阪府中河内郡（現東大阪市、松原市）や徳島県では、この日、餅を搗いて祝った。秋田県にもオトゴノモチと呼ばれる行事があり、小豆餅を作り、神棚や仏壇に供える。この餅を食べると水難を免れるといっている。

十二月一日をカワビタリノツイタチとかカワビタシなどという地方は東日本に多い。餅や団子を水神様に供えたり、川に流したりする行事である。栃木県芳賀郡《はがぐん》では、この日の朝、カワビタリモチを搗き、神仏に供え、また、それを川に投げ入れて水神を祀る。それからでなければ橋を渡ってはいけないといわれていた、この餅を拾って食うと虫歯がなくなるとか、夏に河童に引き込まれないとかいう。この時、別に小餅を作って耳に当て「よい耳きけきけ」といって神棚に供える。

九州や山口県にも同様の行事があって、カワタリゼックという。長崎市付近では、この日の朝カワタリモチを売りにくる習慣があった。この餅を食うと、水難に会わないといっていた。

茨城県新治郡《にいはりぐん》では、この日をカワビタシと呼び、人に見られないように川へ行って尻を浸すと河童に引かれないという。この日搗く餅をカワビタリモチという。東京都八王子市付近では、カワビタリノツイタチといい、子供は、朝、川へ行き尻を水に浸す。また、橋にぼた餅を供える。この餅を食べてからでないと橋を渡ってはいけないといっていた。栃木県安蘇郡《あそぐん》野上村（現佐野市野上）では、この日に屑米で餅を搗く。それをツボモチという。川に投げ入れ、子供の水難を避けるという。

水に尻を浸すというのは、水によって身を清めるという意味であろうと思われる。この日は正月を迎えるに当たっての祓い清めの時であったと考えられる。

十二月八日は、二月八日と対になってコトヨウカと呼ばれ、針供養などの行事を行なう地方が多い。日本

カワビタリモチ　『年中行事図説』
（昭和28年〈1953〉）より

海沿岸では、この日、ハリセンボンという河豚《ふぐ》がやってくるといわれている。兵庫県城崎郡《きのさきぐん》では浜辺でハリセンボンを見つけて門口に吊り下げ、悪魔除け・流行病除けの呪物にした。佐渡でも悪魔除けと考え、ハリセンボダンゴを作り、屋外に供えておく。七軒の団子を食べると裁縫が上手になるといわれている。富山県新湊市《しんみなとし》（現射水市《いみずし》）では、むかし姑にいじめられた嫁が針を盗んだという罪をきせられて海に身を投げて死んだのがこの日で、だから海が荒れることが多く、娘のある家では、針仕事を休んで針供養をするという。針供養は、淡島様に折れた針を納めて供養を行なう場合が一般的だが、針を豆腐にさしたりする所も多い。針供養だけでなく、この日、外に出てはいけないといい伝えている地方が多い。この日が慎み籠る日であったからだと思われる。なお、この日、豆腐や蒟蒻《こんにゃく》・大根を食べる場合も多い。

十二月十三日をコトハジメという。正月コトハジメなどという所もある。煤掃きをしたり、門松迎えをする。宮中や幕府でも、この日に煤払いをするのが例であった。東大寺などでも、この日に煤払いをしている。京の祇園では、コトハジメノモチという鏡餅を持って日頃世話になっている家に挨拶に行く風が残っている。主家や師匠、姉芸者などは、この餅の多いことを誇り、床の間に飾る。

針供養　『年中行事図説』（昭和28年〈1953〉）より

「天保年間江戸商家煤掃ひの図」
『風俗画報』第24号（明治25年〈1892〉）より

煤払いを二十日過ぎにする所も多いが、この場合の膳は、正月の祝い膳と変わらない御馳走を食べて祝う土地が少なくない。また、煤払いに使った箒を庭先などに立てる所も多い。秋田市近辺では、この日の箒をススオトコという。秋田県平鹿郡ではススボンデンといい、庭先に立てておき、十五日の小正月の日に、そこで庭田植を行なう。煤掃きは単なる大掃除ではなかったのである。

納めの金比羅（十日）・終い弘法（二十一日）・終い天神（二十五日）など一年の最後の縁日をする社寺も多い。それらは歳の市を兼ねている。そこで、人々は正月用の祭具や道具などを調えたのである。

歳の市は各地で開かれる。東京では、

世田谷のぼろ市（十五日）
浅草の羽子板市（十七日）

府中の大國魂神社のミソカ市（三十一日）などが知られている。京都では、

東寺の弘法市（二十一日）

北野天神の市（二十五日）

が賑わう。奈良の春日若宮の御祭《おんまつり》（十七日）も、行列や芸能で名高いが、奈良盆地の人々にとっては、歳の市の性格が強いのである。

二十日は出替わりの日といい、商家の男性の雇人の契約更改の日であった。女性の場合は二十五日であった。

大晦日には、魂祭りや大祓い、追儺《ついな》など様々の行事が行なわれる。魂祭りは、特別の祭壇を作り、ミタマノメシを供えるのである。兼好法師はこの頃都では見られなくなったといっているが、現在でも行なってい

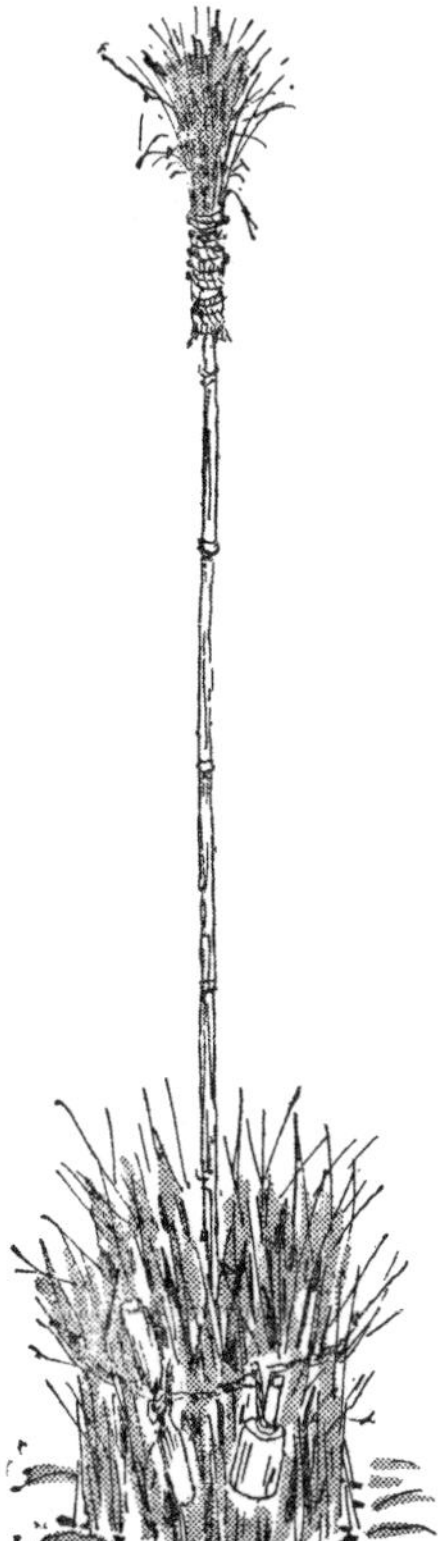

ススオトコ『年中行事図説』（昭和28年〈1953〉）より

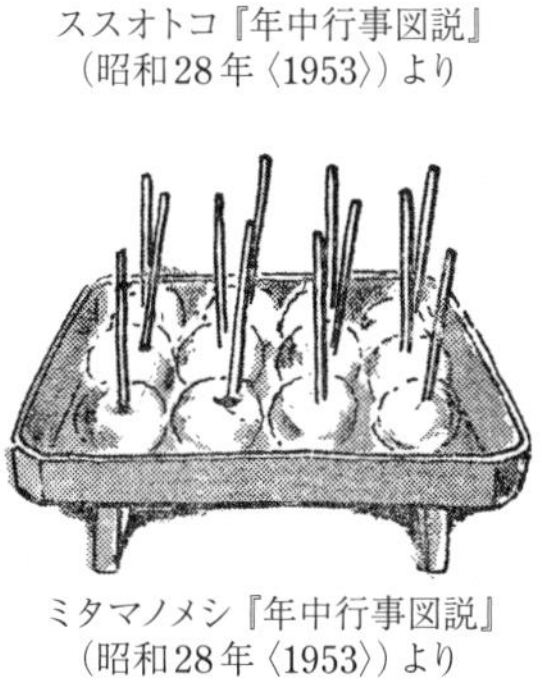

ミタマノメシ『年中行事図説』（昭和28年〈1953〉）より

る所は少なくない。

除夜の鐘が鳴り、年が明ける。そして、人々は新年を迎えたことを喜び祝うのである。

（「連絡ニュース」一九九四年四月〜一九九五年三月　武蔵野美術大学短期大学部・通信教育部）

歳時の民俗

春のことほぎ　――多摩の正月行事

春と新年

春の訪れとともに新しい年がはじまる。日本人は古くからそう考えてきた。明治五年まで用いられた暦（旧暦）、太陰太陽暦は中国から伝えられたものであるが、その暦は冬至のある月を十一月とし、立春の前後が元旦となるように作られたものであった。

収穫の秋が終わり、植物が生育を休む冬、太陽の力も衰える時であるが、私たちはその時期を、新たなる再生の力を蓄えるための籠《こ》もりの時だと考えていた。長く陰鬱な冬が過ぎて立春の頃になると、植物が、自然が胎動を始める。自然、とりわけ植物に大きく依存して暮らしをたててきた日本列島に住む人々にとって、春のはじめに年が改まるという考え方はごく自然に納得できるものであったに違いない。

明治六年、正確には明治五年十二月三日からグレゴリオ暦法による太陽暦が採用された。俗に新暦という。新暦と旧暦では約一か月のずれが生じ、冬の中に年が改まることになった。

それから百年余の年月がたったが、私たちは、まだ新年は春に始まるという感覚を強く残している。昭和三十年代までは旧暦の正月を祝う土地がまだ各地に残っていたし、今でも私たちは年賀状に「賀春」と書き、「初春」と記して異としていないのである。

正月は「新しい年の神」を迎えて、新年を祝い、一年の平安と幸福を祈る行事の時である。「新しい年の神」は、年神様・正月様・年徳神などと呼ばれており、明《あき》の方（恵方）からやってくる、迎えてくるものだと考えられている。

正月はいつから始まるのか、いつまでが正月なのか。それを明確に論ずるのはかなり難しいことである。ここではその議論はさておいて、すこし幅広く考えてみることにしたい。

新年を迎える準備

秋の収穫が終わって、十二月になると何となく慌ただしい気分になる。師走、十二月は一年の総決算の時であると同時に、新年を迎える準備の時と日本人は考えていたようである。

十二月一日を「オトゴノツイタチ」、十二月八日を、二月八日と対になって「コトヨウカ」と呼ぶということはさきに述べたが、武蔵野の村々では、この日には、一つ目の妖怪がやってくるからといって、軒先に立てた長い竿の先にメカイ（目籠）を吊るす風があった。日籠の目の多いのをみて妖怪が逃げるのだという。

鳥取県伯耆《ほうき》地方では、この日の豆腐をウソツキ豆腐といい、これを食べると一年中の嘘が消えるといっている。これもまた身を清浄にする呪いの一つと考えていたのであろう。

目籠（東京都青梅市）

二月八日をコトハジメ、十二月八日をコトオサメというところもあるが、三多摩地方では十二月八日をコトハジメとかショウガツハジメといっており、正月の準備がこのあたりから本格的に始まると考えていたことを示している。

また、十二月十三日をコトハジメ、正月コトハジメといい、煤掃きをしたり、門松迎えをするところが昔は多かったが、保谷《ほうや》市（現西東京市）上保谷でも、煤掃きは十三日に決まっており、この時に、神棚にたまった古い神札をまとめて俵などに収め、天井裏の棟木に吊るしたものだという。現在では古い神札などは年参りや初詣の際に持参して神社に納め、お焚上げしてもらうことが多くなっているが、かつてはまとめて天井裏にあげたものであった。こうすると防火、火伏せの効果があると信じられていたのである。

また、神棚に飾られた御幣、達磨、ミキノクチなどは、この時に取り払い、神社の片隅や稲荷の祠などに納めたりもした。暮れから正月にかけて多摩の村々を歩くと、道端の道祖神や庚申塔に達磨や古い雛人形などが納められている光景が多く見かけられた。

煤掃きは二十日過ぎにするところが今では多くなっているが、この時には正月の祝い膳に準ずるご馳走を食べて祝うという土地が少なくないし、また煤掃きに用いる煤箒は、笹・竹・藁などで新しくつくり、終わった後は庭先に立てたり、屋敷の木にくくりつけたりして粗末にはしなかった。煤箒を秋田県ではススオトコとかスズボンデンなどといい、平鹿郡《ひらかぐん》（現横手市平鹿町）あたりでは、庭先に立てたスズボンデンの前で小正月の庭田植えをしたという。煤箒は掃除をするための道具ではあるが、同時に依代としての役割も持つと考えられていたのである。煤掃きはたんなる大掃除ではなかったのである。

歳の市

十二月には各地の社寺で一年最後の縁日が開かれる。広く信仰されている社寺では、納めの金毘羅（十二月十日）、終い弘法（二十一日）、終い天神（二十五日）などと呼ばれて人出が多く、賑う。これらの縁日はいずれも歳の市を兼ねており、人々はここで、祭具や正月用品などを調えた。

国立《くにたち》周辺では、調布市布田《ふだ》の天神市、府中の暮れの市に行く人が多かった。府中の市は現在は大國魂神社の境内で行なわれているが、昭和二十五・六年頃までは本町の通りに立っていた。二十五・二十六・二十七日が市の日

大國魂神社の歳の市（東京都府中市）

だが、大晦日まで続いた。通りの両側に店が並び、人々は目無籠を背負って行き、買った物をこの籠に入れて帰った。供物を供えるためのザッキ（三枚一組の素木の皿）、神祠、ミキノクチ、お歳暮用の塩鮭などの他に、包丁、鉈、鋸、鍋、釜などの金物類、竹籠類、臼、杵、蒸籠《せいろ》、着物、足袋、下駄、独楽、凧、羽子板など多様なものが売られていた。

特色のある歳の市としては、世田谷のボロ市が近在に知られている。ボロ市は、十五日に代官屋敷前の通りに立つのが例であった。この市には古着などを商う店も多く、商品の数も府中の市より多かったので、府中や保谷あたりから出かける人もあった。臼や杵などの餅つき用具、神供を供える御器《ごき》などを商う店が多く、この市ではそういうものを買うことに決めていたという人も多い。また、絵馬なども売っていたので、ここで屋敷神として祀っている稲荷の絵馬や荒神様の絵馬などを買うことにしていた人もいた。

青梅の晦日市も賑やかで、正月用のミキノクチ、蠟燭、半紙、水引、手拭いなどを求める人が多かったという。

歳の市は、歳暮や正月用品を買うだけではなく、生産や生活に必要な道具類や衣料、食品などを購入する大事な場として、大きな機能を果たしていたのである。

正月飾り

注連縄　煤掃きが終わると、正月飾りに欠かすことのできない「注連縄綯《しめなわな》い」、「松迎え」などの準備がなされる。今日では三多摩地方でも歳の市などで注連縄や門松用の若松を買う人が多くなっているが、昔は一部分の町家を除いて、すべて自分たちで準備した。台地上の畑作地帯では、藁を水田地帯から買ってきたという。注連縄にする藁は、熟さないうちに刈り取り陰干しにしたもので、いくらか青味の残ったものを使うことが多かった。注連縄用の藁は、女には触らせなかったし、踏んだり跨いだりしないように気をつかった。綯うときも槌で打って柔らかくするのではなく、水を含ませて柔らかくしたものを、手にきれいな水をつけて必ず左縄に綯ったものである。

注連縄は、神前または神域に張り渡して、そこが神の占有する清浄な場であることを示すとともに、外から不浄なものの侵入を防ぐ役割をもったものである。ごく素朴には一筋の縄で良いのだろうが、多くは縄に藁すべを垂らしたり、紙垂《しで》をさげたりしている。また、様々な形に結んだり、輪にしたものも多くみられる。とくに正月の注連縄には様々な形態があり、これに橙《だいだい》やユズリハ、ウラジロ、扇などをつけて華やかにしたものが用いられている。その呼称も多様であるが、一般的には前垂《まえだれ》注連、大根注連、牛蒡《ごぼう》注連、輪注連、輪飾りなどと呼ばれるものが基本形になっているようだ。

注連縄を張る場所は、土地により家によっても異なるのだが、屋敷の入口、玄関、屋敷神、オカマ様、年神様、荒神様、水神様、床の間、座敷の入口などに張る。自動車や耕耘機などに輪飾りをつけるのも一般的になっている。また、注連縄につける紙垂や御幣、幣束は自分で切ることもあるが、お札などと一緒に神社から戴いて来ることが多い。

大黒船（長野県長野市）

〆飾り（山形県酒田市）

〆飾り（秋田県平鹿郡十文字町）

荒神（静岡県御殿場市）

宝船（神奈川県三浦市）

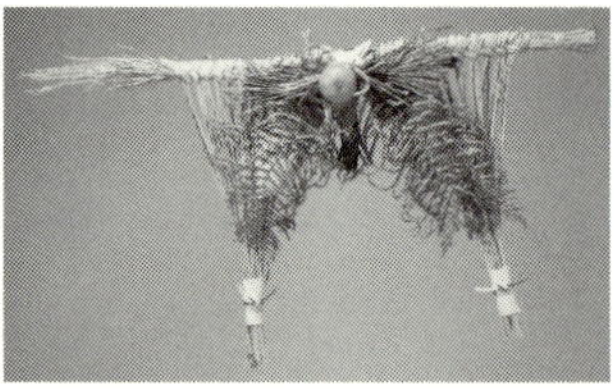

おかおかくし（群馬県渋川市）

鶴（福岡県）

四尺（新潟県新潟市）

〆（長崎県長崎市）

伊勢〆（三重県伊勢市）

宝島（山口県下関市）

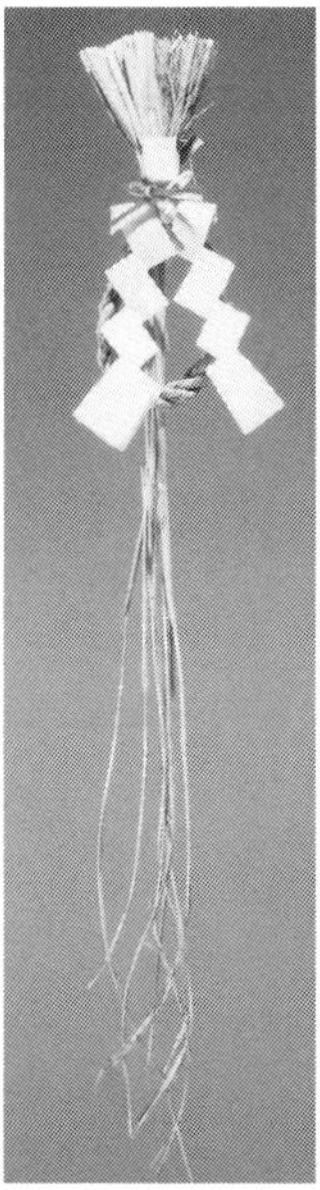

床飾り
（石川県金沢市）

〆
（長崎県長崎市）

半ごぼう
（群馬県渋川市）

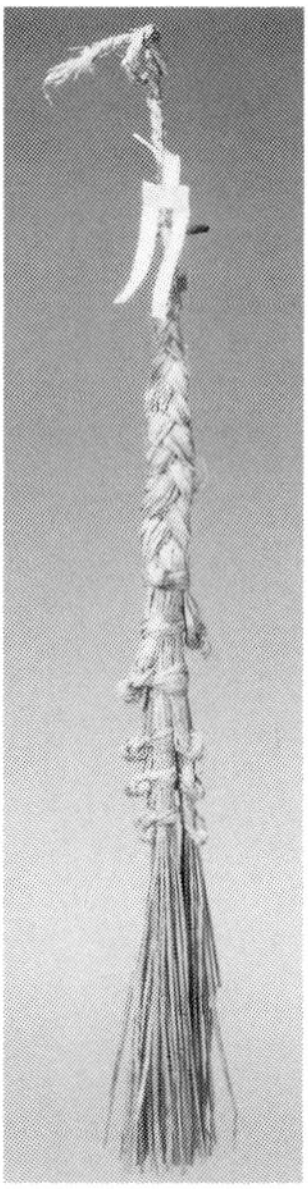

のさ
（青森県三戸郡）

玉〆
（京都府京都市）

玉〆
（新潟県新潟市）

注連縄
（岐阜県高山市）

門松　門松は年神の依代だと考えられている。今では印刷した門松の絵を門柱に貼って済ますことも多くなっているが、これは昭和三十年代以降に始まったことである。八王子、府中などの町場では、鳶職がそれぞれ受け持ち町内の家々の門松を立てていたが、村方では自分で材料を調え、飾るというのが普通であった。

山に松を採りに行くことを「松迎え」、「正月様迎え」などというところもあった。松迎えは、先に述べたように、コトハジメ（十三日）にするところもあったが、二十日過ぎが多い。近年は暮れも押し詰まった三十日に飾るというところが多くなっている。一夜飾りはいけないといって、大晦日に門松やしめ飾りをしないのは全国的である。

鳥居に飾られた門松（東京都新宿区・赤城神社）

門松はその年の「明の方」から迎えてくるもので、昔は誰の山から採っても良いとされていた。三蓋とか五蓋になった枝振りの良い松を主人または年男が採ってきた。松に竹を添えて玄関先、門に一対立てる場合が多いのだが、庭の明の方に立てたというところもあるし、松を用いないところもある。

府中の町、大國魂神社の周辺では葉のついた長い竹を二本立てる。奥多摩には松ではなく桧を立てる家もある。大國魂の神が松を嫌われたからであるとか、武田の遺臣で松平（徳川）に滅ぼされたから松を忌むのだといった説明がなされているのだが、門松といえば松という通念ができあがった後につけられた説明であろう。松以外の木を用いる例は各地に見られるところである。暮れに山から生木を採ってきて、それを立てて飾る習わしは古くからのことであるが、その木は必ずしも松とは決まっていなかったし、その地方の旧家といわれる家で門松を立てないという例も少なくはない。立てる場所も門ばかりではなかったのである。門松と総称される習俗には様々の形式があった。

　門松は、年神の依代であり、その飾られた場・家が年神の清浄な神域であることを示す標識・標（しめ）の一つなのだと考えることができる。

店の前に飾られた門松（東京都港区）

　門松は何日まで立てておき、いつ取るのかということも、その形式の多様さと同様に、必ずしも一定してはいない。一般に十五日までが松の内といわれているが、十五日までおいておくところは少なく、三多摩地方では四日には取っているし、伊豆の島々では六・七日、十日頃に取りはずすことが多いようだ。取りはずした門松や正月飾りは、粗末にならないように神社などに持っていって焼いたりするが、子供たちが集めて、サイノカミの祭りの日に村の辻などで焼くところが多かった。

奥多摩町の日原《にっぱら》では、暮れの二十七・八日頃に、ミズキで正月用の箸を家族の数だけ削り、三日までこの箸で食事をしたという。正月には柳箸などの白木の箸を用いるという家庭は現在でも少なくない。

年棚　青梅市日影和田《ひかげわだ》の石川家では、門松と一緒に採ってきた二尺五寸の松丸太三、四本を二つ割にして、外側を上にして新藁で編み、神棚の横に吊るして年棚とするのが例であったという。年棚の中央に年神様を祀り、鏡餅を供えた。年神様は束ねた新藁に御幣をさしたものである。八王子市恩方《おんがた》では、大晦日に年神棚の他に、疱瘡神棚をつくって祀る家もあった。年神棚には栗の木を用いたが、疱瘡神棚はカツンボウ（ヌルデ）で、少し小さめにつくり、座敷の隅に年神棚を向かって左、疱瘡神棚を右になるように藁縄で天井から吊り下げたという。現在では、ほとんどの家が年棚をつくらず、神棚をそのまま年棚として正月飾りをするようになっているが、昔は年棚をつくるのが一般的であった。年棚は明の方を向けて天井から吊るしたものである。

三多摩地方の古い農家では、大神宮様や産土様などの神札を貼り重ねた、額縁ように縁どりをした長方形の板が長押の上の壁などに掛けられているのを見かけることが多かった。現在のように神殿を模した祠をあげた神棚が一般化するのはそれほど古いことではないのではあるまいか。

大正月

鏡餅　門松が立ち、注連（年縄）が張られ、餅つきも済むともう大晦日である。大晦日の夕方には、すでに年棚が吊られ、年神様が祀られている。年神様に供える供物や飾り方は、それぞれの地方、家によって微妙な違いがあって一様ではないが、鏡餅とお神酒はどこでも共通している。

雑煮などに入れる餅は、四角い切餅にすることが東日本では多いが、お供えにする鏡餅は丁寧に丸められている。餅は望《もち》であり、丸いのが本来の姿である。丸くて白い鏡餅は、年神様の前に供えられるのだが、これはたんなる供物ではない、これこそが新しい神（タマ）の象徴だと考えられていた。九州では、正月に本家などに大きな一重ねの鏡餅を届けるのを恒例としていたところが少なくないのだが、この鏡餅をお年玉といっていた。お年玉は新しい年の神、年神の分霊を戴くという意味をもっているのである。

神酒　年棚の前面には注連も張られる。注連には紙垂が下がり、橙・昆布・ホンダワラ・ユズリハなどがつけられていることが多い。神酒の瓶子にはミキノクチも挿されている。ミキノクチをミキノスズというところもある。瓶子に挿して神棚や年棚などに供えるものである。神社の神饌としてお神酒を捧げるときに奉書を巻いて挿すことがあるが、ミキノクチはこれと同じものであろう。

ミキノクチには、紅白の紙を扇型に折ったもの、銅などの金属製のもの、薄く剝《へ》いだ杉などの素木《しらき》を御幣・宝珠・天狗の団扇・宝剣などの形に切り抜いたものなどがあるが、三多摩地区では竹製のミキノクチが一般的に用いられている。竹のミキノクチは、節間一尺、周囲六～八寸くらいの真竹を三十センチくらいの長さにに切り、幅八ミリ、厚さ五ミリくらいに割り、薄く剥ぎ、さらにそれを曲げて、宝珠などに象ったものである。足の部分になる下部は節を残して切っている。割る前に表皮を薄く削り取るのだが、細やかに割り整えられた薄緑の曲線がすがすがしい感じを出しており、正月飾りに相応しい趣のあるものになっている。

この繊細で洗練された造形美をもつ竹製のミキノクチは、多摩の特産といえるものの一つで、青梅市、福生市、武蔵村山市、調布市、日の出町などで現在も作られており、歳の市などで売られている。三多摩地方では様々な形のミキノクチをみることができるが、宝珠型の「ワ（輪）」と、万年青《おもと》型の「ザ（座）」の二種類が基本になっているようである。ヒトツダマノワ・マルグチ・フクグチノワ（ホウシュノタマ）・ミョウガなどと呼ばれるものが「ワ」に属し、オモト・ヒトツダマノザ・ミツダマ・タカラブネ・フクグチノザなどが「ザ」型である。どのミキノクチをどこに用いるかということは明確に決まっているわけではないが、万年青系のものが大神宮様や床の間に、宝珠系のミョウガやフクグチノワなどは恵比寿・大黒に供える瓶子に用いるといわれている。

ミキノクチは、縁起物でもあるし、正月の神前に彩りを添える飾りでもあるのだが、同時に、御幣や松、榊などと同様に、正月の神を迎える依代でもあるに違いない。正月に限らず、春秋その他の祭礼の場合でも、依代としての御幣の類は重複して用意され、用いられている。これでもかこれでもかといった具合である。それが私たち日本人の神を迎える方法だった。

年神は、その年の恵方からやってくる。門松と共に迎えてくる。それで充分なはずなのに恵方詣りに出か

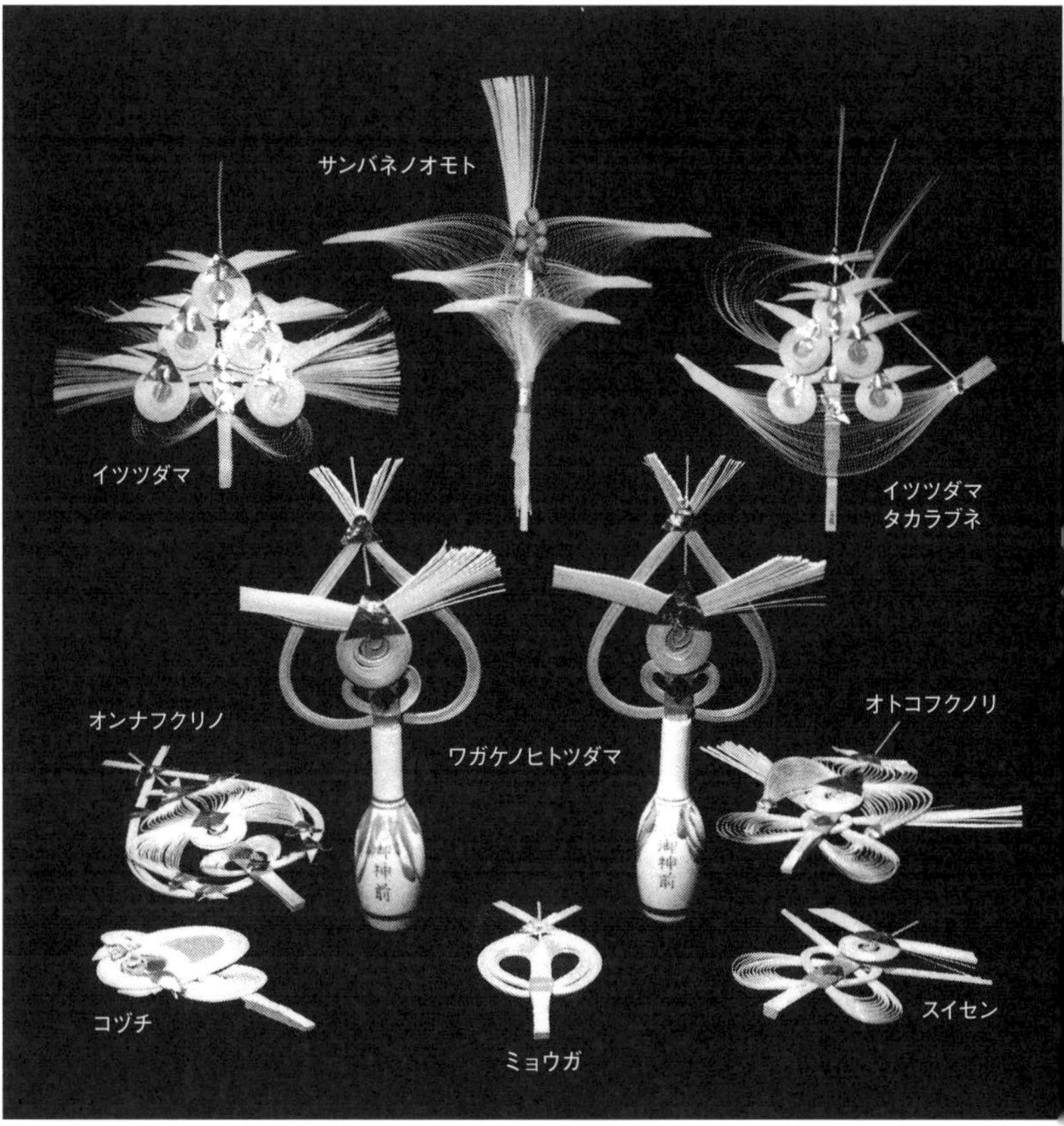
サンバネノオモト
イツツダマ
イツツダマ
タカラブネ
オンナフクリノ
ワガケノヒトツダマ
オトコフククノリ
御神酒
御神酒
コヅチ
ミョウガ
スイセン

青梅市の神酒口

ける。どこからともなくやってくる獅子舞・春駒・万歳・猿曳きなども来訪神だとされている。一つだけ、一回だけでなく、何回も何回も繰り返して神の訪れを請い、祈願し、祝福を願う。そのことによってより大きな安心を得ることができると考えていたのである。

年越し・元旦　大晦日には年越しソバを食べるのが当たり前のようになっているが、このようになったのは近年のことで、ソバと決まっていたわけではない。ソバ（そば切り）もご馳走の一つではあったが、白米だけで炊いたご飯も御馳走であった。武蔵村山市の中藤《なかとう》では、ご飯とコンニャクの煮物をケンチン汁とともに必ず食べたという。コンニャクの煮物はスナハライといった。これをスナオロシというところもある。これを食べると一年のうちに身体にたまった嘘を下ろしてしまうなどといっている。

大晦日の夜にミソカバライの御幣で主人または年男が家族全員の祓いをするところも多い。大晦日に早く寝ると白髪が増えるなどといって起きている。寝ないで初詣にでかけたりすることも多い。

元日、早朝に若水を汲み、この水で雑煮や煮物をつくって年神に供える。年男の役目である。年男は主人が務めることが多いが、下男などがやることもあった。若水を汲むための桶や柄杓は、そのためのものが用意されていた。元日の朝は、火打石で打ち出した新しい火で、一切の煮炊きをしたというところは少なくない。囲炉裏の火を絶やさないように細心の注意を払ったということもよく聞くが、新年には清らかな火に改めるという風もまた広い範囲にわたってみられたものである。マッチが普及して、火が容易につけられるようになってからでも、元日の新火だけは火打石、火打鉄《がね》を用いて切り出すという家は少なからず残っていた。

元日には氏神様、旦那寺にお詣りに行き、そして本家や親戚、近隣の家々に年始に廻るという人もあるが、年始廻りはしないで、日を決めて親戚や近所の人が集まり正月の祝いをするという場合が三多摩地方では多い。これをオオバンといっている。椀飯《おおばん》振舞いのオオバンである。その時に、昔は年始として半紙二帖・手拭いなどを持っていくことが多かった。半紙や手拭いは祝儀の遣い物としての役割をもったものだったのである。

初詣と市　正月には、村の氏神様や旦那寺に詣でるだけではなく、その年の恵方にあたる寺社に初詣に行くことが多かった。現在では恵方とは関係なく、有名な社寺に初詣にゆくのが一般的になっている。そういう社寺の門前や境内には元日から市が立ち、縁起物などがたくさん売られている。参拝者は、社務所で授与するお札やお守り、干支絵馬や暦などをいただき、縁起物を求めて幸せな気分になって帰るのである。正月はどこにいっても明るく楽しいときである。

三多摩地方で多くの初詣客を集めているのは、大國魂神社、谷保天満宮、御嶽神社、深大寺、高尾山薬王院、高幡不動、拝島大師、川越喜多院、川崎大師などであろう。これらの社寺で授与するお札やお守りには一般的なものが大半であるが、御嶽神社の守り神であるお犬様の姿が描

大國魂神社（東京都府中市）

かれた大口真神のお札や、深大寺や拝島大師、川越大師から出されている角大師、豆大師などのお札は、特色のあるもので、門守りとして玄関先に貼られる。また、御嶽のお犬様は盗難防け、害獣防けに効果があるとされて、蔵に貼られたり、竹串にさして畑に立てられたりした。

高尾山の天狗団扇、高幡不動の火炎団扇なども門守りとして玄関先に掲げられるものであった。正月のものではないが、大國魂神社のすもも祭りにだされる烏団扇も門守りとして用いられている。

初詣のお土産として求められる縁起物には、干支物をはじめ破魔矢、宝尽くし、七福神、熊手など多様なものがあるが、三多摩地方で特色のあるものといえば、瑞穂町の殿ケ谷《とのがや》・石畑《いしはた》・箱根ケ崎、立川市西砂町、青梅市梅郷《ばいごう》、あきるの市二宮などで現在もつくられている張り子の目無《めなし》達磨であろう。これは周知のように、祈願をかける時に片目（左目）を描き、祈願が成就した時に右目を入れて完成させるというものである。最近では選挙の度に、当選者が誇らかに目を描いている情景が放映されることなどが影響してか、各地で目無達磨をつくられているが、元来は関東だけのものであった。多摩の目無達磨は豊蚕祈願との関連で盛行したのだといわれている。

三多摩地方は、高崎に次ぐ目無達磨の産地で、正月から三月ころまでに開かれる社寺の縁日に立つ市の目玉の一つとなっている。前年より一まわり大きいのを求めると、より大きな福が得られるなど、売り人の威勢のよい言葉につられて、去年の達磨より大きめのものをと熱心に選択して買い求めて行く人が少なくない。

雑踏する新年の達磨市には、ささやかな幸せを求める庶民の熱気が渦巻いていて、それを眺めている自分もまた幸せな気分になるのである。

大黒のお札　恵比寿のお札
（長野県木曾郡楢川村奈良井宿）

大口真神のお札
（青梅市・御嶽神社）

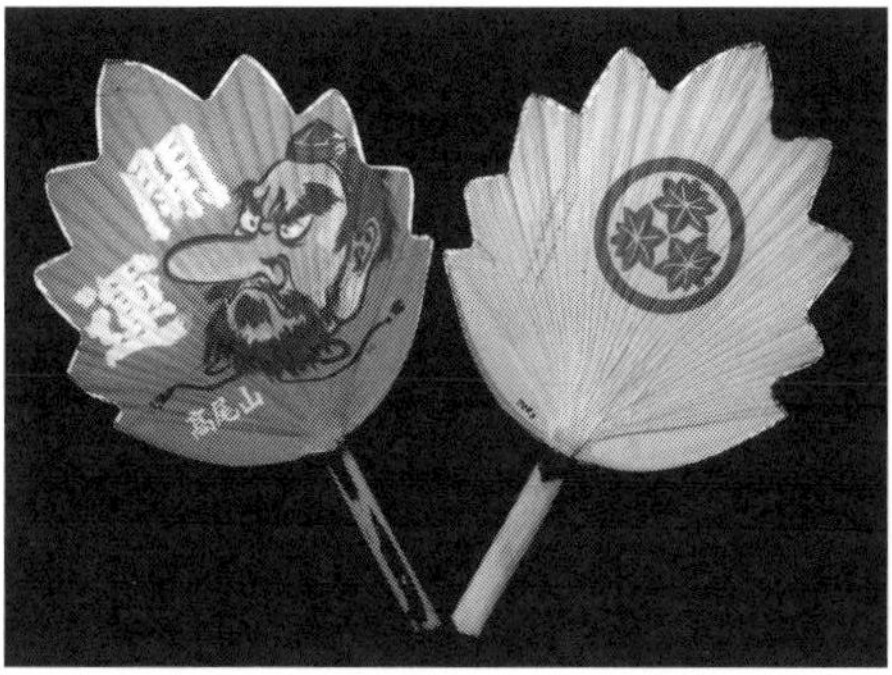

天狗団扇（八王子市・高尾山薬王院）

厄除元三大師絵馬
（調布市・深大寺）

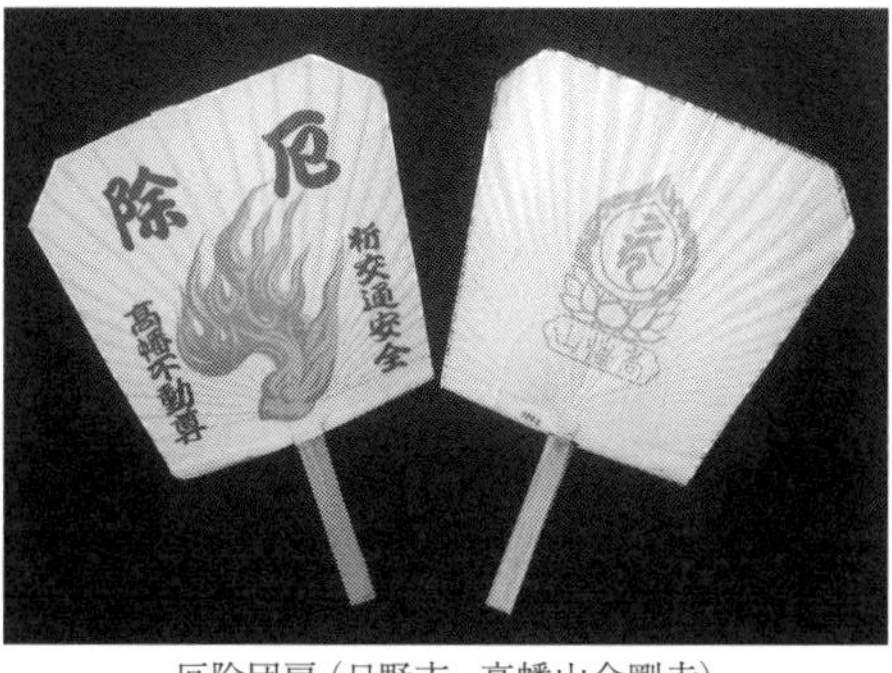

厄除団扇（日野市・高幡山金剛寺）

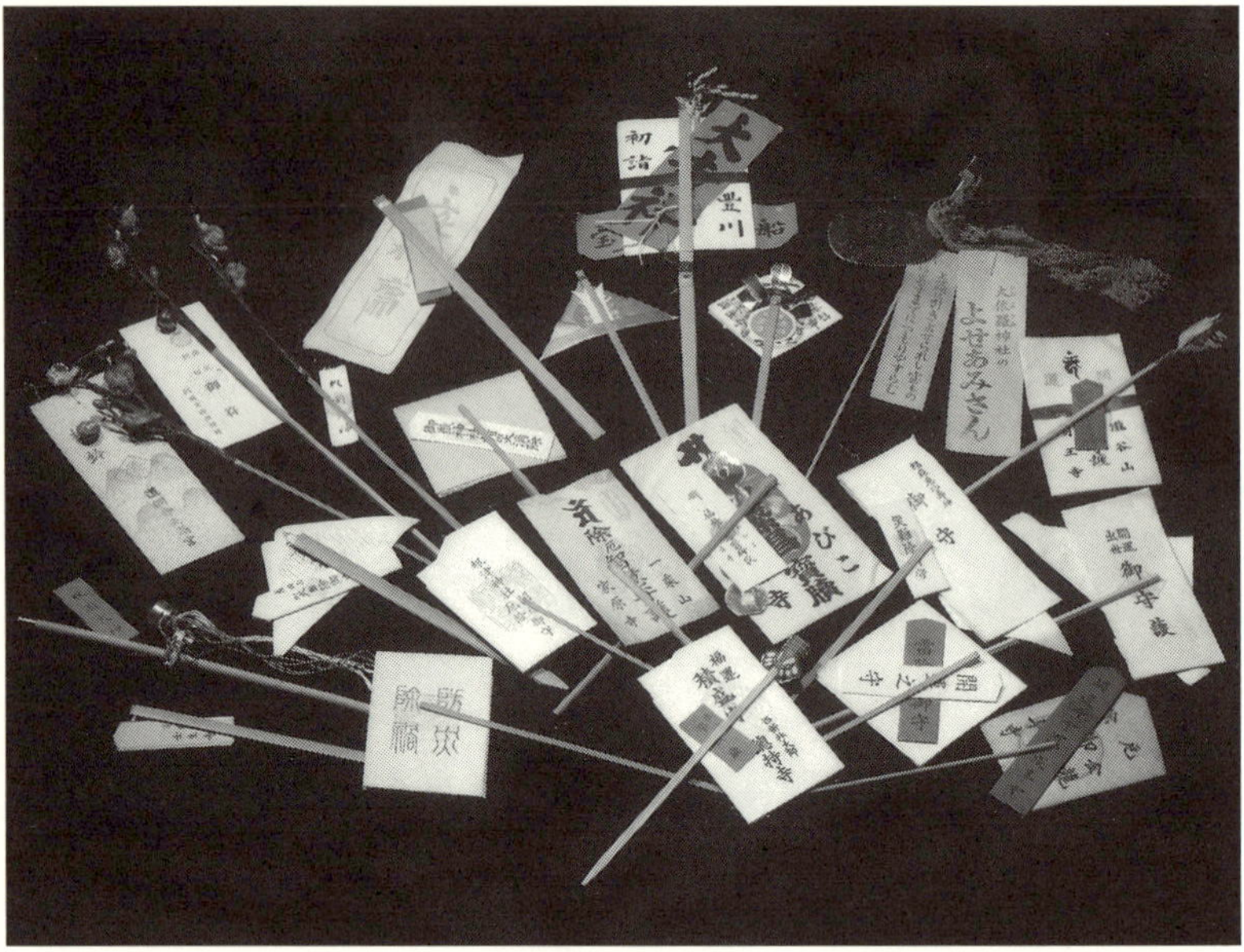

縁起物のいろいろ

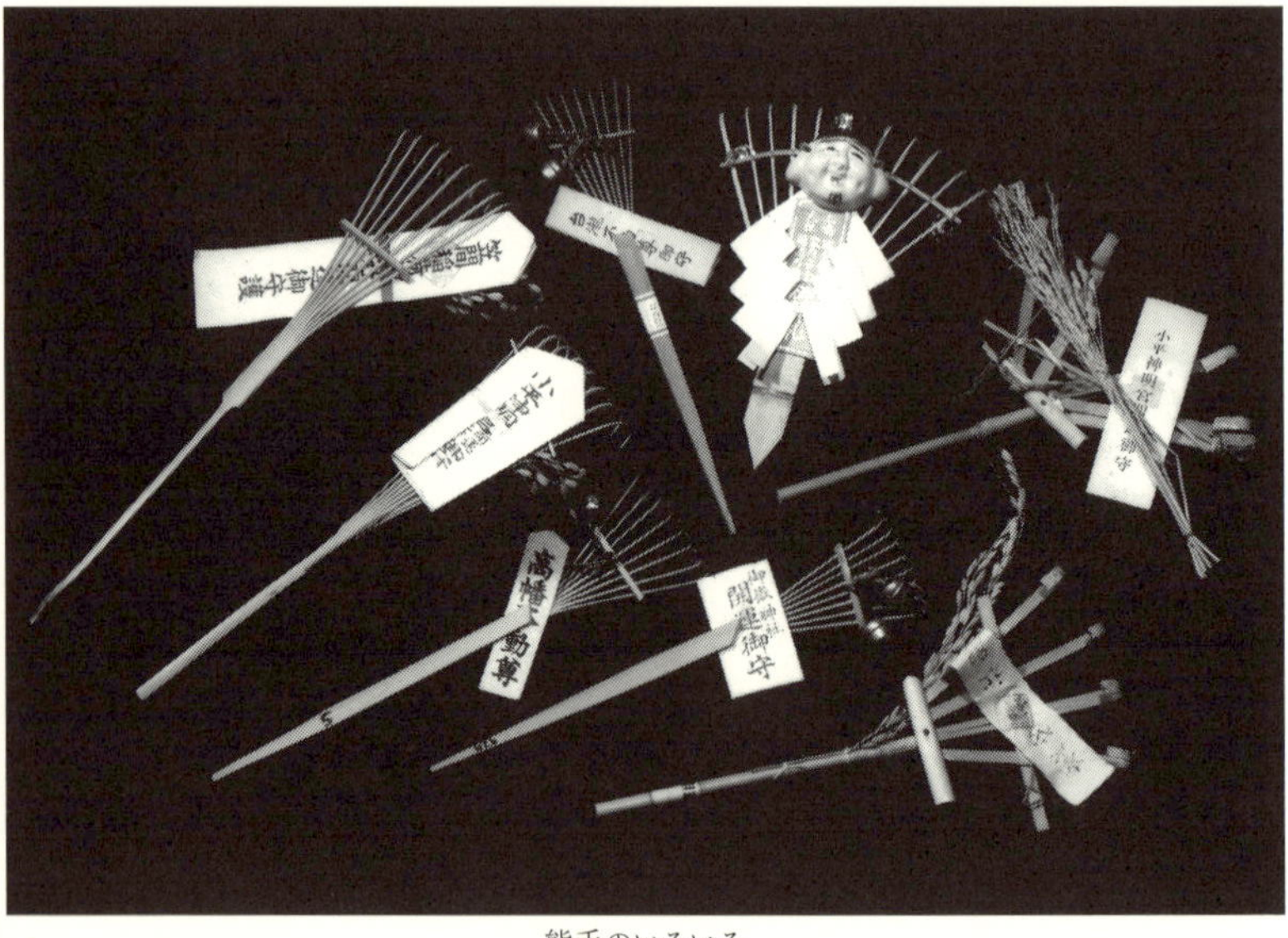

熊手のいろいろ

宝船（武蔵野七福神）

宝船（近畿地方）

藁製の宝船

宝船のいろいろ（左:隅田川七福神、中上:三春張子、
中下：山の手七福神、右：日本橋七福神）

達磨寺（群馬県高崎市）

白河達磨（福島県白河市）

達磨（福島県会津若松市）

松川達磨（宮城県仙台市）

那珂湊達磨（茨城県那珂湊市）

豊岡達磨（群馬県高崎市）

富岡達磨（福島県郡山市）

達磨（埼玉県鴻巣市）

武州達磨（埼玉県越谷市）

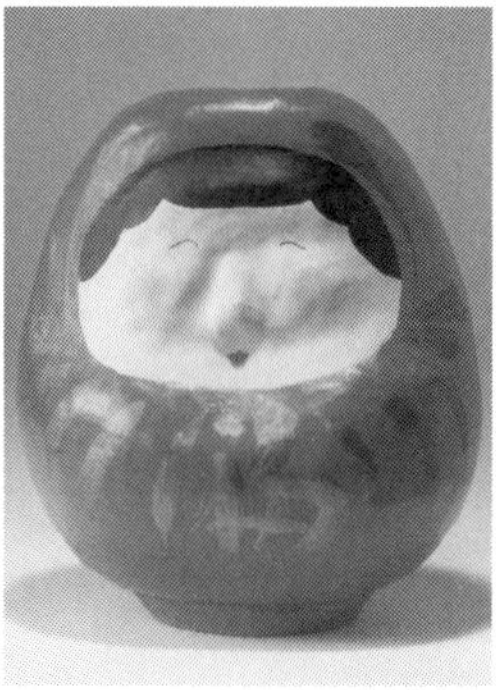

女達磨（千葉県館山市）

吉原達磨（静岡県富士市）

相模達磨（神奈川県平塚市）

東京達磨（東京都瑞穂町）

鉢巻達磨（愛知県名古屋市）

豊川達磨（愛知県豊川市）

達磨（愛知県豊橋市）

えびす達磨
（広島県沼隈町）

玉島達磨
（岡山県倉敷市）

土佐起き上がり
（高知県高知市）

姫達磨
（愛媛県松山市）

おきなこぼし（熊本県宇土市）

女達磨（福女・大分県竹田市）

鉢巻達磨（福岡県福岡市）

小正月

小正月のツクリモノ　正月にはたくさんの行事があるが、大きくは元日を中心にした祝いと、十五日を中心に行なわれる行事の二つのクライマックスがあるといってよいだろう。元日を中心にする前者を大正月といい、後者を小正月といっている。

十五日は旧暦では満月である。行事が新暦（太陽暦）で行なわれるようになって月齢と行事の関係は薄れてしまうのだが、かつては深く関係していた。そのことは年中行事の日次をざっとながめるだけでもよくわかる。日本の年中行事は十五日が最も多く、一日の行事がそれについで多い。私たちは、一年は太陽の運行に従いながら、一月《ひとつき》は月の朔望によってリズムをとっていたのである。

小正月には、マユダマやアワボヒエボ（粟穂稗穂）、ケズリカケなどのツクリモノが飾られ、サエノカミの祭りや、新嫁の祝いなどが行なわれていた。三多摩地方の村々にも各種のツクリモノがある。ここでは、その一つの例として、今は湖底の村となった小河内《おごうち》村のツクリモノを取り上げてみることにしよう。

水没前の小河内村では、十三日に小正月の準備をした。ここでは正月二日がシゴトハジメで、鋸・鉈などを持って山に行き、明の方にある良い木を選んで山の神の木とし、注連を張り、オサンゴ（御散供・米または銭）、樽酒、折紙を供えて拝み、薪二・三把を伐ってくるのだが、この時にカツノキ（ヌルデ）も採ってきた。十三日の夜、そのカツノキでカドノボウ（オッカドとかカドノドウシン、カドニュウドウなどともいう）・オタワラ（俵）・アワボヘーボ・オンマラボウ・ケエマゼボウ（粥混ぜ棒）などをつくり、十四日の朝にそれぞれの場所に飾った。

カドニュウドウ（静岡県御殿場市）

カドノボウ（門の棒）は大正月の門松の跡、物置、仕事小屋、便所の入口などに立てた。二本一組で一本が男性、一本は女性だという。魔除けだといわれているが、畑の作物の害虫除けだともいわれている。粟穂稗穂は畑の地神様に供えるのだといって畑の一隅に立て、また門の棒に吊るしたり、お俵と一緒に神棚や荒神様に供えたりもする。東大和市の芋窪では、粟穂稗穂を庭先に積んだ堆肥塚にも立てていた。粟穂稗穂、お俵は豊作祈願である。

また、十四日には、女衆が粟・稗・玉蜀黍《とうもろこし》・米の粉で繭玉をつくって、お俵と一緒に座敷に飾った。繭玉はダンゴバラ（リョウブ）の枝につけた。米の団子は白繭、玉蜀黍は黄繭に擬したものという。ほかに大判小判、恵比寿大黒、打出小槌などの縁起物や饅頭、麦穂、蕎麦などの作物に模したものなどもつくり、華やかにした。豊作と豊蚕、富貴を祈願してのものである。

繭玉は、十七日に下ろして、二十日の恵比寿講の御馳走として食べる。十七日に繭玉を下ろす行事をマユカキという。ダンゴバラの枝は保存しておいて、蔟《まぶし》に結びこむと蚕がよくとれるといった。

オンマラボウは男根を模したもので、十四日の夜行なわれる嫁祝いの進物として、また嫁の尻叩きの棒として用いられる。新嫁の祝いに招かれた若い衆が進物として、水引をかけたオンマラボウ一対とオンマライシを持参し、祝い酒を馳走になるのだが、その時に別につくって各自がもっているオンマラボウで新嫁の尻を叩いて祝福した。子授け、子孫繁栄を祈願しての行事である。進物のオンマラボウは大きいほど喜ばれ、家の破風のところに納めて長く祀っておいた。

ケエマゼボウ（粥混ぜ棒）は、皮を剝いで白く削ったカツノキの先端を四つ割りにして繭玉を一個はさんだもので、十五日の朝の小豆粥をこれで掻き混ぜるのに用いた。世田谷区粕谷では、ニワトコの木で同様の粥掻き棒をつくり、小豆粥を混ぜたが、粥の出来の良し悪しによってその年の豊凶を占い、使った棒は荒神様の上の屋根に挿しておいたという。粥掻き棒を嫁の尻叩き棒として用いていた地方もある。これもまた単なる棒ではなく、幸せをもたらす呪力をもったものと考えられていたのである。

お俵、門の棒、粥混ぜ棒などは「二十日の風にあわせる

ダンゴバラ（右）と
マユダマダンゴ（左）
（山梨県上野原市）

な」といって、それまでに取り外して、囲炉裏で燃した。ただ、門の棒は一本だけ残しておいて、味噌煮のときの燃料とした。

八王子市恩方地区小津町の青木家では、十三日に臼と杵、鍬、鎌、鉈のミニチュアをカツンボウ（ヌルデ）などで二組つくり恵比寿・大黒に供えたという。これは二十日の恵比寿講に下げた。小正月に主要な農具のミニチュアをつくり釜神様などに供え、豊作を祈願する例は群馬県などにもある。

小正月の行事　十四日には、オマツヤキなどとも称されるサエノカミの行事が行なわれる。トンド、サギチョウ、オンベヤキ、サンクロウヤキなどと呼ばれ、広く各地で行なわれているものと同系の小正月に行なわれる火祭りである。現在では行なわなくなったところが多いが、かつては多摩の村々でも盛んに行なわれていた行事の一つである。

やり方は村によって違っているが、小河内の南集落では、塞の神（道祖神）の前に杉の枝でカリヤ（仮小屋）をつくり、そこにセートウギという六尺くらいの長い薪を何本も立て、そのまわりに正月の門松を注連縄で巻きつけ、もっともその年（前年）に縁起のよかった家の主人が火をつけて燃すのである。炎の勢いがつい

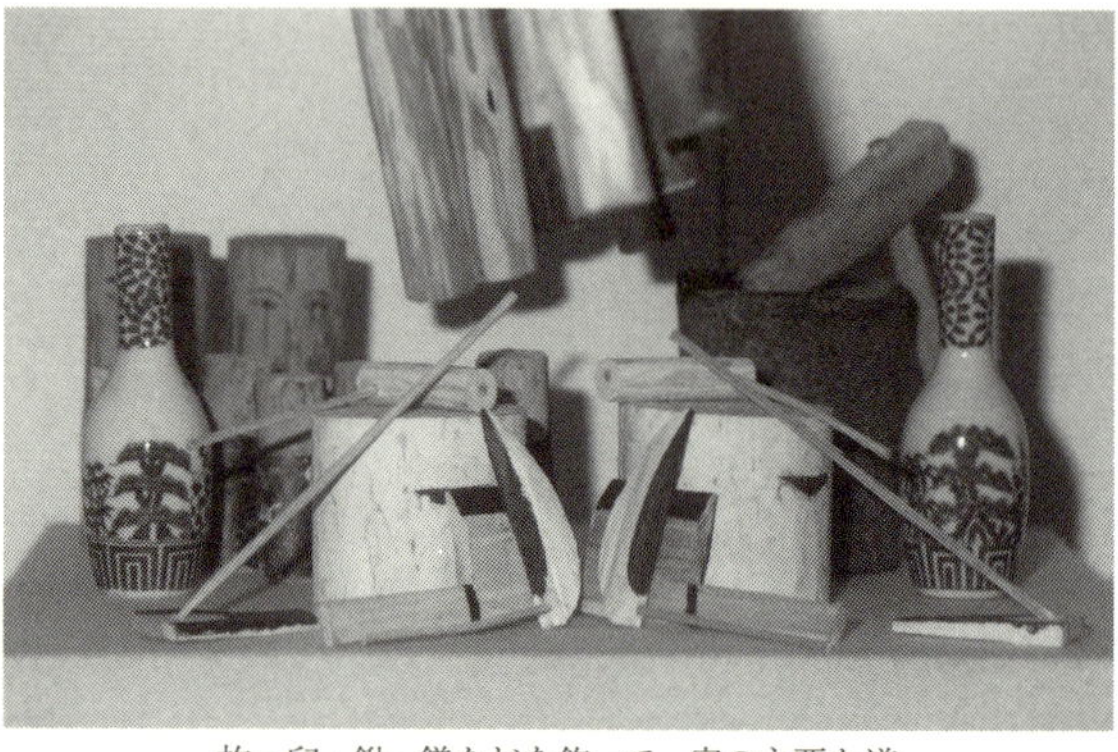

杵・臼・鍬・鎌などを飾って、家の主要な道具を休ませ、年越しをさせる（三多摩地方）

てくると、子供や若い衆が賑やかに囃したてて景気をつけた。また、この晩の月の上り具合で今年の運だめしをしたという。

門松や注連縄などの正月飾りを子供たちが集めて、サエノカミの時に焼く風はどこも共通している。この火にあたると一年中風邪をひかないとか、正月二日の書き初めをこの火にかざし、高く上がるほど手があがるといって喜ぶ風も共通である。

東北地方では、小正月に雪の積もった庭の一画を田圃にみたて、田植えの真似をする庭田植えなどの予祝行事が各地で行なわれているが、多摩の畑作地帯では正月十一日、クラビラキの日に畑作の予祝儀礼を行なう家が多かった。早朝、主人が畑に出て、サクキリ、種子蒔きの真似をするのである。クワイレ（鍬入れ）とかハツサク（初作）とよんでいる。羽村町羽の下田家では、主人が朝飯前に畑にでて鍬で三サク切り、一サクに三ヶ所、計九ヶ所にオサンゴー（米）と鏡餅を砕いたものを種子として蒔き、松の枝を挿し、鏡餅の下に敷いた半紙でつくった幣を松に下げてお神酒をあげて帰ったという。松は年棚に飾ったものを取っておいて用いる場合が多かった。この時に蒔いた餅やオサンゴーを烏がついばむと縁起が良いといわれている。三多摩地方における小正月の行事もまた、豊作祈願、五穀豊穣、子孫繁栄の祈りを中心にしているといってよいだろう。

恵比寿講から節分　一月二十日は恵比寿講で、恵比寿大黒を祝う。小豆飯を高盛りして供え、枡にお金を入れて供えた。この日を二十日正月ともいった。

二十五日は天神様の縁日、初天神で谷保天満宮などは受験生で賑う。天神様を祀っている村では、子供たちが天神講をする。亀戸、湯島、五条天神などでは鷽《うそ》替えの神事が行なわれる。参詣の人々は、前年の鷽を納め、新しいものを求めて帰る。以前は、境内に鷽を商う店が並んでおり、そこで求めた鷽を神前に供え、他の鷽と取り替えて帰ったのだという。人々は鷽を嘘にかけ、それを取り替えることによって前年の不幸をすべて嘘にし、新しい年の幸せを祈ったのである。

　恵比寿講が終わり、初天神が済むと節分になる。旧暦の時代は節分と新年は隣あっていた。三多摩地方でも節分をトシトリセツブンなどというところ

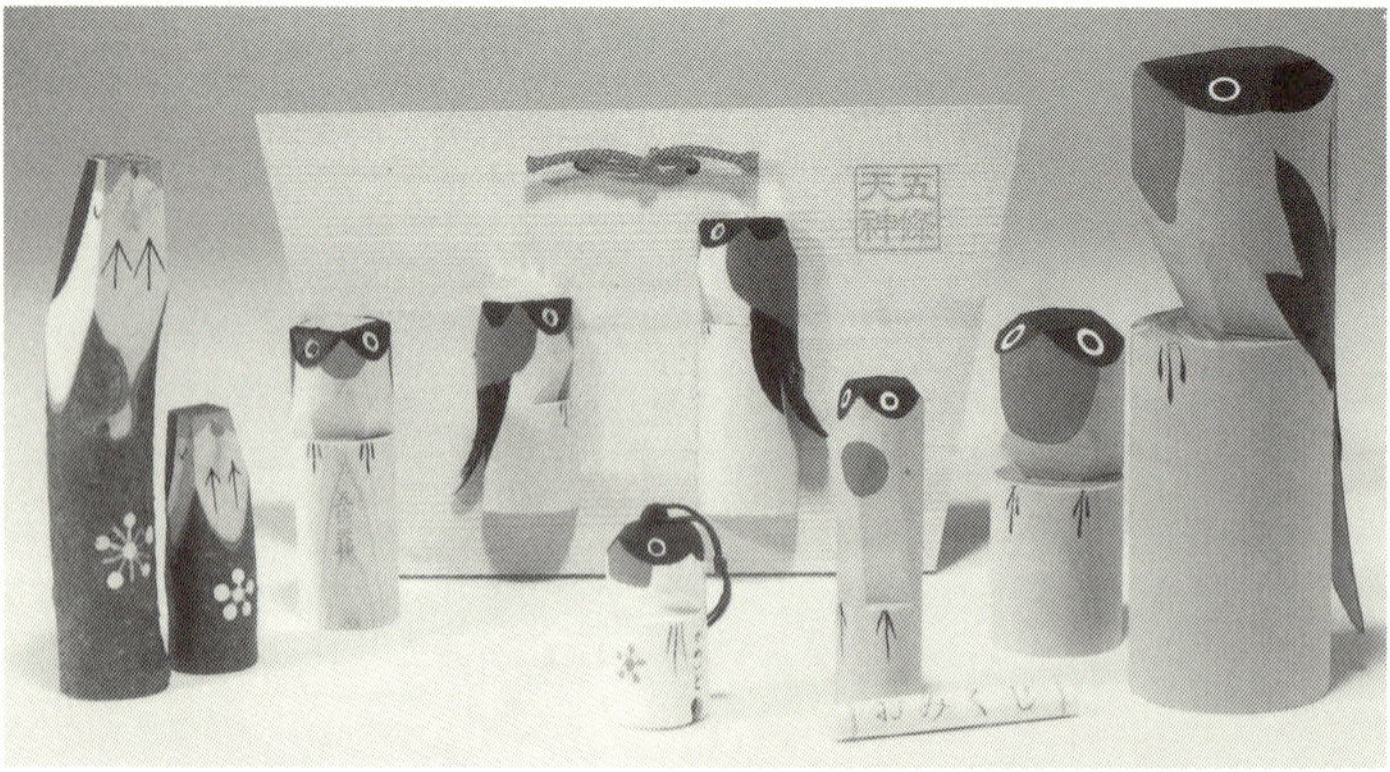

東京の鷽（湯島天神・五条天神社・谷保天満宮・亀戸天神社）

節分　豆撒きの鬼面と升

もある。この日にはヒイラギの枝と目刺または鰯の頭を焼いて豆殻にさしたものを入口に挿すのは一般的な習俗である。鰯の頭を焼く時、唾をつけて焼くというところも多い。柊の葉のトゲと鰯の匂い・悪臭に恐れて、魔を防ぐという呪いだとされている。近年は有名な社寺で有名人を年男に頼み、豆撒きをする風も盛んになっている。豆撒きは家庭でも行なわれるのだが、その前に、大豆を平年なら一二個、閏年には一三個、囲炉裏の熱灰で焼いて、その焼け具合によって月々の天候や作柄を占ったという。豆占いを大晦日にやっていたという家もある。

年占神事　節分の豆占いだけではなく、正月行事のなかには一年の豊凶禍福を占う年占がたくさん含まれている。これまでにみてきた三多摩地方の正月行事のなかにも、月の上り具合で占ったり、粥のでき具合で占ったりするものがあった。いずれも首尾一貫した形での伝承ではなく、痕跡をとどめている程度のものでしかないのだが、かつてはかなりきちんと行なわれていたに違いない。

年神を迎えて新しい年をことほぐ正月行事の数々は、人の暮らしを左右する力をもった神に、その神意、人の祈りや願いに対する神の答えを聞く行事でもあったのである。年占は各家庭で行なわれることもあったが、その主要なものは公的なものとして集団で行なわれることが多かったし、また神社などの神事として行なわれ、その結果が、人々に告げられるという形をとることが多かった。

そうした年占のなかで御嶽《みたけ》神社の太占祭《ふとまに》は、古くから伝わる三多摩地方の代表的な年占神事として広く知られている。そして、その結果を記したツツガエのお札は講中や御師などの手によって広い地域に配付され、

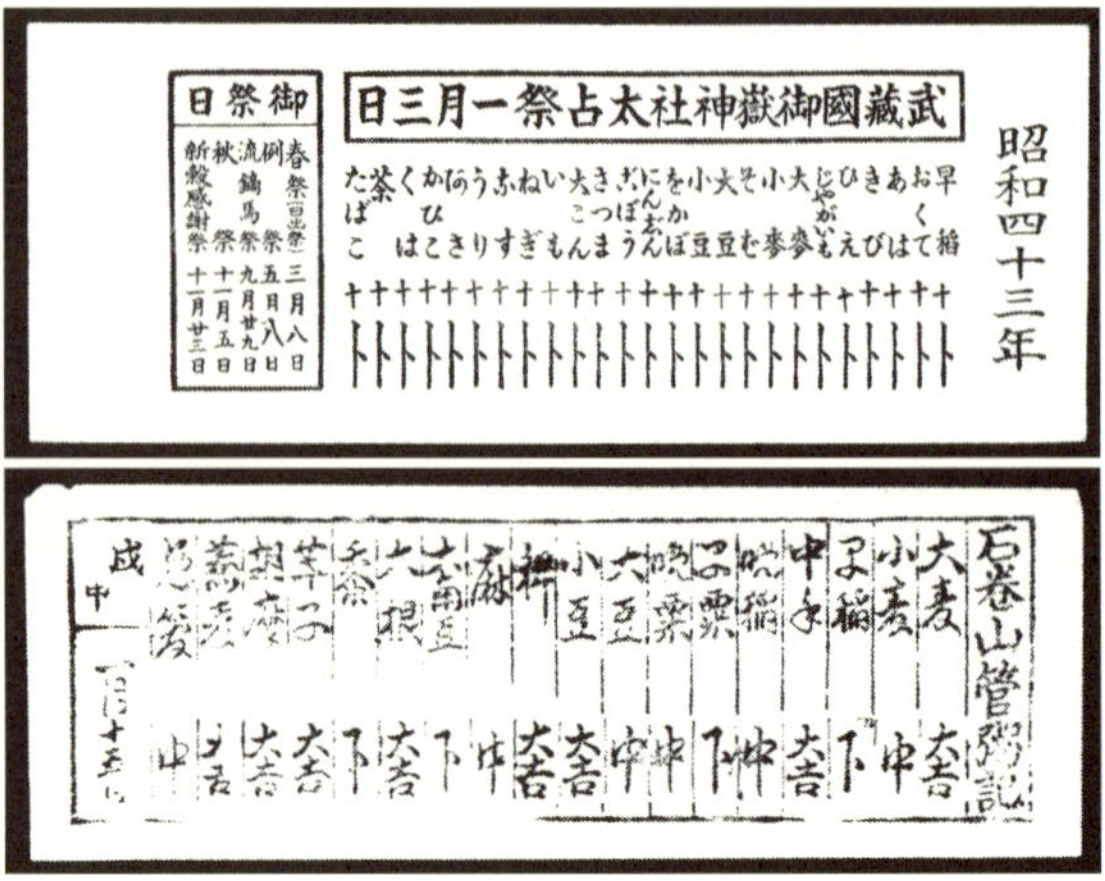

御嶽神社太占祭のお札と石巻(宮城県)管粥札

大きな影響力をもっていた。

太占祭は一月二日の深夜から三日の早朝にかけて行なわれる。担当の御師二人が火鑽を用いておこした清らかな火で鹿の肩胛《けんこう》骨《こっ》を灼《や》き、生じた骨のひび割れ具合によって作柄を読むのである。これをツツガエといっている。ツツガエは三日には社前に公示され、また印刷されて配付される。

御嶽神社の太占祭は鹿の肩胛骨を用いる鹿卜《ろくぼく》で、日本では弥生後期から行なわれている古い卜占法である。御嶽神社でいつから行なわれていたのかは明確ではないが、現在、関東で鹿卜を伝えているのは、上野国一の宮である群馬県の貫前《ぬきさき》神社と御嶽神社だけであるという。貫前神社では火災の祈禱神事として行なわれている。御嶽神社のツツガエは農作物の豊凶を占うものであり、よく当たるということで、近年まで作付けの指針とする農家が少なくなかった。配付されたツツガエのお札を笹竹などに挟んで田圃の水口などに立てているのを見かけることもあった。

正月には、羽根つき、カルタ、双六、凧あげ、独楽まわしなどの子供の遊びの他に、大人たちは宝引《ほうびき》、花札、賽子《さいころ》賭博などの賭け事を半ば公然と行なっていた。これらの競技や賭け事もまた、一年の運だめしであり、年占的な要素を多分にもつものであった。

年中行事は、季節と密接に関連して行なわれてきたし、農作業との関連も密接であった。太陽暦に切り替わることによって生ずる暦日の一ケ月前後のずれは、長い太陰太陽暦の歴史のなかで培われた季節感とは合わないものであった。したがって、国・官の行事などは新暦で行なわれても、民間の年中行事は、旧暦または月遅れで行なうことによって、季節とのずれを調節してきたのである。

現在の年中行事をみると、純粋に旧暦を踏襲しているものは少ないが、月遅れで行なっているものが多い。特に近年の都市化、サラリーマン化の進行にともなって、それに近い土曜・日曜などの休日に行なわれることが多くなってきているのが特徴である。

祭礼や行事は神を迎え、その神に人々の祈りや願いを捧げ、平安を得ようとするものであろう。したがって、それぞれの民族や文化のもつ神観念に従って行なわれる。多分に精神的なものであるが、それには必ず形式をともなっている。形に現わさず、心の中でいくら念じたところで神にはその思いは通じないと思っているかの如くである。祭りや行事はそれぞれ定まった儀式や儀礼、方式に従って行なわれる。新年の行事・正月もまた同じである。

各地で行なわれている行事や祭礼は、それぞれの土地の生活や歴史の違いに応じて様々な形態をとっており、決して一様ではないのだが、行事の基本になる部分は共通しているようである。

（「多摩のあゆみ」八四号　一九九六年十一月　たましん地域文化財団）

「花見」考

「長屋の花見」

「表はおおぜい人が出てるなァ。あれは、みんなお花見にいく連中だ」

「うちの長屋も、世間から、貧乏長屋なんていわれて気がきかねえ。そこでひとつ、貧乏神をおっ払うために、みんなで花見でもして、陽気にわァッとさわいでこようてんだが、どうだ」

という大家《おおや》の誘いにのった貧乏長屋の一同は、上野の山へ花見に出かけることになる。

大家の用意したものは、一升びんが三本ときりだめに入れた蒲鉾に玉子焼であった。ところが、貧乏長屋にふさわしく、一升びんには番茶が入っているし、蒲鉾は大根のおこうこ、玉子焼はたくあんといった有様であった。

一同は、毛氈《もうせん》のつもりの莚《むしろ》をかついで出かける。

「山の上にひとつ、陣をかまえるか」

ということで、酒盛りが始まる。

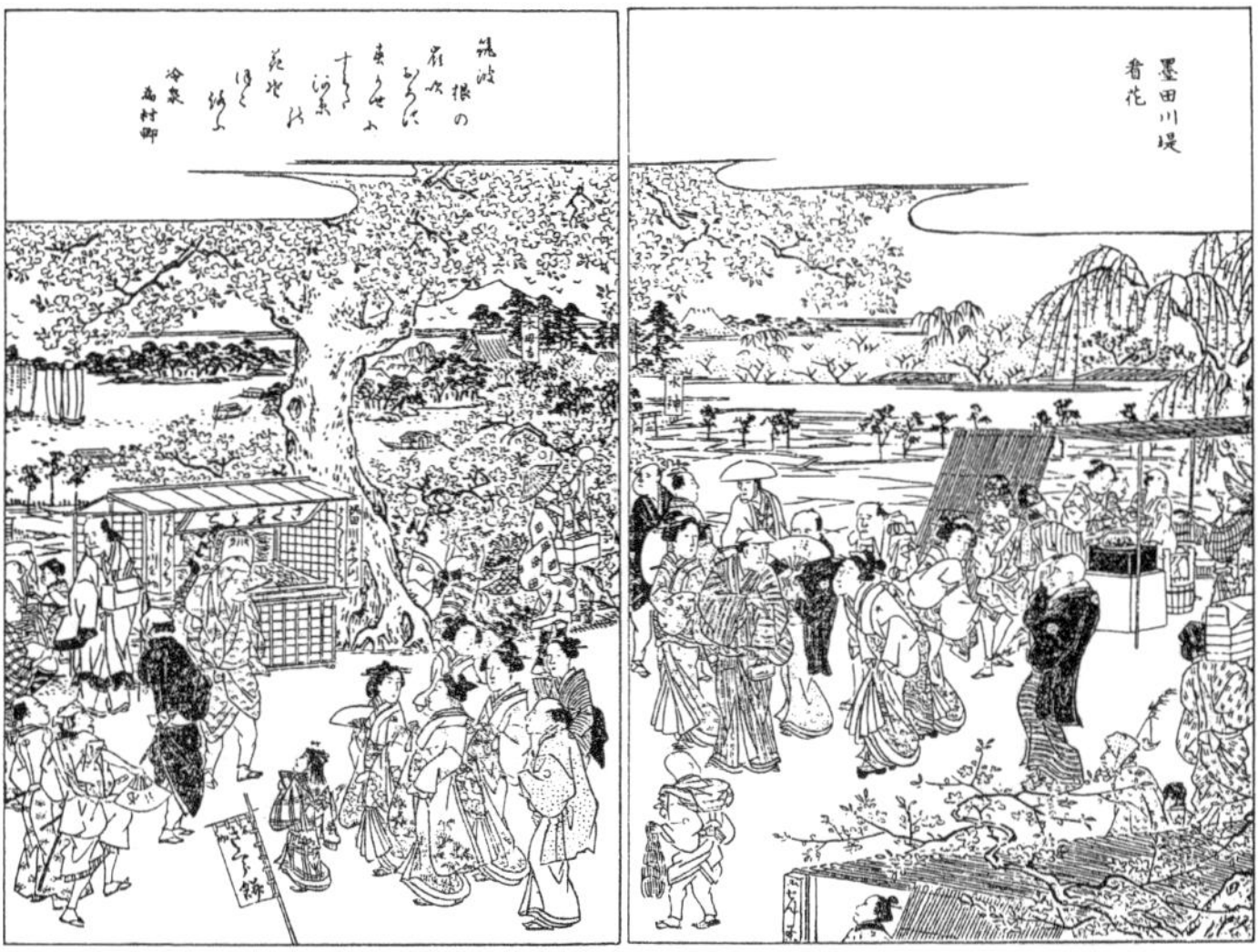

隅田川の堤で花見をする人々（『東都歳時記』天保9年〈1838〉）

「花見だよ、酔わなくちゃいけないよ」

と大家はいうが、一同なかなか酔ったふりはできない。そのうち、ご大家《たいけ》の隠居が一杯やっているのを見つける。喧嘩のまねをしたら、隠居があぶないと逃げるだろうから、そこで本物の酒や重箱・折詰を頂いてしまおうということになる。それがうまくいったところでオチとなる。

これは『長屋の花見』という落語のあらましである。上方《かみがた》落語の『貧乏長屋』を蝶花楼馬楽が東京へ移して『隅田の花見』として口演《こうえん》したのが最初だそうである。ここに引いたのは、柳家小さんの東京式演出を基にした『古典落語大系』（三一書房刊）所収のものであるが、『明治大正落語集成』（講談社刊）に収められている馬楽口演のものによると、花見の場所が隅田川の堤であり、また、最後の喧嘩のくだりなどはみられないのであるが、

「花の場所へ行ってケラケラ笑って貧乏神を置いて来やうと思ふがどうだ皆んな出掛けるかい」

とか、酒盛りの席で
「せめて都々一《どどいつ》の文句だけでも何か聞かして呉れめえか」

といった興味深い言葉を大家にいわせたりしている。

この落語をまくら（出発点）にして、「花見」について考えてみようと思う。

花見に行くことを話題にしながら、大家は、何の花を見に行くのかについては全くふれていない。それでも、長屋の人々には、どんな花が問題になっているかわかったのである。もちろん、ここでは「桜の花」である。「花見」という言葉は、単に「何か花を見る」という意味の言葉ではなく、「桜の花を見る」という意味を持っているのである。

「ハナ」の習俗

しかし、「花見」という言葉が常に桜花を意識して用いられているとばかりはいえない。『綜合日本民俗語彙』をひくと、ハナミショウガツ（千葉県海上《かいじょう》郡）・ハナミノエン（福島県石川郡）・ハナミヨウカ（岩手県下閉伊《しもへい》郡）などがある。これらは四月に行なわれる花見行事であるが、旧暦であるから、桜花を見るには遅いのである。

ハナミとは呼ばれていないが、四月八日には、各地で様々の花を採ってくる行事がある。ここでみられる花は、ツツジ・シャクナゲ・ウツギ・シキミなどである。これらを長い竹の先につけて、庭先に立てる。それをテントウバナなどという。正月用のマツ・サカキ・シキミなどを山へ採りに行くことをハナキリ・ハナムカエなどという地方の多いことを考えると、ハナは、桜花とはかぎらず、神の依代《よりしろ》となる植物をいうと考えてよいであろう。花見は、このような依代と深くかかわっているようである。

京都府与謝《よさ》郡伊根町本庄浜の花ノ踊にみられる「毬《まり》ノオドリ」に、

春はさくらの其の枝に、
夏は柳の其の枝に、
秋は紅葉の其の枝に、
冬は小松の其の枝に、

といった詞章がある。これなども、桜・柳・紅葉・小松等が同じ内容・役割を持っていると考えていたからこそ可能となった表現であろう。

能楽の『吉野天人』に、

真は我は天人なるが、花に引かれて来りたり。

とあるように、桜の花は、それに引かれて天人がやってくるようなものとして受けとめられていたのである。桜花も、神の依代として意識されてきたといえるであろう。

奈良県宇陀《うだ》郡では、三月三日をハナミといった。老若男女が、酒や肴を持って見晴らしのよい岡の上に登り、終日

テントウバナ（関西地方、『年中行事図説』より）

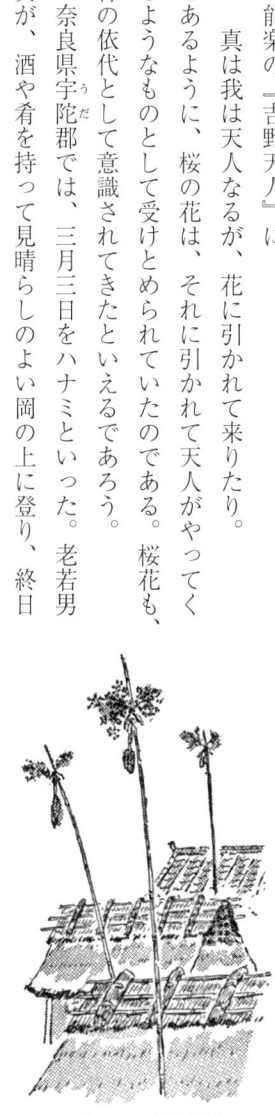

遊び暮したということである。千葉県君津《きみつ》郡では、三月三日をコドモノハナミといい、子供達が畑のすみなどで餅を煮て食べたという。

青森県北津軽郡小泊《こどまり》村では、三月二十五日にハナミをした。紙で幡を作って竹竿に結びつけたものを持って、山中の沼の辺へ行き、沼に沈める。そして、酒を飲み、重詰のご馳走を食べて終日遊んだ。この沼には竜神が住むといわれていた。

岩手県下閉伊郡では、四月八日に、この日は悪日だからといって仕事を休み、山へハナミに行った。これがハナミヨウカである。

三月三日は一般的にはヒナマツリだが、ヤマアソビ・イソアソビなどと呼ばれる行事が行なわれるところも多い。

三月三日に行なわれるヤマアソビ系の例としては、子供が山へ行き、幡を立て、食事などをして遊んだ岡山県阿哲《あてつ》郡のヤマアソビがある。長崎市周辺では、三月三日に、重詰を作り、野山へ出て遊んだ。それをサンガツコウという地域もある。イソアソビ系は各地にみられる。九州各地のイソアソビ・ウミユキ、福島県から千葉県へかけての海岸線で行なわれるハマオリ、宮城県牡鹿《おしか》郡のイソマツリ、岩手県のカマコヤキ、長野県のサンガツバなどいずれも水辺での共同飲食を中心にした行事である。

このようにみてくると、三月から四月へかけてのこの季節の行事は、山か水辺へ出かけて行って、花などを採ってきたり、終日飲食などをして遊ぶことに重点があるように思われる。ヒナマツリも、川や海に人形《ひとがた》を流して穢《けが》れを払うところに本意があったと考えられている。これも水辺の行事である。

小正月を中心にして、モチバナ・マユダマ・ハナカザリ・ハナコモチなどと呼ばれる、柳・榎・楓・山桑等の木に餅を飾りつけたものがある。これは、全国各地で作られている。これもハナである。これらは餅で花のかわりを作っているのではなく、まさに豊かな実りを祈願してのものである。また小正月のころには、削り花・削り掛と呼ばれるものも各地で作られる。これは、皮をむくと白い肌をあらわす柳などの木を薄く削り、途中でとめたものである。これもハナである。削り花は、アイヌのイナウや御幣などと同じ、白い色の柔らかく垂れているものをつけた神の依代の一種に違いない。

野生の葛《くず》や蕨《わらび》の粉をハナという地域も多い。盆の精霊団子をハナという地方もある。また神事用の洗米をハナヨネ・ハナイネ・ハナイレ・ハナゴメなどという地方もある。これらも、白いところからくる名であろう。桜花もその白さゆえに強く意識されたのかもしれない。

神宿る花の美

ハナもハナミも様々あった。

「貧乏神をおっ払うために、みんなで花見でもして、陽気にわァッとさわいでこようてんだが」

と大家はいっている。花見をする目的は、貧乏神を追い払うところにあったのである。馬楽口演のものにも、

「花の場所へ行ってケラケラ笑って貧乏神を置いて来やうと思ふが」

とある。笑うということは、「笑う門《かど》には福来る」を持ち出すまでもなく、招福の意味を持っていたといえ

るであろう。花見の根底には、このような意識が流れていたのである。長屋の人々の中で、なぜ花見に行くかということについて誰も疑問を出していないということは、花見は、共同体として、とにかく行なうものなのだ、そして、その目的は招福にあるのだという暗黙の了解があったからと考えられる。

招福といえば「鬼は外、福は内」が思い浮かぶ。節分は、立春の前夜の行事である。まさに春を迎えんとする時に行なわれる。春は招福の季節であるといえる。

『万葉集』の巻十に、

見渡せば春日の野辺に霞立ち咲きにほへるは桜花かも（一〇―一八七二）

とあるように、桜はまさに春とともにあったのであるから、桜花が招福と関係があるのは当然なのであろう。

昔話の「花咲爺」も、花によって福を招いている。

『古事記』の上巻に登場するコノハナサクヤヒメについて、その父オオヤマツミは、

「木の花の栄ゆるがごと栄えまさむと誓ひてたてまつりき」

といっている。このコノハナサクヤヒメは、ニニギノミコトと結婚し、一夜にして懐妊している。ここにも招福・豊穣の象徴としてハナが意識されていたといってよいであろう。

長屋の一同で行くというところから、花見は、一人で行くものではなく、何人かで行くもの、つまり、ある共同体単位で行なうものであったということがいえるだろう。先に記した民俗行事などでは、集落単位で行なっている場合がほとんどである。江戸のような都市では、長屋などが、小さな地縁的共同体を形成していたのである。

花見にはむれてゆけども青柳の糸のもとにはくる人もなし（拾遺集・巻一―三五）

という歌をみると、平安時代の貴族達も、花見を一人では行なわなかったことがわかる。

能楽の『熊野《ゆや》』でも、母の危篤ゆえに故郷に帰りたいと願う熊野を、平宗盛はむりやりに清水《きよみず》の花見に連れて行っている。そして、花見の宴が終わると、帰宅を許しているのである。宗盛を中心とした小さな共同体において、花見に熊野が欠けることは許されなかったのである。

花の美しさについて、誰も何もいっていないことも興味深いことである。花見とはいいながらも、花そのものを観賞するのが目的ではなかった。花が美しいかどうかではなく、むしろ、花は美しいもの、美しくなければならないもの、美しいに違いないものという考えがあったというべきではないだろうか。

『源氏物語』の「花宴《はなのえん》」は、紫宸殿《ししんでん》の桜を中心に行なわれた花の宴について記しているが、そこでも桜の花の美しさについては全くふれられていない。『源氏物語』にみるかぎりでは、花の宴は、即興で作られる漢詩や、突然の要望に応じて演ぜられる舞楽などを楽しむものであった。しかし、ここでも、当然のこととして、美しい桜の花の存在が前提になっていたはずである。

富士山神札に描かれたコノハナサクヤヒメ

『徒然草』一三七段に、

片田舎の人こそ、色こく万《よろず》はもて興ずれ。花の本には、ねぢ寄り立ち寄り、あからめもせずまもりて、酒のみ、連歌して、はては、大きなる枝、心なく折り取りぬ。

とあるところをみると、『徒然草』の時代には、少なくとも在地の人々は、花そのもに強く心を寄せていたといえるであろう。彼らは、何ゆえ、花を見つめたのであろうか。

兼好法師は、花を見つめたり、花の枝を折り取ることを非難しているが、見る花を折るということは、古くからあった。『古今集』の巻一に、

見てのみや人に語らむさくら花手ごとに折りていへづとにせむ　（巻一—五五）

という素性《そせい》法師の歌がある。能楽の『泰山府君《たいざんふくん》』でも、

あら面白の花盛りやな、一枝手折り天上へ帰らばやと思ひ候。

と天人は述べている。同じ能楽の『雲林院《うんりんいん》』にも、ワキの芦屋公光《あしやのきんみつ》が花の枝を折るところがある。狂言の『花折』では、新発意《しんぱち》が花見の者に花の枝を折って与えている。毛越寺延年《もうつうじのえんねん》の『花折り』でも、稚児が桜の枝を肩にして出て、

狂言「花折」の場面
『狂言記』（大正15年〈1926〉）より

いざさら花を折り持ちて、当社に手向《たむ》け申さん。

と謡《うた》っている。

兵庫県と大阪府の境の山村では、正月に神に供えられたサカキやシキミをハナといい、苗代を作る時に、その水口《みなくち》に挿《さ》す。各地で見られるミトマツリ・ミナクチマツリなどと呼ばれている行事も、竹の棒にマツ・サカキ・ヤマブキ・ツツジの花等を括りつけて、田の水口に挿し、大豆や焼米を供えたりするものである。このように木や花を採って来て、苗代や田に挿すということは、これらの植物に宿る神によって田を守ってもらおうとするのであろう。ハナキリに行って伐ってきた若松などを門毎に立てる正月の門松もこれと同じ心であろう。先のテントウバナも同類である。古くから、神体としての木があった。伊勢神宮の心《しん》の御柱《みはしら》、諏訪大社の御柱《おんばしら》などが代表的なものである。これらも山から伐り出してきた木であり、そこに人々は神を見たのである。

桜花を折り採って家に持ち帰るのは、神を迎える一つの方法であったと考えられる。そこに神が宿るからこそ、人々はそれに強く心を寄せたのである。『徒然草』にあった、花を見つめるという行為も、そこに宿る神の意志を読み取ろうとしていたのであろう。

神の場は無礼講

長屋の一同を誘うにあたって、大家は「みんなお花見にいく連中だ」といっている。花見は、誰でもが行く、一般的な行為でもあったのである。正月などに対する我々の意識を云々するまでもなく、多くの人々が、それぞれの属する小さな単位ごとにばらばらではあるが、同一の目的に添って、ある神事的行為を行なうということは常々みられることである。花見もそのような性格を持った行事と考えてよいのではないだろうか。

上野の山や隅田川の堤は、桜の名所であった。『江戸名所花暦』（文政十年刊）は、上野について「当山は東都第一の花の名所にして」と記し、また「隅田川は江戸第一の花の名所にして」と記している。しかし、桜の名木となると、各所にみられたのである。けれども、長屋の人々は、どこへ行こうかと悩んではいない。行く場所は、しかるべく決っていたのである。「みんなお花見にいく連中だ」の「みんな」も、同じ場所をめざしていたに違いない。

なお、江戸の場合、花見の対象となる桜の名所は、上野や隅田川辺のほかに、飛鳥山と小金井堤が有名であった。そして、上野や飛鳥山は山、隅田川や小金井の玉川上水は水と考えてくると、それらはいずれも、山か水辺にあるのである。上野には不忍池があり、飛鳥山からは荒川が近くに望まれる。いずれも水に関係のあるところである。それらはみな植えられたものであるが、なぜ、江戸の人々は山や水辺に桜を植えたのであろうか。全国に点在する桜の名所も、山であっても水に縁のあるところが多い。京都の嵐山も清水も山であると同時に水辺であるし、吉野山にも水分《みくまり》神社などがある。

水がなければ、人間も動物も植物も生きてゆけない。沼や滝などを神として祀っている例は多い。自然の中で人間が生きてゆくためには、水は不可欠である。だからこそ、人々は水を神として祀ったのである。水を重視する心を、特に稲作にかかわるものと限定する必要はないと思われる。

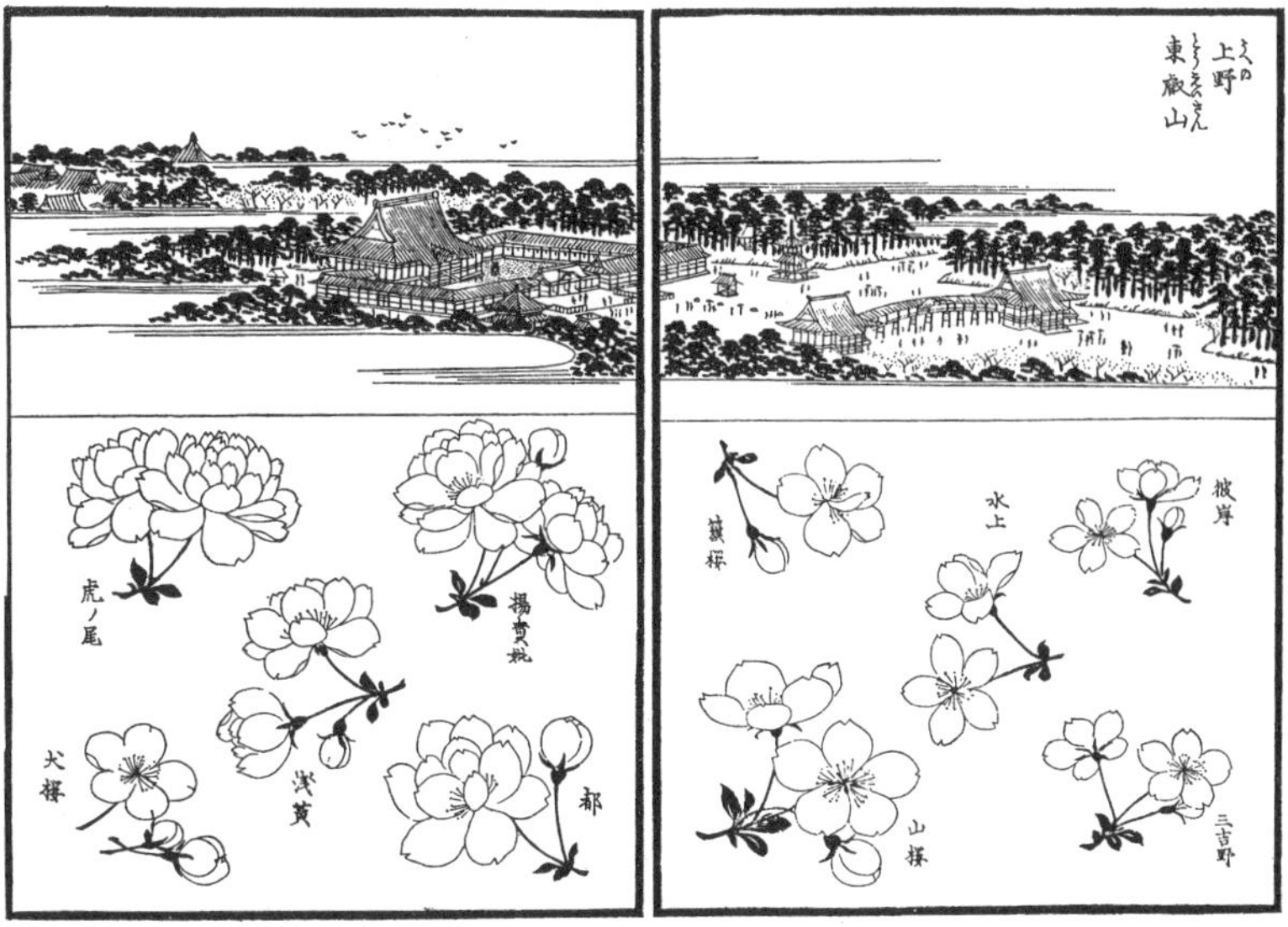

上野東叡山

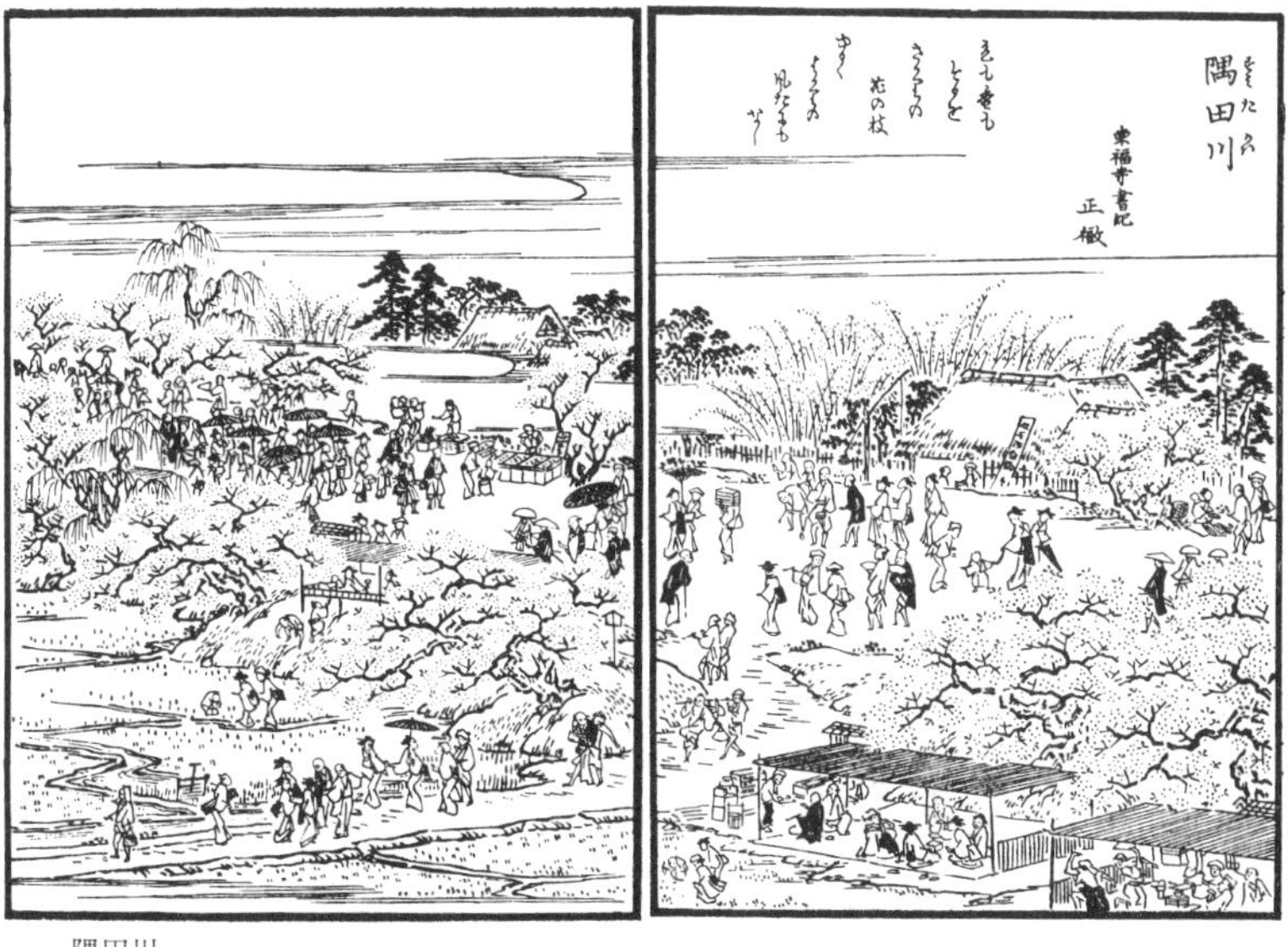

隅田川

『江戸名所花暦』（文政10年〈1827〉）に描かれた桜の名所

飛鳥山

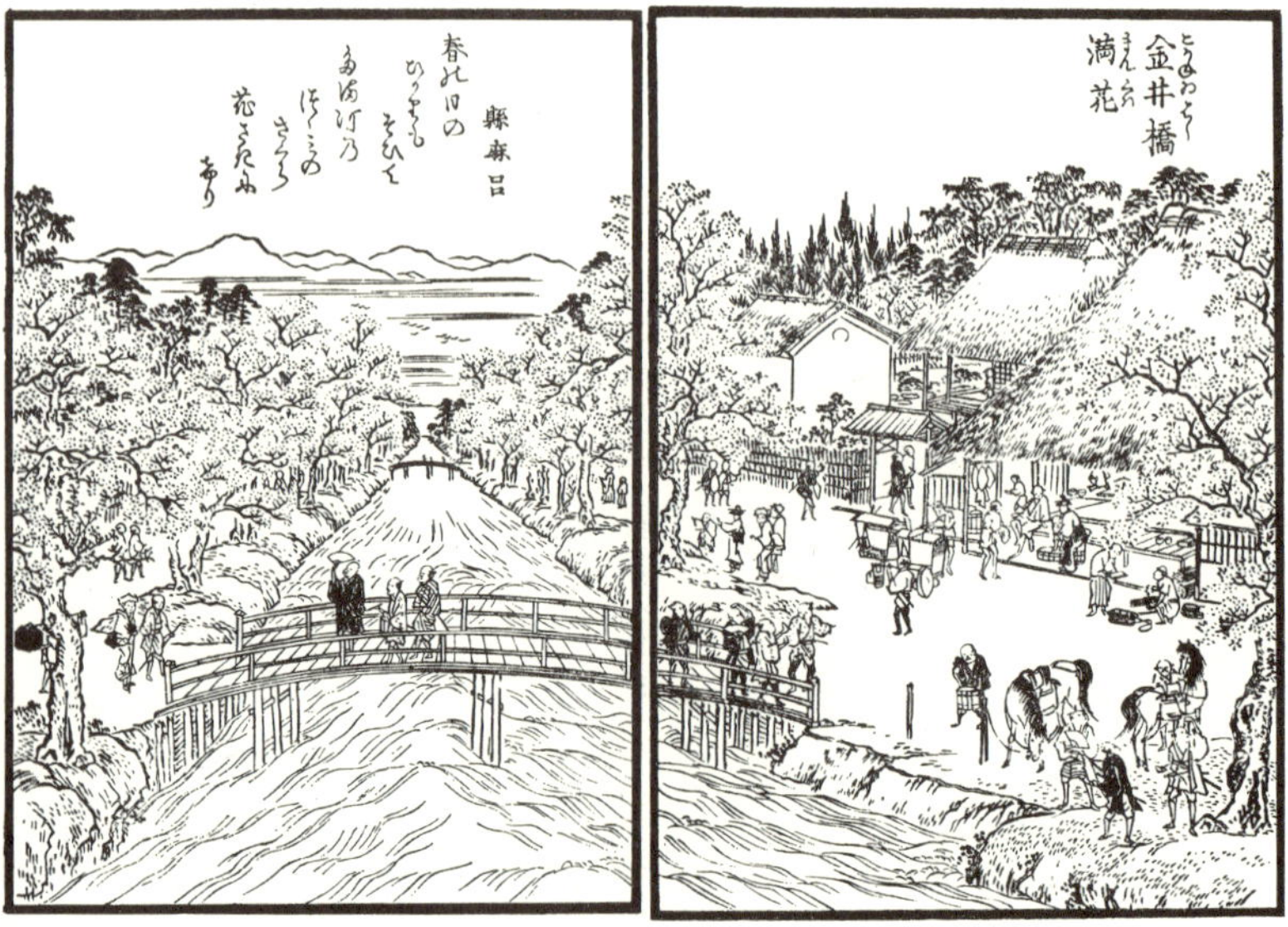

小金井橋

『江戸名所花暦』(文政10年〈1827〉)に描かれた桜の名所

山・川・沼・海は神域であった。山から神木を伐り出すのも、山が神域であるからにほかならない。ヤマアソビやイソアソビが山や海辺で行なわれるのも、そこに神がいると考えられたからであろう。桜の木が水辺に植えられることの多いのは、桜が神の依代であったからであろう。

番茶をお酒に、大根を蒲鉾に、たくあんを玉子焼にみたてて持って行くというところから、酒とご馳走は欠かせないものであったことがわかる。にせものであっても、用意しなければならなかった。ご馳走は、きりだめや重箱に入れて行った。

満開の桜の下で酒を酌み交わす平安時代の貴族たち
（住吉具慶筆『観桜図屏風』〈17世紀〉東京国立博物館蔵）

そして、「酔わなくちゃいけないよ」といっているように、花見は酔うものであったのである。先の『徒然草』の記述もそれを示している。能楽『嵐山《あらしやま》』の間《あい》狂言に用いられる「猿聟《さるひこ》」でも、猿の一家が桜の花の下で酒宴を開いているし、先の『熊野』でも酒が酌み交わされている。

このように、酒が重要な役割を果たしているということは、そこに神事の面影を感じてもよいように思われる。酒は、人を、日常的状況から非日常的・神事的状況へと飛翔させる力を持っている。だからこそ、酒は、神事に欠かせないのである。また単に一人の人間が勝手に行なうものではなく、共同体で行なうものと考えられていたところからも、花見に儀式性をみることができるだろう。

「山の上にひとつ、陣をかまえるか」などといいながら、貧乏長屋の連中とご大家の隠居とが並んで花見ができるということは、それぞれが思い思いの場所に席を設けることができたのであり、そこでは、すべての人が平等であったということを示している。江戸の社会の体制が、そこでは、問題にされていないのである。それは、山が人間を超えた神域だからである。上野の山全体が無礼講の場なのである。

また、「陣」という言葉からは「合戦」を思い浮かべることができるが、なぜこういう言葉が用いられたのであろうか。いうまでもなく、民衆の行なう合戦は、何らかの競技に違いない。もし、神事的状況を背景に競技が行なわれたとすれば、それは年占であったと考えられる。「陣」という言葉の底に、このような神事の痕跡が流れているのかもしれない。

五島列島の下五島では、三月三日のヤマアソビの時、凧《たこ》あげをする。宮城県気仙《けせん》地方では、三月の節句の頃、子供の的弓《まとゆみ》が行なわれる。これらも競技の一種である。また、岩手県釜石地方に、ヤマアソビの一種で、四月八日に行なわれるジンバアソビと呼ばれる行事がある。ここには競技的なところはみられないが、ジンバは陣場であろうから、陣の取りあいがあったと考えられる。

ハナイチモンメという子供の遊びがある。

誰々ちゃんがほしい　　ハナイチモンメ
誰々ちゃんがほしい　　ハナイチモンメ

幔幕を張り毛氈を敷いて催された桃山時代の花見（『花下群舞図屏風』）

ジャンケンポン

勝ってうれしい　ハナイチモンメ

負けてくやしい　ハナイチモンメ

意味は不分明であるが、ハナにかかわる競技であることは間違いないであろう。花見が、共同体単位で行なうことを強く意識しているのは、豊かな実りを祈りつつ神意をきくものであったからであろう。それは、個人の問題ではなく、まさに共同体の問題だったのである。そして、競技は、いくつかの共同体が、それぞれの単位で参加して初めて成り立つ。花見には、競技が付随する条件は整っていたのである。

一同は莚をかついで出かけている。もちろん、それは毛氈のつもりの莚である。しかし、三河の花祭など「莚」が神の場を意味する祭事の多いことを思い浮かべると、この一語も気になってくる。毛氈にせよ、莚にせよ、何かを敷くということは、直接地面にすわるのでは汚れてしまうからとだけ考えることはできない。場の設定の仕方は重要だったのではないだろうか。何かを敷き、そこに座を占めることによって、初めて、花見は成立したと考えてもよいように思われる。花見は、歩きながら花を眺めるものではなく、しかるべき場を設定した上で行なうべきものであった。先のジンバアソビの「陣」も、神の場を自分達のものとして確保するという意味があったのかもしれない。

芸能と直会と

『花見の仇討』という落語がある。

花見の席で、巡礼兄弟が父のかたき討ちをするということで浪人と斬り合うところをやって、人が集まったら、三味線を取り出して、カッポレを踊ろうという趣向で出かけるが、本当の仇討と間違えられるという話である。落語としては、思わぬ誤解をされるところに面白さがあるのだが、趣向の要点は、はなやかなカッポレにあった。

大家も、

「せめて都々一の文句だけでも何か聞かして呉れめえか」

といっている。何らかの芸能的趣向が必要であったと考えられるところである。先の『熊野』でも、

カッポレ図　(『舞踊の手ほどき』明治44年〈1911〉より)

いかに熊野ひとさし舞ひ候へ。

と舞が求められているのである。

祭礼において、芸能は、必ずといってよいほど演ぜられている。祭礼の場の芸能は、神を慰める目的の場合、神に人間の祈願の内容を伝えようとする場合、神そのものが異常な力を示しつつ遊ぶ場合などそれぞれ役割を持って演ぜられていたと考えられるが、実態はそれらが混沌として混じりあっている。とにかく、祭礼・神事に芸能はつきものであった。

『長屋の花見』での喧嘩の一件も、仇討の趣向と同一線上のものであったといえるかもしれない。

ここでの喧嘩は、いかにも見えすいたバカ騒ぎである。それで酒を手に入れるというのは、落語だから成り立つのだといってしまえばそれまでであるが、その背景に、祭礼の場の食物は供物であって、直会《なおらい》の席で一同が同じものを食べるのは当然なのだといった意識があったとはいえないだろうか。これは、先の無礼講とも関係することである。無礼講であるのは、神事が日常の人間の次元とは異なるところで行なわれるものであるということ、また、神の前において人はみな同じであるということのあらわれと考えてよいように思われる。月見団子などは、盗んで食べてよいものであった。むしろ、それは、誰かに盗られる方が望ましかった。人々は、そこに、目にみえない神の訪れを感じていたのである。

長屋の人々が、大根を蒲鉾に、たくあんを玉子焼にみたてて持って行ったのは、ご馳走が花見には欠かせないものであったからであろう。にせものであっても用意しなければならなかったのは、それがなければ直会ができないからである。先に見たハナミやヤマアソビ・イソアソビでも、ご馳走を持参するのが普通だが、鍋釜を持って行ってそこで煮炊きをする場合もあるところから考えると、あるいは、古くは、そこにある菜などを摘み、食べたのではないだろうか。

これは、正月七日の若菜摘み・七草摘みなどと同じであろう。三月三日の草餅もその面影を伝えているのではないだろうか。千葉県君津郡では、三月二日の宵節句の夜、クサノハナモチという蓬餅《よもぎもち》を搗《つ》き、ヨハマといって、浜へ行き、蛤や蜊《あさり》を採ってくる。これらは、神域の力溢れた若芽などを食すことによって、自らの力を強めようとしたのであろう。

ところで、『長屋の花見』の場合、花見の日時が定まっていたわけではない。現在、都市で行なわれている花見の場合も、日時はあまり意識されていない。しかし、ハナミやヤマアソビ・イソアソビなどの民俗行事をみわたすと、日時は決まっていないものもあるが、多くは、三月三日から四月八日までのうちに行なわれているのである。この時期が花見の時であったといえるであろう。また一般には、そこに神事らしい式次第はみられないが、以上のようにみてくると、花見を、単なるレジャー、あるいは、酒を飲む口実にすぎないといってしまうことはできないように思われる。十分に神事としての要件を備えているといえるであろう。

花見の宴での狼藉《ろうぜき》を非難するニュースが毎年放送されるが、現在の花見の底に、明確には意識されないまで流れている花見の本質についての認識に不足するところがあるように思えてならないのである。

（「なごみ」八八号　一九八七年四月　淡交社）

月見と月待と

　月づきに月みる月は多けれど
　　月みる月はこの月の月

三日月　上弦の月　満月　下弦の月　天体の運行にしたがってさまざまに形をかえながらも月は空に浮び、人の世を照らし続けてきた。新月がしだいに太って望月になり、また細くなって消える。消えた月はまたあらわれる。変化は多様であるが、また規則的である。

私たちの遠祖《とおつおや》たちは夜ごとにかわる月になにを見、なにを感じたのであろうか。人の力の及ばざる神秘《くしび》なる世界に想いをいたしたのではなかったか。そして不死を見、死と再生を感じたのであろうか。

日本人は人知、人力の及ばざる神秘なる世界をカミと総称した。そしてあがめ、いのり、ねがった。

人の世の幸ならんことを。世の中の良からんことを。

月もまた私たちの祖たちにとってカミが垣間みせる姿ではなかったか。

日本人は垣間みるカミの姿にカミの意志を読みとろうとした。そして世の中や人生を予知しようとした。

いのりをこめ、ねがいをかけて。

みることはそのもののなかにこめられた意志をよむことである。月を見るのは月にこめられた神秘なるものの意志を読みとることであり、それに従って自らの行動を律することであったに違いない。

月みる月は多かった。公家や文人墨客の世界では仲秋の名月、つまり旧暦八月十五夜の望月が月みる月といわれるようになっていったのだが、旧暦九月十三夜の月もまた後の名月といわれ見るべき月であった。そして現在、そうは考えられていないが盆の月もみるべき月ではなかったかと思うのである。盆に帰ってくる祖霊は十三夜の月の光と共に迎えられ、十六夜の月の光に乗って送られたものではなかったろうか。十五夜の頃に行なわれる行事は秋に限らず多いのである。

正月の三日月、正・五・九月の十七夜、二十三夜、あるいは二十七夜の月もまた月みる月であった。この日、月待をする風はまた日本全国にわたって広く見られるのである。

ツキマチのマチは待の字をあてているけれども、このマチは単にまつことであったろうか。手近なところで広辞苑を開いて見れば、

まち（「待」と当てる）特定の日に人々が集会し、忌み籠って一夜を明かすこと、また、その行事。まつり。とある。月待、日待、庚申待については恐らくこれで意をつくされているのであろうが、それだけでは充分ではあるまい。

まち〔麻知〕占いで示される神聖な場所。一説に、占いで甲や骨につけておく形というのもある。また、まちは〔区〕をあて〔町〕をあてるものでもある。

「正月廿六日、七月廿六日の夜、月の曙方に出させ給ふ時、海中より龍燈あがるを、この御門（田安）前の臺にて拝んとて、右の夜は貴賤男女群り集て念佛を申、題目をとなへ、経を讀み、おもひおもひに夜をあかす。（中略）月の出る時ねむき目をすり〳〵見るゆへ、光りちらめき眼花のとぶも、あれ龍燈こそあがれとてかしらをあげ手を合せ、なも〳〵と夜をあかす。」

月見の図　『日本歳時記』（貞亨4年〈1687〉）より

　これは天和二年に編まれた「紫のひともと」に記されている江戸田安御門前で正月、七月の二十六日夜におこなわれていた月待の様子であるが、これでもわかるように、月待はある特定の場所で忌み籠りをして月の出を拝し、それにともなってあるなにかを見、占うものであったのである。

　いまはかすかになっているけれども、二十三夜の月の出によってその年の豊凶を占う風は認められるのである。

　月待もまたお月見と同じ意味を持つものであった。月見が、より多く家庭内での行事として伝承されてきた故か、月を賞でるという意味あいを強くしているのに対して、月待は、共同体の行事としておこなわれることが多く、忌み籠りや年占いの風を多く残しているようだ。

　いま、その切抜が見つからないので、うろ覚えの記憶をたどって

千葉の団子盗み　『年中行事図説』（昭和28年〈1953〉）より

のことになってしまうが、縁側に供えていた月見団子を近所の子供たちにとられた母親の投書が新聞に載っていた。仲秋の名月であったか、後の月、つまり旧暦十三夜であったか明確ではないが、十五夜の方であろう。すすきをもとめ、団子をつくり、月に供え賞でたのち子供らと共に賞味することを楽しみにしていたのに、子供のいたずらとはいえ心なきことをすると悲しみ、憤慨した文章であった。

月見には団子をはじめとしてイモ、マメ、クリなどその秋にとれた初なりのものを供えるものである。それらの供物は月を拝んだのちにおさがりとして家の者も食べたが、多くは訪れる童子等にわかちあたえたものであった。また子供等は秘かに忍んで供物をとることを許されていたものであった。願いをこめて供えた供物が知らぬまになくなることによって願いが聞きとどけられたとする信仰はあったものであり、その時しのんでくる子等は近所のいたずら小僧ではなく、童の姿を借りて来訪する神と考えたのではなかったか。

神秘なる世界の月と対応するときの人の心は、俗なる世の合理・善悪をこえて大らかに澄んでいたのであった。

（「あるく みる きく」二一一号　一九八四年九月　日本観光文化研究所）

〔対談〕

凧・旗・幟 ―日本的発想の原点を探る

凧

凧の魅力

佐藤　いま、東北地方の「凧」を展示するということで、その準備をしているところですから、凧から話をはじめたらどうでしょうか。

田村　いいですね。凧は、私たちがこれまで考えてきた問題と関連するものですから。凧でいきましょう。

佐藤　凧というと正月の子供の遊び道具と考えてしまいますが、電線などが多くなって、凧揚げのできる場所がなくなってきています。そういう状況からみると、今の子供たちはコンピューターゲームなどに熱中して、凧揚げなどの野外の遊びはやらなくなっているのでしょうか。

田村　そんなことはありません。いまでも地方では盛んです。ただ、伝統的な和凧ではなくて、西洋風のカイトが多くなっていますね。紙ではなくて、ビニールを貼ったものです。カイトはよく揚がりますから……。それから、大人で凧に熱中している人が随分たくさんいます。
佐藤　凧の面白さは何処にあるのでしょう。
田村　貴方も自分で作って揚げた経験はおありだと思いますが、私の経験でいうと、自分の作った凧が風に乗って空に昇ってゆく、あの喜びでしょう。かつての子供たちには、作る喜びと揚げる喜びがありました。今は買ってきて揚げるのであって、よく揚がるとはいっても、自分の作った凧の尻尾を長くしたり、短くしたり、糸を調節したりして揚げる苦心と喜びはなくなっていますね。
佐藤　たしかに自分の凧が空に揚がってゆくのは嬉しいものでした。人間は空を飛ぶことはできないのですから、未知の空間へ飛翔するというのは古くからの憧れだったと考えてよいと思うのですが……。
田村　そうですね。買ってきた凧でも、自分の凧が空に揚がってゆく、何ともいえない興奮がありますね。わくわくして、自分が空を飛んでいるような気持になります。
佐藤　微妙にうねって遠い天空からの力を伝えてくる糸を通じて空を飛ぶ凧とつながっている、その感触がたまらなかったのを覚えています。
田村　私たちは、凧揚げというと子供の遊びと思い込んでいますが、そうではないようです。だいたい、現在収集されてきている凧を見ると、かなり大きいものが多く、あれでは子供が揚げるのは無理だと思うのです。図柄も、今の子供の関心を呼ぶことを考えているとは思えません。子供に買ってもらおうとしているのだったら、ウルトラマンやドラエモンなどテレビのアニメの主人公たちがもっと描かれていいとおもうんですが……。

佐藤　図柄としては武者絵などが多いのですか。
田村　そうですね。どちらかというと伝統的と考えられるような絵が多いですね。
佐藤　それはどうしてでしょう。
田村　子供の凧は、揚げやすいカイトに替わったんではないでしょうか。武蔵野美術大学では、凧師から直接収集するという方法をとっています。そこでは、絵柄にしても、形態にしても伝統的なものが多いわけです。武者絵などが描かれている凧は、もう大人中心になっていると考えてよいでしょう。そこには懐古趣味も働いているには違いない。けれども、たんなる懐古趣味、民芸趣味だけかというと、それだけではないんですね。大人をもひきつける凧の魅力、と同時に、もともと大人も凧揚げをしていたのであって、その凧が今でも残っているのではないでしょうか。凧にも、というべきか、凧には、というべきかわかりませんが、そういう根深さがあるのではないでしょうか。人の心を誘って止まない……。
佐藤　凧揚げは、たんなる子供の遊びとは考えられないということになりますが、それはそれとして、やはり、空を飛ぶ、空駆ける凧に次元の異なる空間を実感するということなのでしょうね。
田村　そこから出発するんでしょうね。

凧の呼称

田村　ところで、凧は昔から「タコ」といったのでしょうか。

佐藤　十世紀の初め頃に源　順《みなもとのしたごう》が著したといわれている『倭名類聚抄』の雑芸具の項に「紙老鴟」とあって、紙を鴟（トビ）の形に作ったもので、風に乗ってよく飛ぶと記しています。そして、世間では「師労之（シロウシ）」というと注記してあります。また「紙鳶」ともいうとあります。

シロウシは、紙製の老いた鴟の意の「紙老鴟」を音読みしただけでしょう。「紙鳶」は音読みでは「シエン」でしょうが、これをどういったのか分かりませんが、その後の辞書類を見ると「イカノボリ」に「紙鳶」の文字をあてている例が多いようです。トビは羽ばたくことなく空を舞っていますから、その姿と凧とが重なったのだと思いますが、イカノボリも姿からきているのでしょうね。

また、地方によって凧の呼び方は異なっていました。それは、幕末の安永頃に成立した書物で、方言辞典ともいうべき『物類称呼』には「イカノボリ」に「紙鳶」の文字をあてています。畿内や越後では「イカ」、関東と唐津では「タコ」、西国では「タツ」あるいは「フウリュウ」、長崎では「ハタ」、上州や信州では「タカ」、伊勢では「ハタ」、奥州になると「テングバタ」というと列挙しています。また、凧を揚げることについては、上方では「イカヲノボス」といい、江戸では「タコヲアグル」といい、東海道では「タコヲノボス」といい、相州では「タコヲナガス」というとあります。

イカノボリといつ頃からいっていたのか分かりませんが、もし『倭名類聚抄』の記述に見られる「紙鳶」がイカノボリなら、古くから尻尾を付けていたということになりますね。

田村　何本もの尻尾を付けて空を泳ぐ姿から、烏賊や蛸を連想したのでしょうね。

タコという呼び方が標準語として使われるようになったのは、江戸の言葉が基準語化していったからでしょう。けれども、現在でも各地で様々に呼ばれています。『物類称呼』に見られる言葉が現在でも使われています。凧に熱中して研究していた新坂和男さんによると、凧の方言は訛《なまり》などの小さな違いまで含めると一三〇種くらいになるそうです。（『凧の話』新坂和男、講談社、一九八一年）

佐藤　凧の呼び方は、後で少し話題にしたいと思いますが、「凧とは何か」を考える時の重要な手掛かりを与えてくれるものだと思います。

凧の形態

佐藤　呼び方だけでなく、形も様々ですね。

田村　そうですね。長方形が主のように考えられていますが、長崎のハタは菱形です。また、連凧といって凧を数十も連ねたものがあります。形が変わっているものも、奴凧・むかで凧・鳥凧・蟬凧など様々にあります。長崎県五島のバラモン凧も変わったものですね。

佐藤　会津の唐人凧、小倉のかみなり道人、戸畑の孫次凧なども変わっていますね。六角形の凧も多いのではないでしょうか。

田村　六角凧も各地にあります。どうも変形凧は西の方に多いようです。今度展示する東北の凧には、あまり形のかわったものはありません。長方形が主になっています。

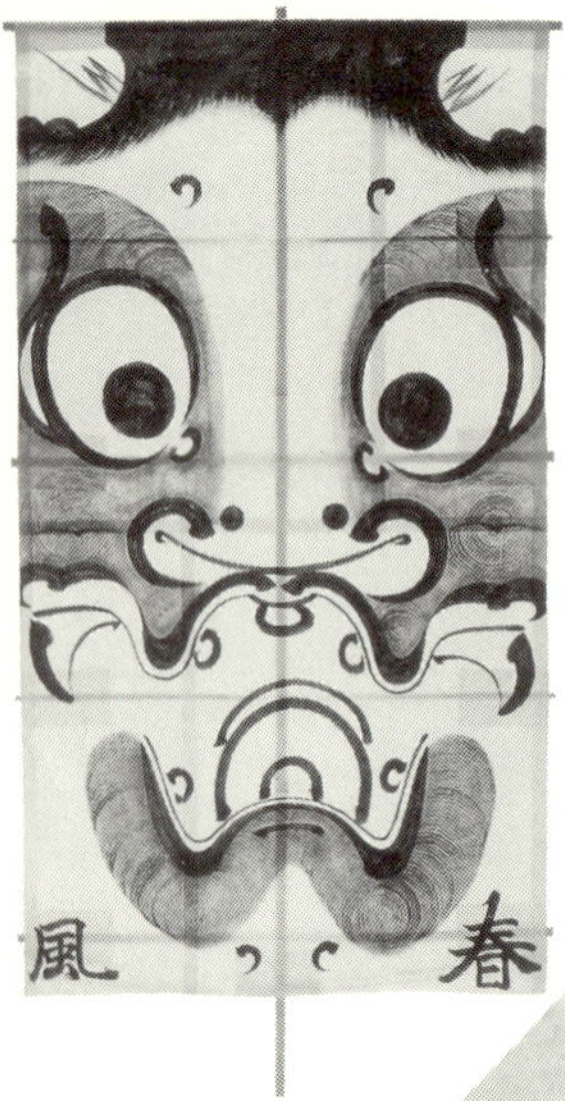

湯沢凧（まなぐ・
秋田県湯沢市）

姫達磨
（愛媛県松山市）

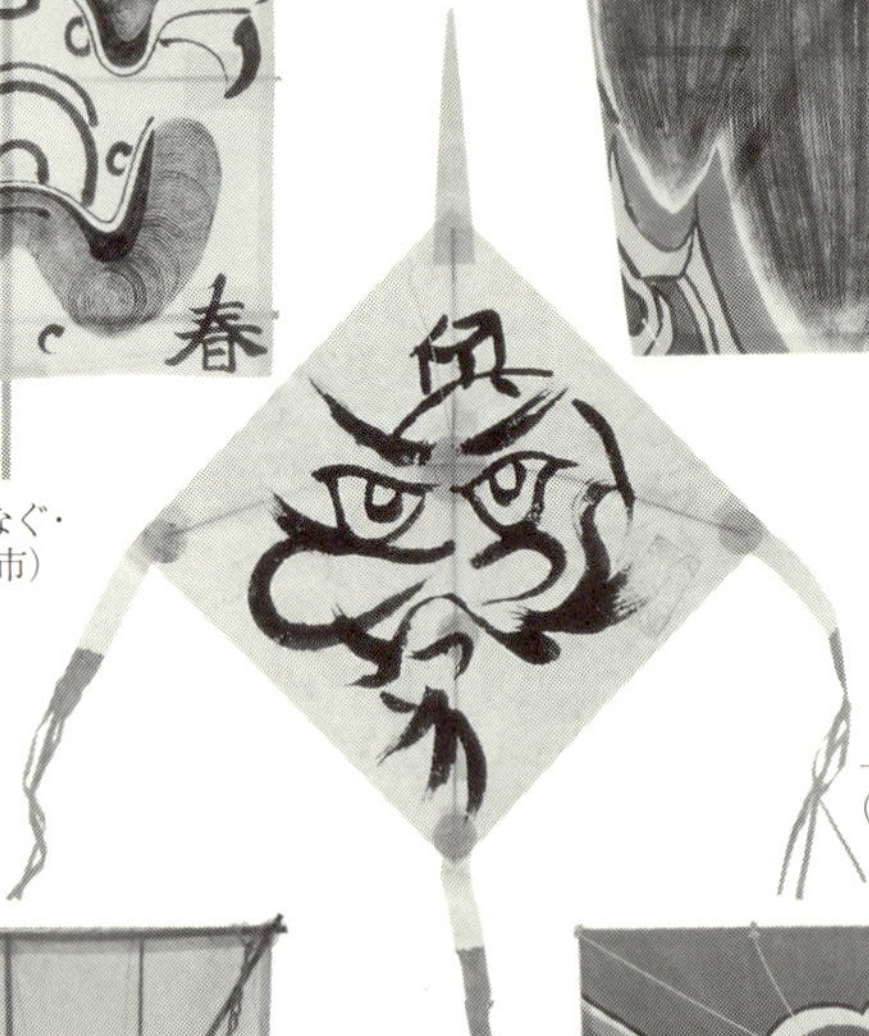
一文天狗旗
（宮城県白石市）

錦凧
（東京都）

日の出凧（宮城県気仙沼市）

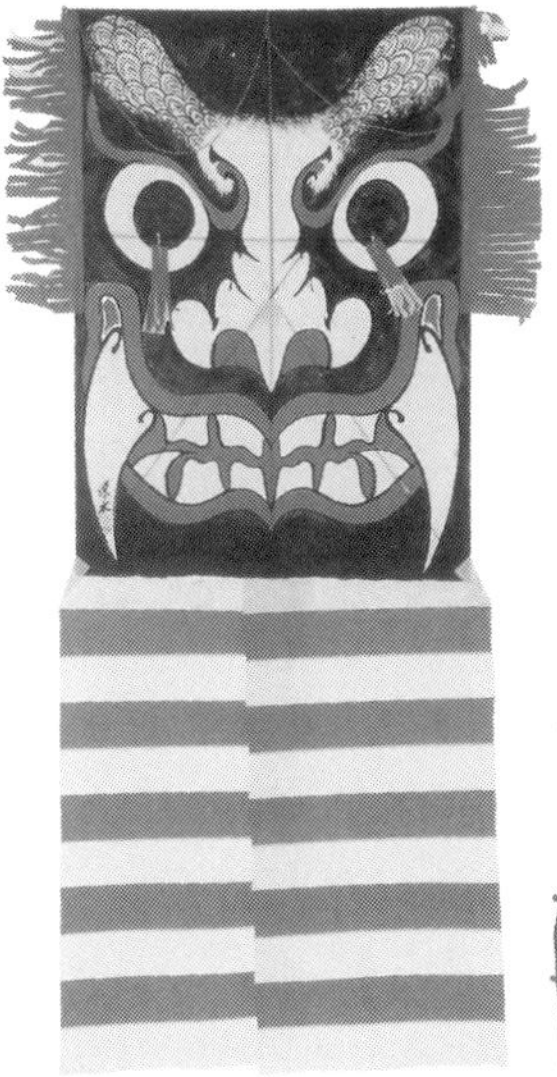

ようず凧
（山口県萩市見島）

六角凧
（新潟県三条市）

横須賀凧
（静岡県小笠郡大須賀町）

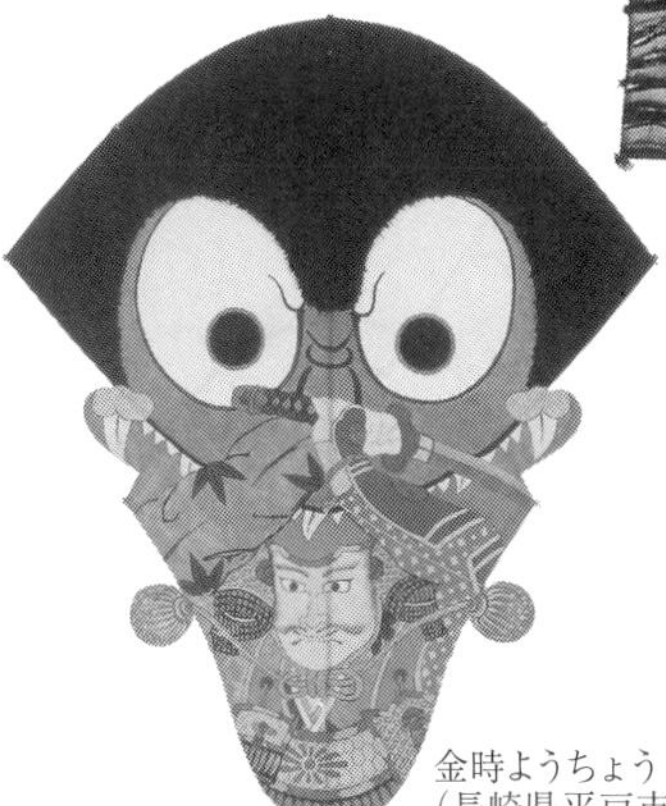

金時ようちょう
（長崎県平戸市）

はた
（長崎県長崎市）

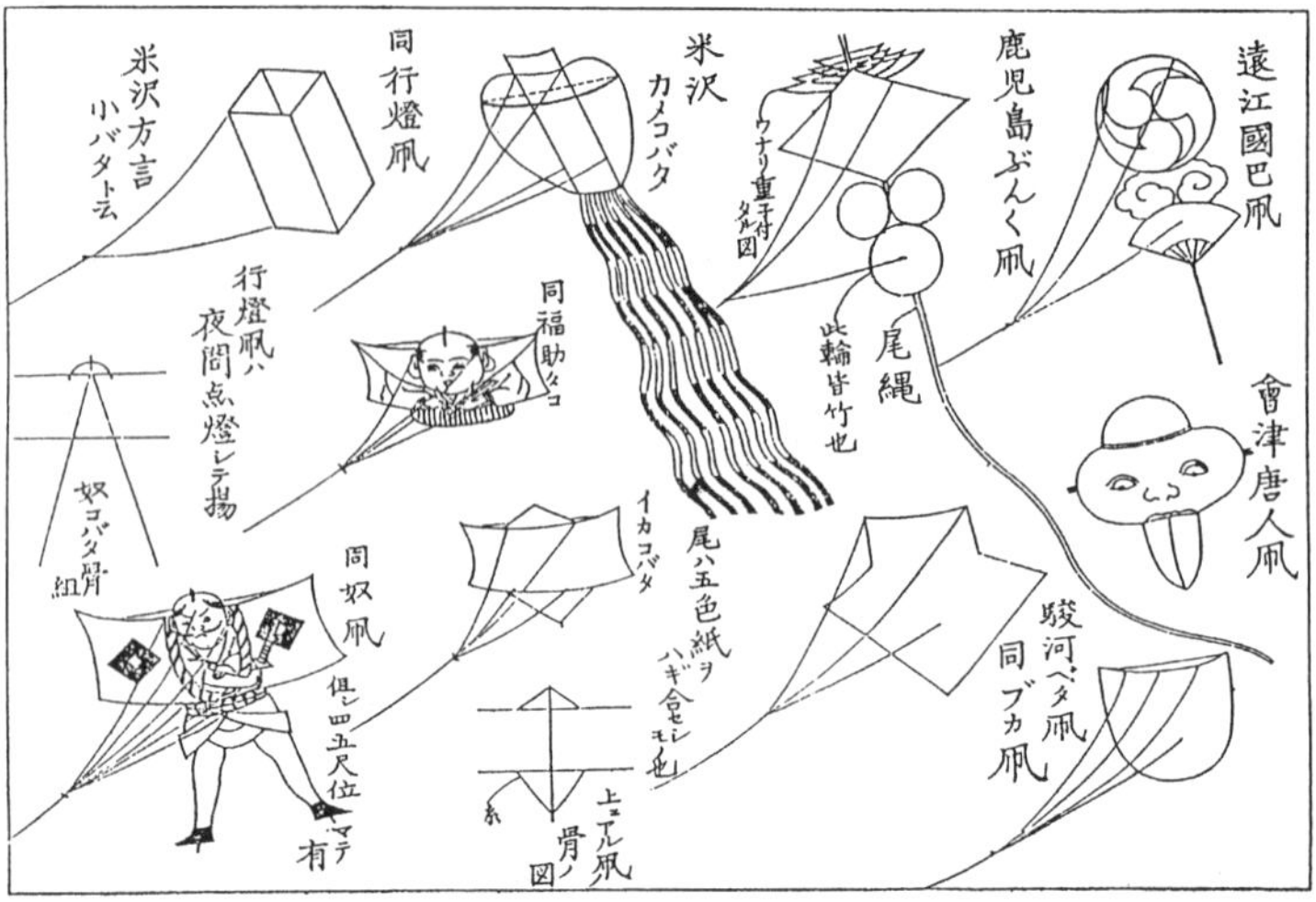

凧のいろいろ　『風俗画報』第39号（明治25年〈1892〉）より

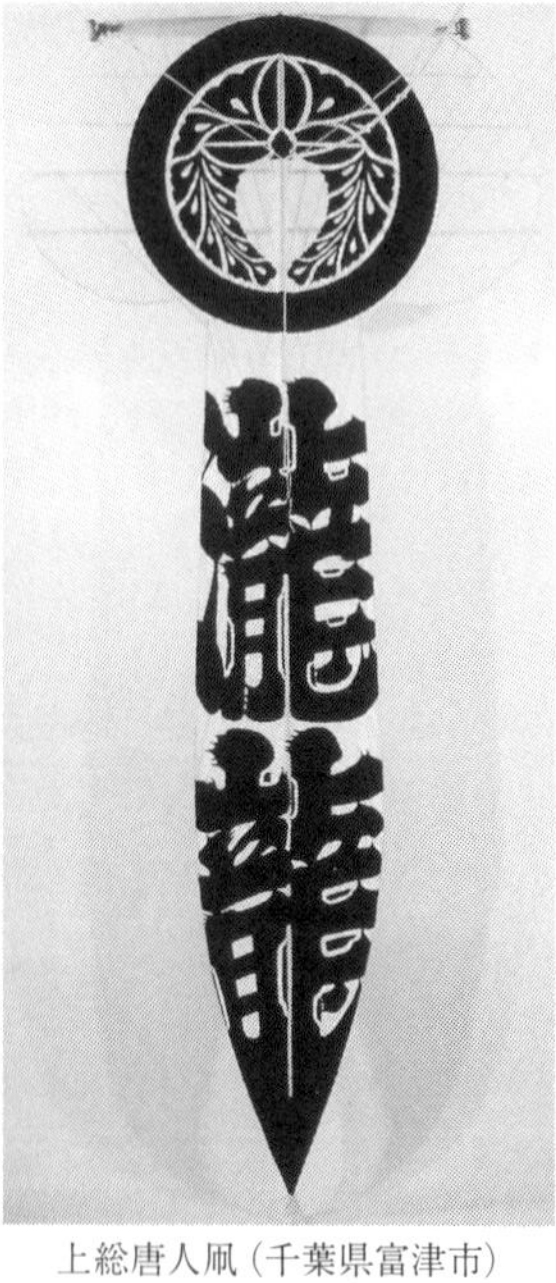

上総唐人凧（千葉県富津市）

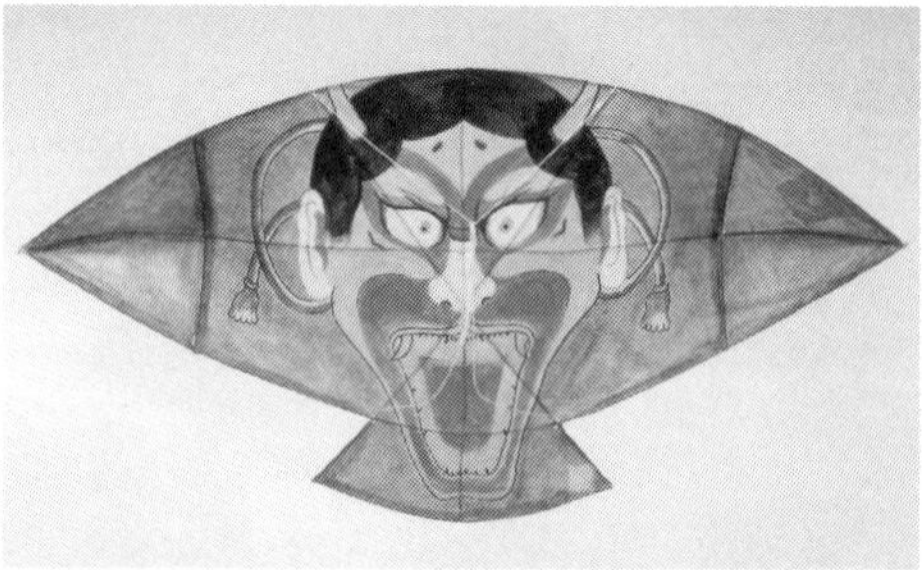

盃凧（新潟県小千谷市）

六郷トンビ（東京都大田区）

袋井凧（静岡県袋井市）

ドンザ凧（千葉県）
千葉の船橋や習志野の浄土宗に属する漁師たちが、海難事故で亡くなった漁師の供養のために揚げる凧

達磨凧（神奈川県秦野市）

津軽凧（青森県弘前市）

佐藤　西の方が、それだけ異文化との接触が多かったということになるのでしょう。世界の様々な地域に䑺はあって、形もいろいろだそうですから……

田村　外国の䑺は、変形のものが圧倒的に多いようです。

佐藤　そのような外国の変形䑺を受け入れてもいいといった考えが人々の心の底を流れていたと考えてもよいのでしょう。

䑺と海洋民

先に触れた『倭名類聚抄』の「シロウシ」は、中国の言葉をそのまま導入しているのでしょう。䑺は中国からの伝来と考えてもよいのかも知れません。そもそもが外来のものだった……。

田村　先に名前をあげた新坂さんは、船の帆と䑺の類似、形態が似ているというだけではなくて、風を受けて走る、揚がるという点も含めて、似ていることに注目して、䑺は本来海洋民のものだったといっています。そう断定していいかどうかわかりませんが、海洋民の世界に䑺が多いことは確かなようです。帆が先か、䑺が先かなどという議論は不毛な話になりますが、ポリネシアのサモア諸島では、䑺を揚げて舟を走らせることがあったといいます。また、ソロモン群島の漁民の間には「魚釣り䑺」があったという報告もあります。これはサゴ椰子の葉で編んだ䑺の尻尾に釣り糸をつけたものですが、釣針の代わりに蜘蛛の巣を束ねたものをつけてあります。魚をその蜘蛛の巣で絡めとるのですから釣るというのではないのかも知れませんが、面白い例ではあります。
船の帆にするといった伝承があったり、魚を捕る場合に用いたり、凧は海洋民と深いかかわりをもっているんですね。
佐藤　ということは、凧を伝えたのは海洋民ということでしょうか。
田村　いまの私には、そう断定するだけの自信も材料もありませんが……。言葉からいうと、やはり中国の影響が大きいのではないでしょうか。
佐藤　山にも凧はあるんでしょうか。
田村　これもはっきりとはいえませんが、凧は海辺が多くて、山間部では少ないようですね。ただ、ネパール王国のカトマンズ盆地では、九月から十月にかけての頃に行なわれるダサインの時期に子供たちが盛んに凧を揚げていました。私が見たのは菱形の単純なものだけでしたが、いろんなタイプのものがあるといっていました。ご存じのように、ダサインはヒンズー教最大の祭りで、学校などは一ヶ月くらい休みになるんですね。
佐藤　少なくとも日本では海辺のものということでしょうか。だいたい、大都会は海辺に成立しているわけですから、日本のような場合、海辺といってもむつかしいですね。
田村　山口県見島では「ヨウズ」といいますが、これなども「揚子」という中国語からきているようです。このヨウズには鬼の絵が描かれていました。それが特色です。
大きさも、豆凧といった小さいものから、たたみ数十畳敷といった大きなものまであります。たとえば、新潟県白根の大凧は、縦七メートル横五メートルもあります。畳数で二十四畳に相当します。埼玉県春日部市宝珠花の大凧などは百畳敷もあるそうです。

凧あげの季節と祈り

佐藤　宝珠花の凧のように大きなものになると、百人以上の大人がいなければ揚がりませんね。共同作業が前提となっていて、しかもそれが大人でなければならないとすると、それを単なる遊びとはもう考えられませんね。

田村　そうですね。凧揚げは、いわゆる子供の遊びと考えることはできないのですが、子供と全く関係がなかったかというと、そうではなくて、かなり深い関係をもっていたのだといわなければならないと思います。はじめからかどうかわかりませんが、凧を巡る習俗の中に、子供と関係をもつものがあったから、子供の遊びとして早くから取り込まれていくことになったのだろうと私は考えています。凧揚げは子供の遊びであったのを、大人もやる

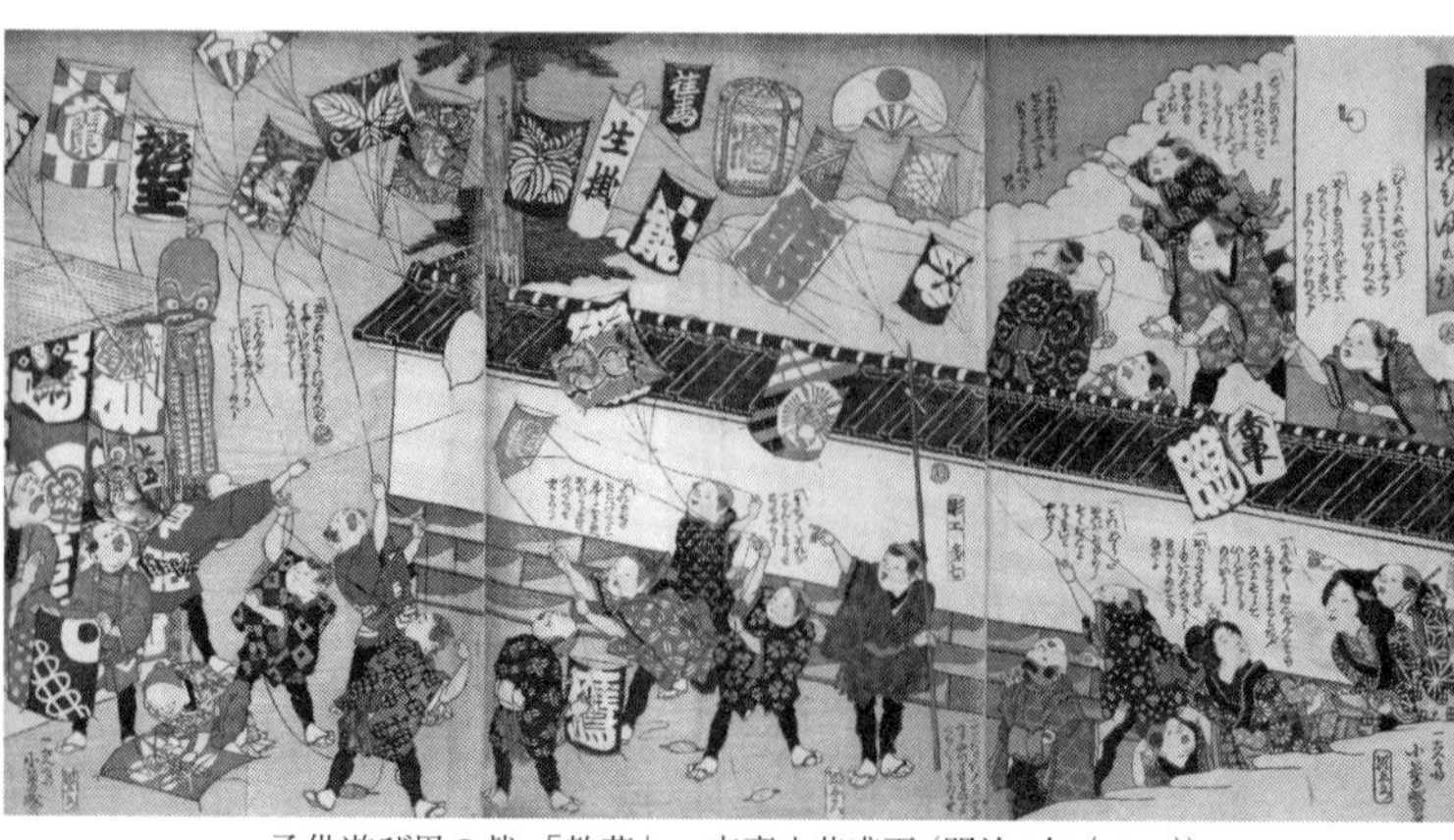

子供遊び凧の戯「教草」一交斎小芳盛画（明治1年〈1868〉）

ようになったのだといっている人もいますが、それは逆だと思います。

佐藤　その通りだと私も思います。遊びには、大人が行なっていたものが子供の遊びとして伝えられているものがたくさんあります。凧揚げもその一つでしょう。

田村　先の宝珠花の大凧は、五月の節句に町内の若い衆によって揚げられるんですが、その大凧の中央には、初節句を迎える子供の名前を書いた紙が貼られているんです。ようするに、初節句の祝いなんです。江戸川の堤で揚げるのですが、その前に、神主を呼んでお祓をし、祝詞をあげ、一同揃って御神酒をいただいてから、堤まで運んでいって揚げるんです。上・下の二組にわかれて揚げています。生まれた子供の初節句を祝い、健やかな成長を願っての行事になっているんです。もっとも宝珠花の凧揚げは、越後からやってきた旅の僧が、養蚕の占い、豊作祈願として凧揚げを教えたことから始まったと伝えられていますから、子供の祝いだけではなくて、豊作祈願の意味もあったかと思いますが、現在では初節句の祝いとしての意味が大きくなっています。

　関東から中部地方にかけて大凧を揚げるところが何ヵ所もありますが、五月節句に揚げるところが多いですね。新潟県の白根や

日比谷の原大凧を飛揚する図　皇太子殿下御慶事千代乃祝
『風俗画報』第211号（明治33年〈1900〉）

今町では六月になっていますが、これも月遅れの節句でしょう。静岡県では浜松の凧揚げが有名ですが、浜松だけではなくて、各地にありますね。静岡市でも、明治の末頃までは、大凧揚げが行なわれていたといいます。

『風俗画報』（三一六号・明治三十八年〈一九〇五〉五月）によると、市中の家々では、初節句の男の子のある親戚知己には、鯉の吹流しと大凧を祝儀として贈るのが通例で、贈られた家では、柏餅をつくって返礼とし、凧糸を調え、町内の若者を招待して酒宴を開く。酒宴のあとで若者一同はその大凧を揚げて祝意を表した。凧がよく揚がると家が栄える基であると縁起を祝ったものであると書かれています。

初節句の祝いに凧を祖父母や親戚が贈るのは静岡だけのことではなくて各地にありました。

佐藤　そのような凧揚げが、その地域の年中行事に組み入れられているわけですね。

田村　はい。

佐藤　滝沢馬琴の『椿説弓張月』に「伊豆相模より西のかた、三河に至るまで、紙鳶を造る事尤も精細、禽獣花弁の形、その意にまかせずといふ事なく、これを弄ぶに春ならず、夏のはじめより五月を降りとする事、いにしへよりしかり」とあります。

形も様々あったことが分かりますし、季節も五月が多かったのですね。「春ならず」という表現は、春が一般的だという考えを背景にしていると思いますが、馬琴は江戸に住んでいたからそう考えたのであって、馬琴自身が書いているように、地域によって異なっているのですね。

江戸では春、もちろんこの場合は正月ですが、その頃に揚げていたのですね。

田村　天保九年（一八三八）刊の斉藤月岑《さいとうげっしん》著『東都歳事記』の十一月の項に「当月頃より三春の間、小児紙鳶をあげて戯とす」とあります。

佐藤　冬の関東平野は風が強いですから、凧もよく揚がったのでしょうが、それだけではないでしょうね。なぜ正月なのかという問題についても考えてみる必要があるでしょう。

田村　江戸では正月ですが、正月以外の月に揚げるという地方が意外に多いんですよ。『風俗画報』（三八号・明治二十五年（一八九二）に「紙鳶考」というのが掲載されてますが、それに各地の凧揚げの季節が次のように記してあります。

東京　歳暮より翌年の二月頃迄。三月はさがり凧と称して放つ者なし。
大阪　五・六月頃。
長崎　二月より四月迄。
駿河　五月一日より同五日迄。
三河・遠江　田植頃、若しくは五月五日。
加賀　三月頃、扇形のもの多し。
岩代・会津　十月より翌年二月迄。
薩摩・鹿児島　一月より三月頃迄。

これは明治二十五年のものですが、今も同じ季節にやっているようです。明治六年から日本

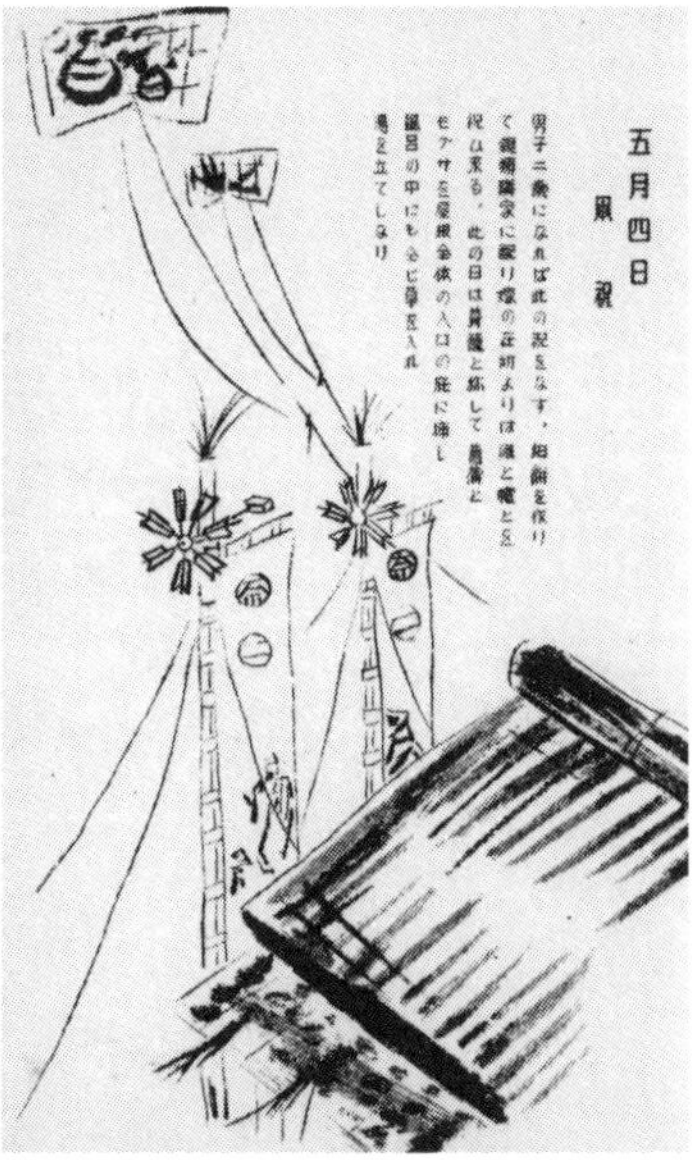

凧祝　『三州奥郡風俗図絵』
昭和11年（1936）より

は太陽暦を採用していますが、これは旧暦だろうと思います。

佐藤　これによると、年末から新年というグループと三月五月の節句の頃といったグループとがあるようですね。

田村　正月にしても、五月にしても、単純な遊びとは考えられません。なにしろ行事の季節なのですから……。

佐藤　正月には遊びが多いですね。普段は勉強しろとか、早く寝ろとかいっている親父が、正月だけは一緒に遊ぼうなどといいだすので、不思議に思っていました。考えてみると、正月の遊びは、百人一首にしろ、花札やトランプにしろ、羽つきにしろ、その多くは競技性をもっていますね。かつては祭礼と賭博は結びついていたということですが、正月や祭礼の日の競技には年占的性格があったと考えているのですが……。

田村　そうですね。先ほど話したネパールのダサインですが、この時には、凧揚げだけではなくて、ブランコも盛んでしたし、また、賭事もおおっぴらにやっていました。子供たちもトランプやサイコロを使った双六風の遊戯に金を賭けていました。これらの遊びがみんなダサインの時期だけというのが面白いと思いました。

遊びとはいっても、それが行なわれる時期が決まっていたり、それに参加する者が決まっていたりする場合は、単純に遊びとしてしまうことはできませんね。

佐藤　そもそも遊びという言葉自体、「カミアソビ」からきているわけで、神事性を無視しては考えられないと思います。

田村　そうです。だからこそ日常的作業をしないで神事を行なわなければならないのであって、単に仕事を休んで、どうでもいいことをしていると考えるのは間違いでしょう。

佐藤　凧揚げの場合、合戦風に競うものもありますが、それなども同じと考えるべきでしょうか。

田村　そうでしょう。凧合戦といえば長崎の喧嘩凧が有名ですね。お互いの凧糸を絡みあわせて切りあい勝負を争うのですが、硝子ヨマというガラスの粉末を糊で練って塗り付けた凧糸などを使ったりしています。長崎では凧合戦のことをツルハカシと古くはいったようです。ハカシというのは奪い合うという意味だそうです。そして、糸を切られて落ちてくる凧を争って拾ったといいますから、占い的な意味をもっていたのではないでしょうか。福を拾うといった……。

静岡県浜松の大凧揚げも、凧合戦ですね。これは町内対抗です。また新潟県白根の場合もそうです。白根では信濃川の支流である中ノ口川をはさんで両岸から大凧を揚げ、その綱を絡み合わせて川の中に落とし、引き合って綱を切るのですが、もう後半は完全に綱引きですね。

佐藤　綱引きは、小正月とか盆、仲秋の名月に行なうなど地域によって時期は違いますが、広く各地で行なわれていますね。ムラとか組とかの集団の対抗競技で、勝った方が豊作になるなどといい、年占的な意味が強いものですよね。

田村　そうです。凧合戦の場合はあまり、そういうことを表に出してはいませんが、本来は、同じ意味をもっていたのではないでしょうか。作物の豊穣を祈願するところに原点があるように思っています。それが端午の頃に行なわれるということで男の子の祝いということが強く表面に現れてきたのではないでしょうか。

子供の健やかな成長は、子孫繁栄の基でもあるわけです。

佐藤　ところで、凧は風がないと揚がりにくいのですが、旧の五月に風は吹いたのでしょうか。

田村　風が吹く地帯にそのような風習が定着したと考えるべきでしょう。全国の防風林の様子などから考えると、かつては風はよく吹いていたと思われます。

うなりとのぼり

佐藤　先ほどの馬琴の『椿説弓張月』に「かく大きやかなる紙鳶に、風箏《うなり》なくては、もの足らぬこゝちぞせらる」とありますが、凧は音も重要なんですね。『弓張月』では、うなりのために笛を付けようとしていますが……。

田村　そうですね。うなり弓を付けたものが多いですね。竹を薄く削って弓を造り、弦を籐を削って造り、凧の頭部に付けるのです。風が弦にあたって凧全体を共鳴させて音を出すんです。江戸ではうなりを付けることを簪《かんざし》を付けるといったそうです。

佐藤　うなりというのは風の聴覚化とでもいったらよいのでしょうか。その音自体にも意味があるのでしょうが、風が存在することをはっきりと認識するという役割を感じますが……。

田村　そうかも知れません。綱をもっている者からすると、うなりは綱に伝わってくるわけで、風の触覚化でもあるわけです。天空に存在する何物かの声を聴くと同時に、その存在を身体で実感するんです。

佐藤　弓自体が、武具というより、音によって呪術を行なうといった性格が強いですね。
『源氏物語』の夕顔の巻で、夕顔の上が物の怪にとり殺されるところなんですが、源氏が随身に弦打《つるうち》をさせています。魔除けですね。鳴弦《めいげん》ともいいますね。

田村　東京府中にある大國魂神社の暗闇祭では、御神体を御輿に移す御霊移しの時、白州に控えている神官が弓の弦を鳴らしています。古い記録には「蟇目《ひきめ》式をおこなう」とあります。
梓弓も同じですね。

佐藤　梓の木で造ったから梓弓というのですが、その弓の弦を鳴らして神降ろしをしたり、魔除けなどの呪術を行なう巫女がいたんですね。それを梓巫女といったんです。
能の『葵上』に梓巫女が登場します。梓之出という小書《こがき》、特殊演出ですが、その場合には、ツレの巫女が梓の呪法を行なうとそれに誘われるようにして六条御息所《みやすどころ》の生霊が登場してきます。葵上が病気になって、加持祈禱を行なっ

「葵上」の場面　『能樂圖繪』明治34年（1901）

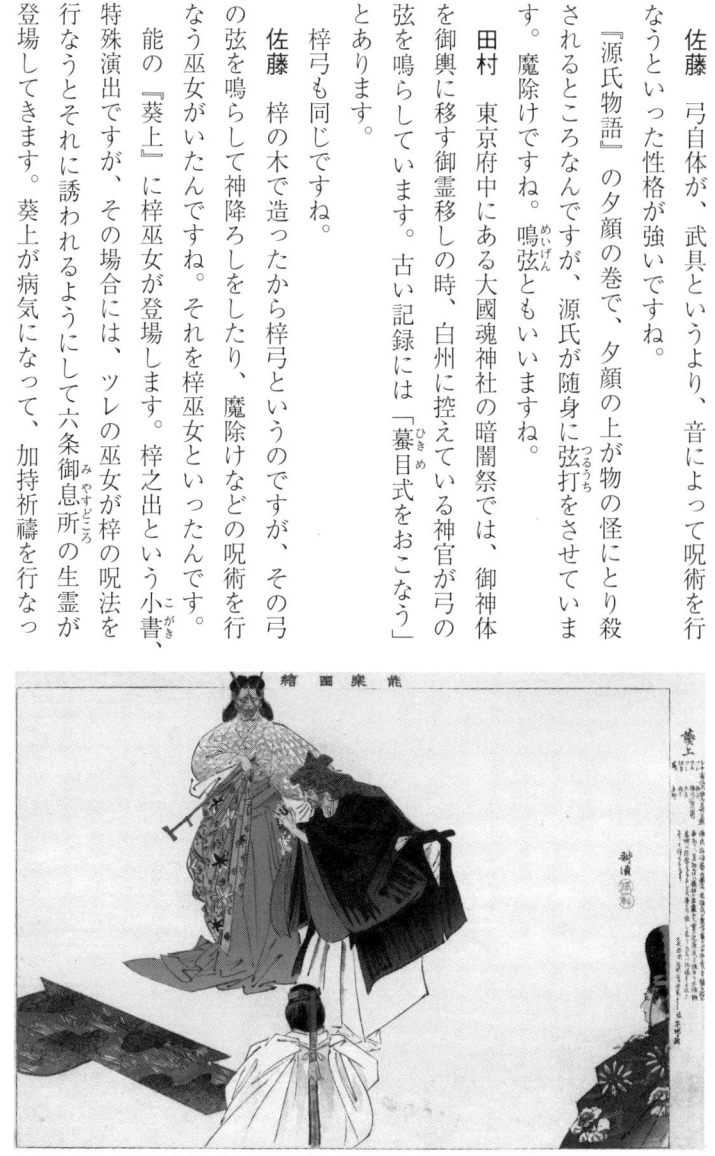

ても効果がないので、彼女に何が憑《つ》いているのか、当時は病気は何物かが憑いたからだと考えていたんですね、それが生霊なのか、死霊なのか、それを梓巫女に判断させようというのです。シテの六条御息所の生霊は「梓の弓の音はいづくぞや」と謡いながら登場してきます。

田村 音の呪力ですね。

佐藤 はい。弓の音に誘われて出てきてしまうんです。

田村 凧のうなりも同じような意味をもっているのでしょうね。

佐藤 そうですね。

そうだとすると、凧を空高く揚げるということは、その空にいる何物かを呼び寄せるといった意味があると考えられますね。

田村 うなりに関連して思いだしたんですが、糸のぼりというのがあります。江戸時代にはサルといったようですが、紙に穴をあけて、それを凧の糸に通すんですね。そうすると、その紙が猿のように糸を登って行くんです。

佐藤 私は、猿と聞くと、どうしても馬の守り神の猿とか、日吉神社の眷属の猿とか、庚申さまの三猿とかを考えてしまいます。これらの猿は、見えないカミのお使いであって、カミと人とを結んでいるのだろうと思います。先ほどのサルも、糸を伝わって空へ登って行くのであって、人とカミとをつないでいると考えてよいのではないでしょうか。

田村 その場合、単に人とカミをつないでいるというのではなく、具体的な内容があると思うんですが。

佐藤　それはどういうことですか。

田村　たとえば、江戸時代、娘たちは裁縫上達を願って、女の守り神と考えられていた淡島様にくくり猿を奉納したりしていました。女の子は裁縫の手始めに、這子《ほうこ》、くくり猿などを縫うことが多かったんですね。現在、京都の八坂の庚申堂を始め、各地の庚申堂にくくり猿がたくさん奉納されているのを見掛けます。庚申のくくり猿は、必ずしも裁縫上達と限ったものではないようですが、女の人の幸せを願う祈りが篭められているのでしょう。こういうものは、人間とカミをつなぐものであることには違いないのですが、現世利益を望む人間の願いが篭められている場合が多いと思うんです。五月人形の幟にもくくり猿が付いています。のぼり猿ともいっていますが、あれも同じでしょう。

佐藤　つまり、人の祈り、希望するところ、願うところ、そういった具体的な祈りの内容を背負って、それをカミに伝えに登って行くんですね。

田村　そう考えていいんでしょう。

右：日吉神社の猿絵馬（愛知県清須市）
左：三猿庚申塔（寛永17年〈1640〉、神奈川県茅ヶ崎市輪光寺）

佐藤　糸のぼりを付けない地方も多いと思うのですが、その場合は、音に意味があると考えてもいいでしょうか。

田村　綱を通じて何物かの存在を実感するといいましたが、それだけでなく、能の『葵上』のように、何物かを人間の世界へ迎えようという意図もあったのでしょう。

佐藤　能の『葵上』だと死霊か生霊かを判別しようとしているところに六条御息所が現れてくるのですが、凧の場合はどういうことになるのでしょうね。

田村　カミといってよいでしょうね。

佐藤　空高く飛んでいるのですから、当然でしょうね。

田村　そうですね。

佐藤　つまり、凧はヨリシロの一種であると考えてよいということになりますね。

田村　そう思います。

神奈川県の座間でも大凧を揚げるんですが、その凧を最後には燃やしてしまいます。その燃やすところも儀式のうちなんです。

佐藤　小正月のどんど焼きや盆の送り火と同じように、燃えさかる炎と煙とによって、カミに異次元世界へ帰ってもらうんですね。

田村　場所も面白いと思うんです。河原や浜辺が多いんです。電線などがないからと考えがちですが、そこは境の場所なんです。

佐藤　異次元世界との接点……。

田村　そうですね。盆の精霊流しが行なわれるのと同じです。野原だって村のはずれでしょう。そういうところが祭りの場になることが多かった。

佐藤　祭りは、カミを迎えるわけですが、家に迎えたり、村の中心に迎えたりしますね。

田村　その場合でも、カミを山から迎えたりするわけで、そんな時、境から迎えてくるわけです。

佐藤　そういえば、天龍川沿いの村々に伝えられている花祭では、初めに山麓でカミ迎えをし、続いて村はずれでと、次第にカミを村の中心へ迎えてきますね。

田村　そうです。滝ばらい、高嶺祭り、辻がためとやってくるんですね。

佐藤　ところで、東京の王子の稲荷では、初午の日に火伏せの奴凧を授与しています。火伏せというのは、風を防ぐというのと同じだと思うんですが、凧に風を防ぐ力があるというのは、風をコントロールできる力をもったカミを見ているんですね。

田村　そうですね。ですから、風を呼ぶといった考えもあるわけです。島根県の隠岐島では、菱形凧に「大山、山から大風吹け吹け」と書いたそうです。風のない時に風を呼ぶ呪術といった意味をもっているんでしょうね。

佐藤　各地で見られる扇凧も同じでしょうね。扇自体が風を起こすものなんですから。

田村　凧を切って飛ばす地方もあります。宮城県の角田《かくだ》・白石《しろいし》地方ですが、大晦日の夜、家族一同で天狗の絵の小さな凧を造ります。それに自分の名前を書いて、元日の朝、山に向かって揚げて、高く揚がったところで切り放すんです。家内安全と無病息災を祈って、山の神に奉納するのだといわれています。

佐藤　それも人間の希望するところをカミへ伝えようとしているのですね。

田村　だいたい、どこの民族でも、カミのいる場所を空の上か海の彼方と考えているようです。

佐藤　沖縄のニライカナイは海の彼方ですね。カミのいます世界をどのように考えるかは、文化的特色の分かれ目のようにも考えられます。垂直的発想と水平的発想とでもいったらよいのでしょうか。けれども、海の彼方、水平線のところで、水と空とは一体化していますね。山とか巨木とかにカミを見るといった考えは、空の上の方にカミの存在を感じているからなのでしょうが、海を見ていると、海の彼方に異次元世界の存在を感じていた人々も同じではないかと思えてきます。

田村　かなり前のことになりますが、ヒマラヤ山地のチベット人の村で自分たちの村を描いてもらったことがあります。それがたいへん面白いのでもってきました（二〇二・二〇三頁図版参照）。これを見てもわかるように、自分たちの村（人間の世界）を中心にして山と川と湖と空（天）が描かれています。天には神々、彼らは敬虔なチベット仏教徒ですから、仏の世界があります。これには花も雪山も描かれてはいませんが、麓には花々が咲き乱れ、雪山に到り、その頂上は天・三千世界通じているわけです。そして一方では村の端を流れる川が湖に通じています。現実に私たちの行った村の近くには湖があり、そこは聖地となっています。湖には得体の知れない妖怪が住んでいますし、湖の底には地下世界を司るカミが描かれます。そして湖の中央に描かれた一本の木、世界樹とでもいったらいいのでしょうが、それは天に通じています。何人かの村人に描いて貰ったのですが、要領の善し悪し、上手下手はあっても意味するところはみな共通していました。チベット人は鳥葬を行なうことでよく知られていますが、この村では乾季には鳥葬にするが、川の水が増水する雨季には水葬にするのだといっていました。鳥葬は鳥が死者の魂を天に運ぶのですが、水葬にされた魂も、また、天に着くのだと考えているのです。内陸の民であるチベット人の世界に私たち日本人と同じような感覚があることを知って、たいへん感激したことでした。

武者絵に托す願い

佐藤　話はかわりますが、東北の凧の図柄はどうなっていますか。さきほどの話では武者絵が多いということでしたが……。

田村　東北というわけでなく、全国的にそうだと思います。全国的に、武者絵が多いんです。それも圧倒的にです。その他のものといっても、絵凧が多くて、文字を描いたものは少ないですね。

佐藤　東京では、奴凧が特色があって、印象的です。だからそればかりが心に残ってしまうんですが、割合としては、やはり武者絵が多いですね。

田村　武者絵が多いのはなぜだろうと考えているのですが……。

佐藤　読本《よみほん》や草双紙などの影響を考えなければならないでしょうね。

田村　もちろん浮世絵の影響もありますね。

佐藤　浮世絵というと、芝居絵ですね。

ヒマラヤ・ポンモ村のチベット人が描いた宇宙図

ヒマラヤ・ポンモ村のチベット人が描いた宇宙図

田村　江戸の土産などで、こういったものが地方へ伝播していったと考えられます。

佐藤　歌舞伎は毎年地方巡業をしていましたし、地方歌舞伎的なものも各地に定着しています。現在の映画やテレビなどと同じように、歌舞伎の世界は全国的に広がっていたんです。だから、かなり辺鄙なところにいても、歌舞伎のことは知っていたんですね。

田村　江戸時代も後半になると、文字を読める層も増えてきて、読本や草双紙といった挿絵入りの本が地方にも普及してきますね。

佐藤　そうですね。それらには、おどろおどろしい残酷な絵が挿入されています。私などは、そこに子供が触れてはいけない悪所の魅力のようなものを感じていたんですが……。

田村　見てはいけない。触れてはいけない。しかし覗きたいというあの感覚ですね。

そういう絵が、凧やねぶた系の作り物などに描かれる絵

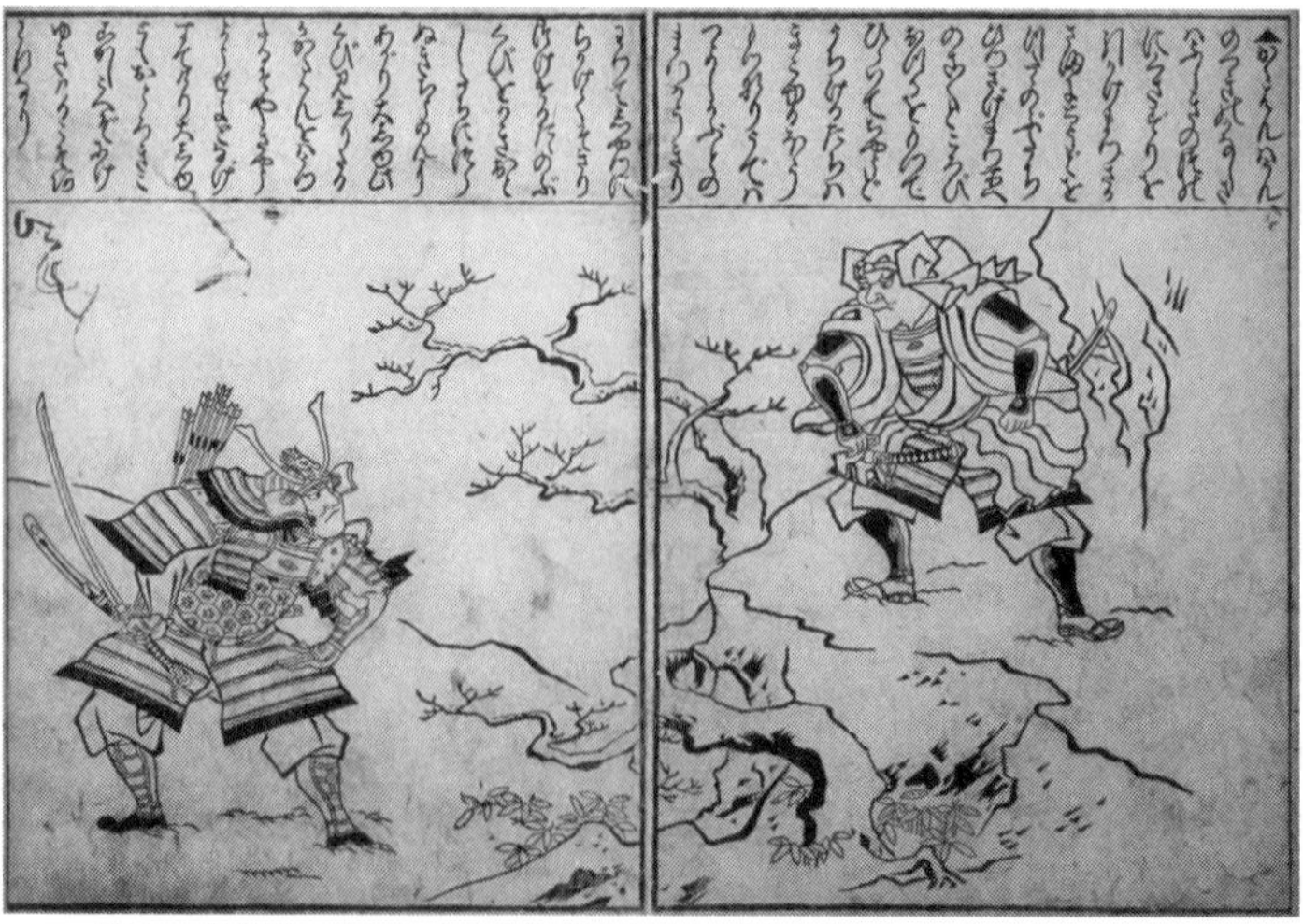

読本の武者絵　『大和武者絵』菱川師宣画（貞享年間、国立国会図書館蔵）

として採り入れられてゆくのはなぜでしょうか。

佐藤　もちろん、それらが英雄豪傑の物語だからでしょう。英雄豪傑というと、常に庶民の憧れの対象ですし、それらの主人公はカミへと昇華してゆくんですよね。

田村　なるほど。

佐藤　悪所的な部分、そのような残忍ともいえるような部分を乗り超えて、英雄は英雄に育ってゆくんですね。

田村　英雄といえば、義経なんかが比較的多いんですが、義経は悲劇の主人公ですよね。そういった悲劇性をもった人物が英雄として受け止められてゆくんですね。

佐藤　そうですね。義経は英雄になれても、頼朝は英雄にはなれないんですね。頼朝の方が天下をとったわけですから、大きな仕事をしているんですが、家康だって同じですね。完全に成功した人物は、庶民の英雄にはなれないんです。それは『古事記』のヤマトタケル以来の伝統ですね。

田村　凧の武者絵を見ると、牛若丸時代や家来の弁慶を含んでということになりますが、義経関係が多いですね。それから、源為朝、平敦盛、巴御前、加藤清正、武田信玄などですね。いずれも悲劇性を含んでいますね。

佐藤　曾我兄弟は出てこないんですね。江戸時代中期の江戸歌舞伎では、ほとんど全ての作品の主人公が曾我兄弟なんですが、助六なんかも、実は曾我五郎なんですよね。その背景には御霊信仰があるといわれています。

田村　庶民は平和主義者なんですよ。敵討ちをしなければならないような状況は、自分の子供に関連したところでは拒否している。そうは考えられませんか……。

佐藤　義経などの庶民に人気のある英雄を見ていると、その誰もが、ひたすらに人生を生きて、悪意などないのに、にもかかわらず、力強いといった側面を強くもちながらも、絶望的に悲劇的状況へと進んでしまう、そういった哀しさがありますね。善意が前提になっているのにといってもいいかも知れません。

田村　御霊信仰などはどう考えますか。

佐藤　御霊信仰というのは、不遇な状況で憤死していった人物の霊を鎮魂するといった意味のものでしょう。ですから、崇徳上皇や菅原道真といった悲劇的人物が対象になっているわけです。それは、庶民の優しさの現れともいえます。曾我五郎の場合は、ゴロウがゴリョウ（御霊）に音が通じているところからも強く意識されたんですね。

田村　悲劇的人物であっても、御霊になるようなものは凧絵には相応しくないという意識がどこかにあるのですね。

佐藤　やはり凧が子供と深い関わりをもっていたからでしょうね。

田村　武者絵ともいえるものに、渡辺綱や金太郎があります。源頼光の家来の系列ですね。それと桃太郎ですか。これらは、鬼退治系と考えることができます。

佐藤　源頼光というと、大江山の鬼退治や土蜘蛛伝説、それに羅生門ですね。いずれも能になっています。また、頼光四天王の一人の坂田金時、いわゆる金太郎ですが、その子供に金平という者がいて、古浄瑠璃の世界で活躍しています。『風俗文選』などを見ると、優しくて力のある青年と考えられていたようです。

田村　鬼退治というのは悪を亡ぼすわけで、その点で子供について祈願する場合の象徴となったのだと思います。正義感と強さですね。

佐藤　子供に対する悪を亡ぼしてくれる守護神的な意味もあるのではないでしょうか。ところで、鬼についてはどう考えますか。山口県の見島のヨウズには鬼の絵が描かれているそうですが……。

田村　鬼は、いつの間にか悪いものになってしまっていますが、本来は悪ではないでしょう。桃太郎にしても、わるい鬼を退治するということになっていますが、江戸時代に出版された絵本では、必ずしも全ての絵本が、鬼が悪いことをしたから退治にゆくという筋書きになっているわけではありませんね。鬼は宝を与えてくれるものとも考えることができます。そのほうが本来でしょう。一寸法師にしても同じですね。

佐藤　そうです。狂言などを見ると、鬼は、怖ろしいには違いないのですが、一方で、人間にばかにされてもいます。

しん板凧ゑ（おもちゃ絵・明治期）

鎌倉時代末期あたりが鬼の転換期だったのかも知れません。

田村　ヨウズの鬼は、鬼とはいっても、頼光系とは異なるような気がします。それは、雷神ではないでしょうか。

佐藤　雷さまは、たしかに鬼ですね。狂言でも、雷は鬼をあらわす武悪《ぶあく》という仮面を用います。だいたい、雷は「カミ鳴リ」でしょうから、その鬼はカミなんですね。

田村　雷神ですから……。雨乞いですね。見島のヨウズは雨乞いと直接結びついているわけではないようですが……。

佐藤　雨乞いといえば、竜の文字を描いた凧なども同じと考えられますね。

田村　凧の絵を見ていて感じるんですが、武者絵の多くは子供に関係しているんですね。それに対して、雷神系の鬼は雨・風に関係しているのであって、五穀豊穣的祈願なんです。

佐藤　そういういい方をすると、武者絵は子育安産・子孫繁栄ということになりますか。でも、雷神も安産的役割を担っている場合がありますね。

田村　とにかく、現在のように幼児死亡率が非常に低くなってくるのは戦後のことでしょう。子供を生み育てるのは大変だった。だから、子育観音などが各地に見られるわけです。

佐藤　かつて一緒に絵馬を探して全国を歩きましたが、その時も非常に子育と安産を祈願する絵馬が多かったですね。出産の危険度は、平安時代の貴族社会などでは信じられないくらいに大きかったようですが、江戸期の庶民の間でも、それほど違ってはいないのでしょうね。

田村　凧を揚げるのも、一つの儀式と考えるべきでしょう。その儀式の意味として、子育系が強くなったことが、凧を子供のもて遊びものにしていったのではないでしょうか。

佐藤　子供が元気に凧を揚げている、それを見ているのは嬉しいことですね。その凧から、絵にあるような力あふれた英雄、それは、すなわちカミなのでしょうが、そのカミの力が伝わってくるんですね。そうやって子供は守られるんでしょう。その意味では、子供は遊んでいると同時に、遊びというかたちで儀式を行なっているともいえます。

田村　なるほどね。遊びというのは、そういうものなんですね。

赤の呪力

田村　ところで、凧絵を見て、その色彩についてどう思いますか。

佐藤　赤や朱が基調ですね。赤というと、紅白の幕だとか、紅白のお餅だとか、赤飯などが浮かんできますね。祝儀的性格をもった色なんでしょうね。

田村　おどろおどろしい赤ですね。絵の具の性質にもよるのでしょうが、それだけでなく、そのような赤を人々が認めていたということでしょう。

佐藤　自然界や庶民の日常的生活の中で、赤という色はあったんでしょうか。椿の花は赤いんですが、頬紅などを除くと、血がもっとも身近だったんじゃないでしょうか。凧絵の赤に、私は血を感じてしまうんですが、赤について、人工的な赤以外には血しか知らなかった時代の気持が流れているようにも思うんです。それが、おどろおどろしたといった感情をもたせてしまうんじゃないでしょうか。仏教の影響も大きいんですが、その血を不浄と深く結びつけて、現在でも忌み嫌うものにしてしまっているんです。けれども『播磨国風土記』の讃容郡《さよのこほり》の項に鹿の血によって籾が一夜にして芽生えたとあります。本来血の赤は、豊穣と関係があった色なので、祝儀的性格をもつようになったのではないでしょうか。だから、一見したところでの凧絵の印象というと赤が強いわけですが、そのような赤が主として用いられたということになる……。

田村　玩具類にも赤を用いたものが多いですね。赤物といいますね。赤物の玩具は子供の生育祈願と魔除けのお守りとされていますが、赤はそういう呪力を持った色だと考えられて来たんだと思います。芽生えとか豊穣とかは、同時に、子供のすこやかな成長と結びついている。

図柄の様式化

佐藤　色も特色がありますが、その図柄が様式化されているといった点についてはどうでしょう。

田村　手本にしたと思われる読本などが、そもそも様式化された世界なんですね。読本は印刷物ですね。大量に印刷されることが前提になっています。浮世絵も同じですね。大量印刷、もちろん江戸時代のことですから、現在からみたら小部数ですが、とにかく複数同じものを摺るというところに、もう様式化から逃れられないといった性格があるんですね。凧絵の場合は、絵師が一枚一枚描いてゆくものですから、その意味では一品制作です。ですが、一品制作に見られるような個性的に独立した一つの作品というようなものではなく、非常に様式化されているんです。同じ図柄を何年も、何世代も描いてゆくんです。絵師といっても職人と同じですね。

佐藤　そこから、地域の特色や独特の力が生まれるんでしょうね。庶民の場合は、一人の個性的作家の存在というのではなく、同じ図柄が何世代も描かれ続けるというところに、絵画としての大きなエネルギーが育ってゆくと考えられますね。

絵馬とか、祭りの場を飾る切り絵とか、地口行灯など、庶民の間にあった、いや現在でもある、そういった絵と関係は深いんでしょう。凧絵もそういった絵の一つですね。その庶民的伝統的エネルギーをどう受け止めてゆくかですね。

田村　凧絵などを考えると、もっと旅絵師の研究がなされていいと思います。江戸時代には、現在の私たちが想像している以上に地方わたらいをする人は多かったんですよね。

冨本繁太夫という義太夫語りが東北地方を旅した時の記録で『筆満可勢《ふでまかせ》』というのがあります。ゆく先々で顔役の妾に惚れて夜逃げをしたなどということをざっくばらんに書いたたいへん面白いものですが、それをみますと到るところで様々な旅芸人にであっています。中にはかなりいかがわしい芸人もいますが、それでもちゃんと稼いで日々を過ごしています。何か芸や技術をもっていれば、旅は容易にできたんだということがわかります。絵師は特殊技能者ですから、インチキな芸人などよりもはるかに大事にされたのではないでしょうか。金持ちや、古くからの酒造家などで、昔は絵描きがきて何ヵ月も居候していたものだ、などという話はよく聞くことです。そういう旅絵師が地方の絵画的世界に与えた影響は大きかったと思うのです。

佐藤　そうですね。真澄遊覧記とよばれる膨大な旅日記を残した菅江真澄は本草学者ですが、国学者でもあり、和歌も詠んでいます。ああいった旅する文人が文化を広めていった、地方に文化を定着させていったという面を、中央の文化の研究だけでなく、もっと考えなければいけないんでしょうね。

田村　ヨーロッパの場合は、伝統的な絵は教会へ行かなければ接し得ないのでしょうが、もちろん人々はみな教会へ行きますから、そこで日常的に絵に接するということはありますが。日本の場合は、寺などで接する宗教画のほかに、も少し違った絵が、家庭の中、身の回りにたくさんあったといえますね。もう江戸時代になりますと掛軸の二・三本はもっていない家はなかったでしょうし、祭りなどの時には先程から話題にしているようなものがあります。

佐藤　絵馬もたくさんありますね。少し大きな神社になりますと絵馬堂があって、そこには様々な図柄の大絵馬が奉納されていますね。絵馬堂は、現在の画廊というか、美術館的な役割をもっていたといわれていますね。

田村　流行らない医者のことを絵馬医者といったそうです。薬箱をもって往診をする振りをして家を出て、絵馬を見てまわっていたからだと……。

佐藤　西鶴の『日本永代蔵』に「人には絵馬医者といはれて口惜しかりし……」とありますね。そういった絵のほかに、絵入本も早くから出ています。すでに中世のお伽草紙、現在は室町時代物語というようですが、それなどには絵が入っています。子供向けというわけではありません。立派に大人を対象とした物語です。

江戸時代でいえば、初期の赤本・黒本・黄表紙などといったものから絵入りです。子供の本だからではなく、浮世草子も絵入りですから、絵が入っていることが物語系の本の要件だったんですね。こういったかたちでの絵の世界は、庶民の間に広くあったといえますね。

田村　絵は、日本では、日常的な場に深く入っていた。

佐藤　絵暦、絵で描いた大小暦なども忘れられませんね。

田村　大小暦は面白いですね。

佐藤　判じ絵になっていますから、なかなか読み取れませんが、面白いものですね。

田村　こういう民画とでもいうべきものの図柄の共通点や相違点について研究を深めなければならない時代がきていると思うんです。

佐藤　凧に戻りますが、タコとかイカノボリだけでなく、ハタという地方がありますね。長崎や伊勢でしたか。

絵馬殿　火幡神社（奈良県北葛城郡王寺町）

旗と幟と

田村　ハタに話を移しましょうか。
佐藤　ハタは旗でしょうね。
田村　イカノボリは、烏賊に形が似ているからの呼称には違いないのですが、ノボリの部分は、そのイカが空に昇るというだけでなく、幟の意味が大きいと思いますが……。
佐藤　嘉永四年（一八五一）に刊行された『増補改正俳諧歳時記栞草』に「烏賊幟」と記してイカノボリとルビを付けています。
田村　江戸時代にもそのように考えていた人がいたんですね。
佐藤　幟も、その背後に昇るという意味があると思えますが。
田村　それはそうでしょう。
佐藤　凧を考えるということは、同時に、旗や幟を考えることでもあるということですね。
田村　そうですね。
佐藤　旗というと、戦国武将たちは、戦いの際に邪魔になるに決まっている旗に非常にこだわっているようですが……。
田村　武将だけでなく、足軽なども旗を一人ずつ背に立てていたようですね。

佐藤　『兼貞斎筆記』に、昔から旗を背に負って戦場に出るが、一向に役に立たないとあります。

田村　実利的に考えたら、そうでしょうね。

佐藤　『平家物語』の「勝浦合戦」のところで、渚に平家の赤旗がひらめいているのを見た義経が「準備していたな」というのですが、そのような勢力誇示といった側面も否定できないでしょう。

田村　それなりの意味があったということになりますか。

佐藤　そうですね。『平家物語』の「経正都落」のところに、巻いていた赤旗をさしあげると、侍たちが百騎ほど馳せ集まってきたとあります。同じような記述は、『源平盛衰記』にもあります。木曾義仲が敗北して死ぬところですが、その時、今井四郎兼平が旗をあげると、逃げ始めていた義仲軍の雑兵たちが集まってきたとあります。このような場合は、実用的といえますね。

田村　そういう役割はたしかにあったと思うんですが、それが主目的ではないでしょう。

佐藤　陣の存在を明確に主張するという意味こそ大切でしょうね。

田村　少なくとも、敵味方の侍たちを識別するためだけではないで

平家の赤旗　『平家物語絵巻』（国立国会図書館蔵）

すね。

佐藤　むしろ、一つのシンボルと考えるべきなんでしょう。幕末、官軍によって用いられた錦の御旗などは、その典型ではないでしょうか。

田村　戦国時代だけではなく、日清・日露の戦争の際などでも、連隊旗などは死守すべきものとされていましたね。

佐藤　現在の応援団などでも旗手が重要で、あの大きな旗に耐えられる青年が少なくなってきているようです。

田村　旗手のもつ旗は、応援団というより、学校を象徴しているわけですから、だからこそ旗手が重要なんですね。

佐藤　『日本書紀』で、神功皇后が、旗が乱れている時には士卒も整わず、財をむさぼるといっていますね。旗は、軍勢がいかに整備されているかということの象徴でもあるんですね。

田村　ということは、社会の安定を象徴するともいえますね。

佐藤　そうですね。そういう意味では、非常に呪術的なものだということにもなります。

田村　ところで、旗は、文献的には、いつ頃から出てくるんでしょうか。

佐藤　『日本書紀』の神代の巻に、イザナミは火を産む時に灼かれて亡くなるのですが、そして、紀伊国の熊野の有馬村に葬られるのですが、そこに「土俗《くにひと》、此の神の魂《みたま》を祭るには、花の時には亦《また》花を以て祭る。又、鼓《つづみ》吹《ふえ》幡《はた》旗《た》を用《も》て歌ひ舞ひて祭る。」とあります。鼓や笛は楽器ですから歌舞には欠かせないと思いますが、そこに旗（幡旗《はた》）が出てくるのは興味深いですね。私たちには異質のものが並べられているように見えますが、当時の人にとっては、必要欠くべからざるものだったのではないでしょうか。文字は「幡旗」ですが……。

田村　それが古い例ですか。

佐藤　そうだと思います。イザナミですから、神話としても最初の方です。

田村　祭礼に旗が重要な意味をもっているということになりますか。

佐藤　そうですね。あるいは、この場合は、当時の葬儀の影響があるかも知れません。

田村　ここに当時の葬儀の形式が見られるというわけですね。

佐藤　というのは、私の母方の実家は福島県の浜通りなんですが、神葬祭の地域で、お寺はないんですね。そこでの葬儀は、鯛などを供え、赤や黄色の旗を何本も用意して、行列して墓所まで行くんです。いまは歌舞はありませんが、あってもおかしくはないですね。

田村　一般的にいえば、祭りと同じような姿なんですね。

佐藤　『令集解』の喪葬令を見ると、親王で一品の場合には、幡を四百竿も調えたようです。

田村　律令制度という点から考えると、それは、当然、中国の影響でしょうか。

佐藤　葬儀といえるかどうか分かりませんが、有名なアマテラスの岩戸隠れの話がありますね。神々が集まって、アメノウズメが、桶を伏せて、その上で踊るわけですが、その時、天の香具山の榊を採ってきて、勾玉や鏡と共に白ニキテと青ニキテを付けたとあります。

田村　白ニキテは楮の御幣で、青ニキテは麻製の幣ですね。

佐藤　その結果、アマテラスは復活するわけで、葬儀が、死者の復活を祈願するような側面を持っていたとしたら、この神話も参考になると思うんです。

田村　熊野の有馬村の例は、御幣だと……。

佐藤　どうでしょう。とにかく、中国の習俗が伝来して、葬儀に旗がかかわってきたとばかりはいえないんじゃないかと思うんですが……。

田村　人の臨終にあたって、魂呼ばいということをすることがあります。一般には屋根の上に登ったり、井戸の底にむかったりして、その人の名を大声で呼ぶということがおおいのですが、その一つに屋根に登って腰巻を振るというという例があります。身体から出た魂を呼び戻そうとするんでしょうね。

佐藤　歌舞伎の『菅原伝授手習鑑』寺子屋の段ですが、母の千代は小太郎の文庫に、「経帷子に六字の幡」をいれておきます。葬儀を行なう覚悟をしているからです。六字というのは、もちろん、南無阿弥陀仏です。

田村　現在でも、それは、地域によってですが、用意されますね。

佐藤　先ほどの屋根に登る話ですが、布のようなものをはためかすわけですね。有名な額田王の

　あかねさす紫野行き標野行き
　　野守は見ずや君が袖振る　（巻一―二〇）

も同じような世界でしょうか。

田村　そうかも知れませんね。袖を振ることで心を通わせているんでしょう。現実を超えた、次元を異に

する世界の存在を感じますね。
佐藤　最近はどうか知りませんが、ハンカチを振って別れを惜しむのなんかも同じでしょうね。
田村　言葉は届かないけれども、気持は十分に届きます。
佐藤　私たちが、意識しないで、自然にしてしまう行為の中にも、古くからの日本人の心が生きているんですね。
田村　ほかに……。
佐藤　『倭名類聚抄』では「幡」をハタと読んでいます。平安末期成立の『類聚名義抄』では「幟・旗・旛・旆」などをハタと読んでいますから、いずれもハタなんですね。
田村　寺院の幡《ばん》などもハタですね。
佐藤　そうですね、ついついバンといってしまいますが、訓ならばハタですね。
田村　寺院の幡もそうですが、五月の節句に用いられる幡など絵の描いてあるものが多いですね。
佐藤　また『日本書紀』をもち出しますが、推古天皇十一年のところに、皇太子が旗幡に絵を描いたとあります。
田村　どんな絵を描いたのでしょう。
佐藤　「又旗幡《はた》に絵《ゑが》く。」とあるだけですから分かりません。けれども、直前の記述は大楯と靫《ゆき》を造ったということですから、武具としての旗幡と考えていいんじゃないでしょうか。
田村　源平の旗などは、源氏の白旗、平家の赤旗と色が問題となっていますね。

佐藤　『常陸国風土記』行方郡板来村《なめかたのこおりいたくのむら》の項に、敵を欺くために宴をしたらしい記述がありますが、そこに「蓋《きぬがさ》を雲とひるがえし、旗を虹と張り……」とあります。この表現から考えると、様々の色の布で造ったように思えます。

田村　祭りなどでは、五色の色が重要な意味をもっていますね。五行思想の影響でしょうか。

佐藤　仏教でもいいますね。

田村　浄土へ往生する時に阿弥陀仏の手と結んだのは青・黄・赤・白・黒の五色の糸ですね。

佐藤　御幣にも五色のものがあります。『釣狐』という狂言がありますが、そこで猟師の伯父に化けた狐が狐の尊いことを語るんですが、その中に祭壇の様子を述べるところがありまして、そこに五色の幣を立てて祈るとあります。

田村　御幣というと白と考えてしまいますが、現在でも赤や青の御幣などは多いですね。荒神さまへ捧げる御幣は赤と青とを組み合わせたものだったと思います。

佐藤　そうですね。そういえば、島根県の大元神楽の天蓋にも色がありました。

田村　祭礼は、非常にカラフルです。日常の農村の生活は色が少ないように見えるのですが、そして、それが農村部の無色性というか、緑の山々以外には色はほとんどないといった誤解を生んでいると思うんです。

佐藤　そうですね。祭りになると、ある意味では色の洪水といってもいいような状況が出現するんですね。

田村　ところが、それが、けばけばしくない。周囲の緑や古い家並の色と合うんですね。

佐藤　能の装束なども、写真で見ると、非常に派手で、豪華ですが、舞台を観賞しての印象では、静かでおちついた感じですね。

田村　派手というのは、伝統を踏まえているかどうかにかかっているのかも知れません。

佐藤　そうですね。祭礼などに見られる色の組合せは遠い過去からのものだから、永い年月を通じて私たちの心に染み着いていて、そのような色の配合を必然的というか、当然のものとして受け入れる下地が成立しているんじゃないでしょうか。

田村　日常的には地味な縞か絣を着ているのでしょうが、祭りになると、男たちも様々の色の衣装を着ますね。それが全く不自然でない。むしろ非常に似合っている。色は様々でしょうが、赤や青や黄が多いようですね。

佐藤　新潟県の綾子舞などは、いま非常に派手な衣装を着ていますが、江戸時代はもっと地味なものではなかったかと思います。

田村　テレビの取材などで、急に衣装が派手になることはあるでしょう、けれど、それは江戸時代にもあったんじゃないでしょうか。

佐藤　そうですね。祇園祭の山鉾などの飾りはもっと古いものですし、あのような新しいものの導入にも躊躇はないのですね。

田村　むしろ現在より積極的だったといえるかも知れないですね。しかし、祇園の場合は京都という大都市ですが、地方の場合はどうでしょうか。

佐藤　話は変わるんですが、『万葉集』に

青旗の木幡の上を通ふとは
目には見れどもただに逢はぬかも　（二一一四八）

という歌があります。天智天皇が危篤になられた時に太后が詠まれたものですが、この「青旗」は枕詞ということになっています。この場合は「木幡《こはた》」と脚韻的に使われているということなんですが、木幡の山の上を天皇の御霊が通うのが見えるけれど直接には逢えないという意味ですから、その御霊を見るという以上、具体的な何物かを感じているに違いないんです。それを青旗とイメージしているとも考えられます。

田村　青旗は単なる枕詞ではないと……。

佐藤　「青旗の」のところは、青旗が木幡の上を通うという意味でもいいと思うんです。

田村　つまりは次元を異にするものについて旗という表現をしているということですね。ところで、白旗というと、降参の標となっていますが、あれはなんででしょう。

佐藤　またまた『日本書紀』で申しわけないんですが、景行天皇四年九月の項に、帰順する者たちが、榊の木に、剣と鏡と勾玉を付け、更に船の舳先に素幡《しらはた》を立てて参向したとあります。この素幡は、色の付いていない旗という意味でしょうけれど、いわゆる白旗ではないでしょうか。

田村　そういった例は他にもありますか。

佐藤　欽明天皇の項にも、新羅の軍勢が白旗を掲げて降伏するところがあります。神功皇后の項にも、新羅の王が白旗を掲げて降伏するとありますね。

田村　白旗をこういった意味に用いるのは大陸系の考えで、日本ではそうは考えていなかったのかも知れませんね。

佐藤　そうですね。源氏は白旗ですからね。

田村　たしか無地の白旗でしょう。白旗に降伏するという意味があったら、それを中心にしての天下とりは不可能でしょう。

佐藤　欽明天皇（二十三年八月）のところですが、新羅・高麗を討った狭手彦《さでひこ》は、天皇に七織帳《ななえのおりもののとばり》、蘇我稲目に鎧と太刀と鍾と五色の幡と女性二人を贈ったとあります。高麗でどうなのかは分かりませんが、幡が、国なり氏族なりを象徴する、その中心だという意味をもって存在しているとの理解があったからこそ、狭手彦は幡を土産にもち帰ったのだと思います。ここでは、それらを、蘇我氏に献上したところが問題だと思いますが……。

田村　蘇我氏の頃は、仏教を含めて、大陸の文化が奔流のごとく入ってきた時代、一種の文化革命の時代ですから、非常に複雑ですね。

ところで、旗に紋などを描くようになるのは鎌倉時代ごろからでしょうか。

佐藤　そうのようですね。武士団の成立と関係があるのでしょう。たしか『吾妻鏡』に、旗に姓名を注記するといったのがあったと思います。ここにある『古今要覧稿』を見ますと、「義家朝臣の頃に至っては、神号、引両筋などをかき、そののち千葉介常胤、新調の旗には神号の下に鳩二つむかひしさまをぬふ」とありますね。神号から出発したといえるかも知れません。少し時代は下りますが、倭寇は「八幡大菩薩」の旗を押したてて出ていった。

そのようなものが旗印の紋に展開していったんですね。先日、日本古典文学全集の『平家物語』に収められている明暦刊の版本の挿絵を見たんですが、そこに描かれている侍たちが保持している旗には紋がありませんでした。ですが、船の舳先にある幡には文字や紋風の文様が描いてありました。

田村　近世のものは、それまでの知識の影響を受けていますから、何ともいえませんね。

佐藤　たしかにそうですね。

田村　話は変わりますが、一揆の時のムシロ旗も武将たちの旗と同じと思いますか。

佐藤　一揆という行動を象徴するもののだと思いますが、農民だからムシロをそう考えるというのではないんじゃないでしょうか。

田村　というのは……。

佐藤　祭りの時に、ムシロを敷いて、その上で舞うといった場合が非常に多いですね。三河の花祭なんかもそうですが、あれは、そこを沙庭、神の場と考えているんですね。ムシロはそういう性

八幡大菩薩の旗　源家一黨大集圖「大日本歴史錦繪」
玉蘭齋貞秀画（国立国会図書館蔵）

格をもっている。とすると、ムシロは、神を象徴すると考えていいんじゃないでしょうか。

田村　神を先頭にして、強訴をする。

佐藤　そうです。

田村　その神に守られる、あるいは、神の訴えだから要求が通るに違いないということですね。

佐藤　そうだと思います。神を前面におし立てて戦いに臨むというのは、古くからありましたね。またた『日本書紀』ですが、神功皇后の新羅親征の時の話ですが、住吉大神の託宣に従って、住吉の荒魂を軍勢の先峰としたとあります。

田村　船には、船魂が祀られていますが、同時に○○丸などとかいた船印の旗が船首などに立てられています。海は「板子一枚下は地獄」といわれる危険に満ちた世界だからでしょうか……。

佐藤　ところで、神功皇后の船団が新羅に到着した時、新羅の王は途方にくれるのですが、そのところで、船は海に満ち、旌旗《せいき》が日に輝いていたとあります。それを見て、新羅王は降伏する決意をするとあるのです。住吉の荒魂は軍勢の先峰にあったには違いないのですが、その神に守られ、神の意思と深くかかわった軍団であることを示しているのが、この旗だったのではないでしょうか。

田村　旗は、守護してくれるカミの象徴だというわけですね。そうだろうと思いますね。

佐藤　先ほどの義家や千葉介の場合も、神号を書くというのは、そのカミに守られているという意味なのでしょうね。千葉介の場合は鳩が二つ描かれているということですから、八幡さまでしょうね。

田村　武士ですから……。

佐藤　能の『鱗形』に、弁財天が、北条時政に、弓矢の家の守りのしるしとして、旗を給うというのがあります。そして、キリのところに「たとひ四敵の寄せ来るとも、この旗をさし上げば、われ神通の身を現じて、六通三明の剣を提げ、無明さんげの敵を払はば、その身も息災安穏なるべし」とあります。旗をあげれば、弁財天が助けに来てくれるというわけですが、女性とされている弁財天も勇ましい側面をもっているんですね。

田村　面白いですね。

佐藤　こういった旗や幟に絵を描くというのは、端午の節句の際の幟の絵がありますね。

田村　旗と幟はどう違うんですかね。

佐藤　江戸時代の辞書の一つである『倭訓栞』によると、乳《ち》のあるのが幟だそうです。

田村　乳というのは竿に通すためのものですね。旗は竿に紐で縛り、幟は竿に通す形式ですね。

佐藤　その幟に絵を描くというのは、どういうことなんでしょう。旗に見られる紋とは異なると思うんですが……。

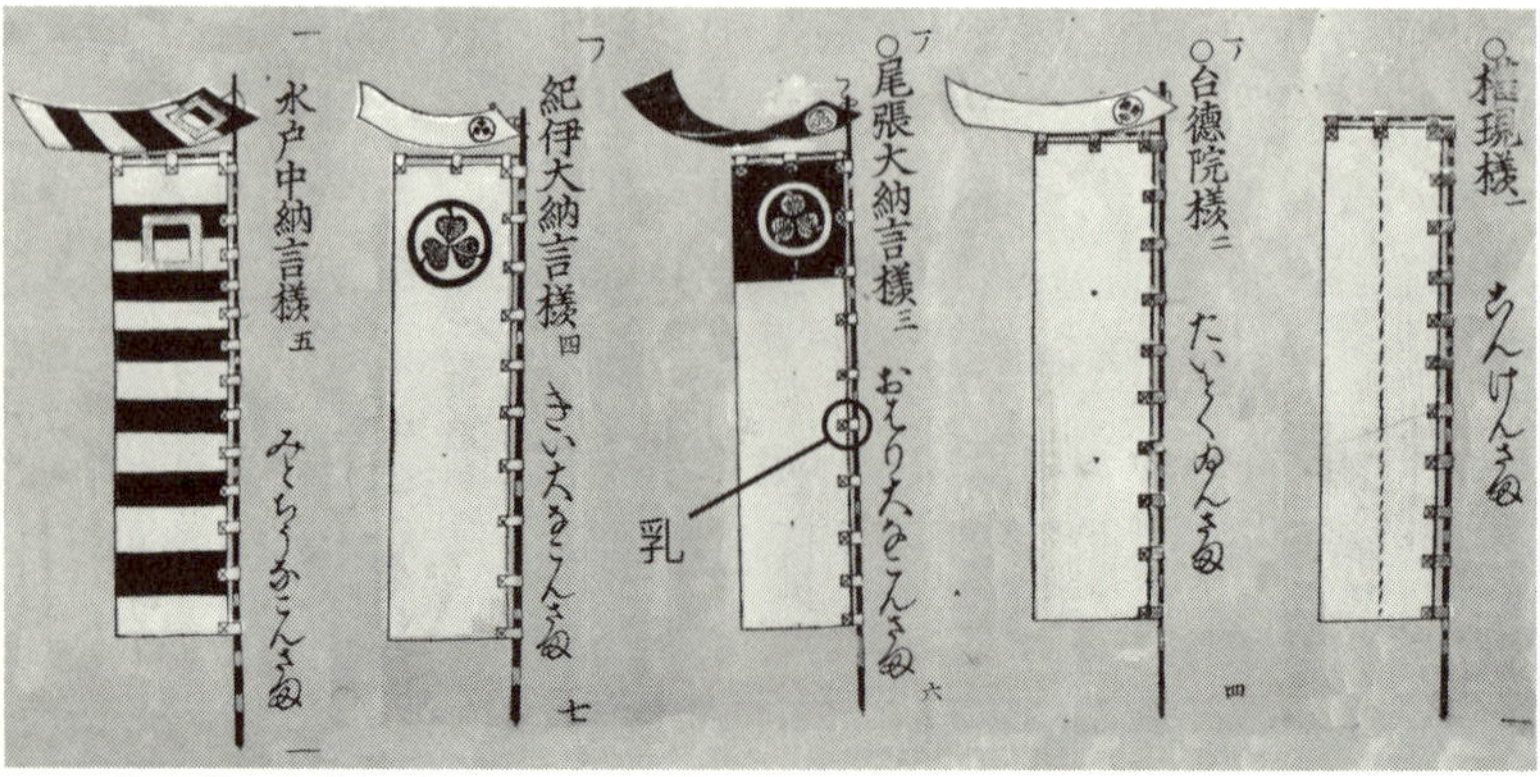

権現（徳川家康）、台徳院（徳川秀忠）、尾張大納言、紀伊大納言、水戸中納言の幟
『御馬印』（寛永年間）より（国立国会図書館蔵）

田村　そうですね。

佐藤　私の子供の頃、家に鍾馗の絵の幟がありましたが……。『東都歳事記』の挿絵にも鍾馗がえがかれています。

田村　端午の節句に用いられる幟というと、武者絵が多いのではないでしょうか。記憶にあるのでは、神功皇后とか高砂、義経、金太郎、桃太郎といったものですが、比較的勇ましいのが多い。その点では凧絵と共通するものがあるとおもうのですが。

佐藤　確かに、凧に見られる絵と同じ題材のものが多いですね。

田村　端午の節句の人形は、雛の節句と違って、様式は定まっていないといっていいんでしょう。

佐藤　そうですね。鎧甲、鍾馗、それに、白馬や高砂の翁と姥、神功皇后と武内宿禰《すくね》などなどですね。金太郎も忘れられません。

田村　桃太郎もありますね。

佐藤　地域によっては形式の定まっているところもあるのかも知れませんが、東京などでは、家々で皆違いますね。人形は様々ですが、鯉幟は各家で用意したようですね。

田村　鯉幟、あれには乳がないのに、どうして幟というんでしょう。幟は幟旗ですから、そう気にしなくてもいいんでしょうが。

佐藤　そうですね。凧に関しても、ハタといい、ノボリというのは、そもそもが同じものだからですね。

田村　イカ幟ですもんね。

佐藤　そうですね。初めは幟に鯉が描かれ、それが現在のように変化してきたのではないでしょうか。だから鯉幟と……。

田村　どうして鯉が重要なんでしょう。鯉の滝のぼりとか……。

佐藤　中国では、鯉は魚の長で、神変すると考えられていたと思いますが……。竜に変ずるともいわれていた……。

田村　そうですね。竜門の鯉は滝を昇って竜になった。『和漢三才図絵』でも魚類の筆頭が鯉ですね。

佐藤　そうですね。

鯉幟は、江戸時代にあったには違いないんですけれども、季語としては市民権を得ていないようですね。歳時記類にも出てこないようです。といって、もちろん、なかったわけではない。広重の『名所江戸百景』には出てきますし、その他にも江戸の節句の様子、もちろん端午の節句ですが、それを描いたものに鯉幟は見られますね。

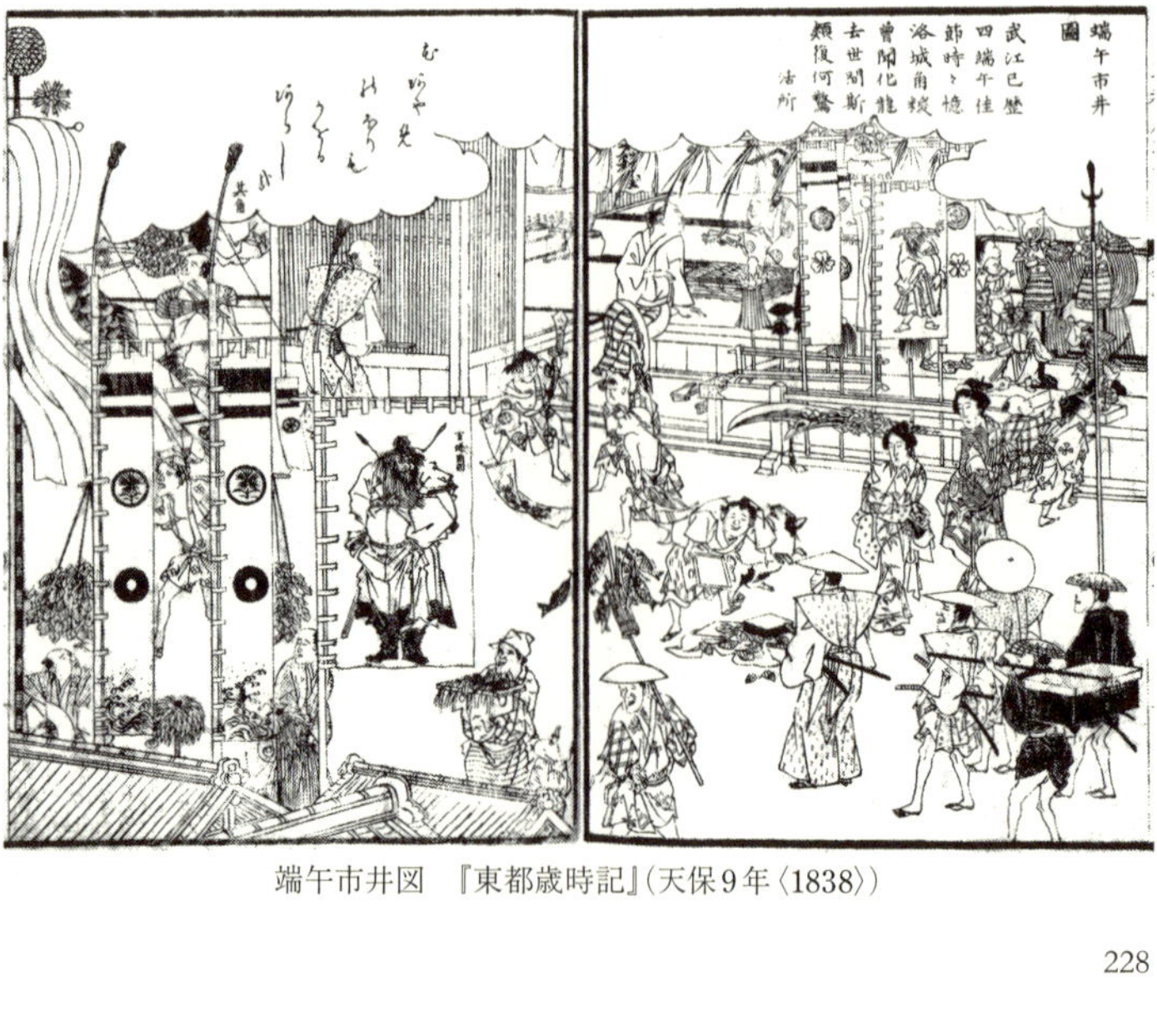

端午市井図　『東都歳時記』(天保9年〈1838〉)

田村　歳事記類の記述には見られませんか。
佐藤　『東都歳事記』には「戸外に幟を立、冑人形等飾る。又座舗のぼりと号して、屋中へかざるは、近世の簡易也。紙にて鯉の形をつくり、竹の先につけて、幟と共に立る事、是も近世のならはし也」とあります。
田村　挿絵にも鯉幟が見えますね。
佐藤　これでみると、紙製だったんですね。
田村　貝原益軒の『日本歳時記』はどうですか。あれは、貞享の成立ですね。
佐藤　『日本歳時記』には鯉幟についての記述は出てこないですね。しかし「紙旗にいろいろの絵をかきて長竿につけ、是をも戸外にたて侍る。これをのぼりと云。或絹を用るもあり。或は長旒を加えて、是を吹ながしと云。朔日より五日まで児童の弄事とす」とありますが、この吹ながしが鯉幟になったと考えられますね。挿絵があるんですが、そこには、家の前に柵があって、そこに、竿の先に兜を付けたのや、長刀や毛槍とか、幟と

端午市井図　『日本歳時記』（貞享5年〈1688〉）

かが描かれています。幟に文様はあるのですが、絵が描かれているというわけではありません。兜を付けたのは、削りかけの兜というそうですね。幟の竿の先には、花や扇が付けられています。

田村　天道花《てんとうばな》みたいですね。

佐藤　また、幟の下部には、何か付いています。

田村　くくり猿でしょうか。

佐藤　そうも見えないんですけど……。

田村　喜多村信節《のぶよ》の『嬉遊笑覧』に「幟さるは、もと五月幟の下に付たる括り猿なり」とありますが……。

佐藤　そうですか。

田村　大塚嘉樹の『蒼梧随筆』に、端午の節句に、男の子のいる家では、幟や兜を門庭に飾るのだが、それは関東の風だとありますね。

佐藤　江戸時代の流行というか、風習の伝播は、やはり江戸からということなんでしょうか。

田村　やはり政治の中心になりますから。大名が江戸にも屋敷をもち、武士が国元と江戸を往復しますよね。参勤交代が義務づけられていたというのは大きいと思います。江戸の習俗が地方へ広がっていくのは当然ですね。また、鎌倉武士団のことを考えれば、鎌倉時代以降、関東武士が全国に散らばっていますから、その素地は鎌倉時代から始まっているともいえるんじゃないでしょうか。京都の公家衆は戦乱でもないと京都から離れないんですよね。

＊　＊

佐藤　結論としては、凧も旗も幟も同じようなもので、それを通じてカミを感じる、そこにカミを迎えて、祈願をする、守ってもらうといったことになるでしょうか。

田村　そうですね。凧も旗も幟も、ヨリシロとしての性格を強くもっているということですね。ただ、ヨリシロといっても、榊とか門松などと少し違うのではないかと思うんです。それは、さっきも一寸いいましたが、たんにカミを迎えるというだけではなく、こうあって欲しい、こうなって欲しいという人間側の希望も含められているのではないか、凧や幟に描かれている絵柄の中にそれが含まれているものが多いように思うんです。夏祭り、秋祭りの時、神社に立てられる幟には神社の名前だけを書いたものもありますが、「五風十雨・国家安穏」「五穀豊穣・家内安全」などと書かれているものもたくさんあります。凧や幟は絵でそれを示しているのではないでしょうか。

佐藤　そういう意味も含めてのヨリシロなんですね。

武蔵野美術大学では、いままで、郷土玩具、竹細工、布などの展示を行なってきたのですが、玩具はいうまでもないのですが、竹細工なども底流にヨリシロ的性格をもつものが多いといえます。布の場合も、文様的には御祝儀的文様が多いように思いましたが……。もちろん、縞とか絣は圧倒的に多かったんですけれど……。

田村　そうですね。私たちが日常的につかってきた道具、民具は日常的なものであるだけに、当然実用的な機能が表に強くでているわけですが、その背後にはカミと深く関わっているものが多いですね。

佐藤　時代的特性や地域的特性の追求も重要には違いないのですが、とにかく、一見したところでの形状の違い、あるいは、実用的な機能の違い、名称の違いなどといったことを超えたところに、日本人の基本的発想法の原点を見いだしてゆくことができるのじゃないか、そういった気持で話してきたわけですが……。

田村　幟となると、節句と深く結びついていますから、呪術的な性格のものということははっきりしていますが、凧のような一見遊具としか見えないものも、本質的には呪術的なんですね。

佐藤　そこを明確にすることが大切なんじゃないでしょうか。私たちの日常の生活の中にある様々のものが、私たちの知らないところで、意識していないところで、伝統的な世界と深くかかわっている。それがはっきりしないと、日本人としての自分が、その日本人であることを踏まえて、つまり、文化的伝統を継承したかたちで、生きてゆくことができない、非常に困難であるということがあるんじゃないでしょうか。

田村　一本の棒を用意するにしても、その設置の仕方次第では、特有の意味をもってしまうということがありますね。

佐藤　そうですね。芸能の世界で、笹をもったら心が異常な状態にあるとか、鱗の文様がどこかに見えたら鬼女に変身するか、地母神的信仰があるに違いないとか、過去の生活の中では、日常あたりまえだった知識というか、無意識的に反応してしまうような感覚というか、それらが失われつつあるわけですが、しかし、完全に失ってしまったわけではない。現代の若者の心の底にも流れていて、それなりの反応をしてしまうということはあると思うんです。

田村　生活が変わり、考え方も変わってきているわけですが、もちろん、私たちは、日本人として生きてきた長い歴史から完全に遊離、独立して存在しているわけではない。

佐藤　新しい展開をするにしても、国際化するにしても、自分の基盤を明確に把握しなければ始まらないと……。

田村　外国のことをもっと知らなければならないといわれますが、足元を忘れたところに、真の意味での国際化はないと思うんです。そこにこそ、こういったことを考える意味があるんですね。たんに昔のことを掘りおこすとか、古老の話を聞いて面白いとかいった懐古趣味、骨董趣味の問題じゃない。

佐藤　そうです。時間もかなり過ぎましたし、結論もでたようですから終わりましょう。

田村　そうですね。御苦労さまでした。

（『主体美術』一九九三　主体美術協会　一九九三年九月）

[79]▼長崎県福江市／旧暦3月3日前後から1カ月ほど・4月の日祭日（元来は旧暦3月3日の男子の初孫の祝いに）
[80]▼長崎県壱岐郡勝本町／旧暦の桃の節句の翌日
[81]●熊本県本渡市船之尾町／1月吉日
[82]▼熊本県本渡市／3月の節句（男子誕生の祝い・昭和初期まで）
[83]●大分県中津市／正月
[84]▲沖縄県那覇市／旧9月9日の重陽の菊の節句のころ
[85]●沖縄県八重山地方／元旦の朝から4、5日間
[86]●沖縄県石垣市／旧暦の1月16日祭の墓参りに

［出典］
『日本民俗地図Ｉ』（年中行事1）、文化庁、1969
新坂和男編『日本の凧』角川書店、1978
和歌森太郎ほか編『日本祭礼地図』Ｉ・II・IV、国土地理院、1976～1979
松沢光雄著『江戸の武者絵凧』古今書院、1979
『美術ガイド　凧―日本の凧＋世界の凧』美術出版社、1983

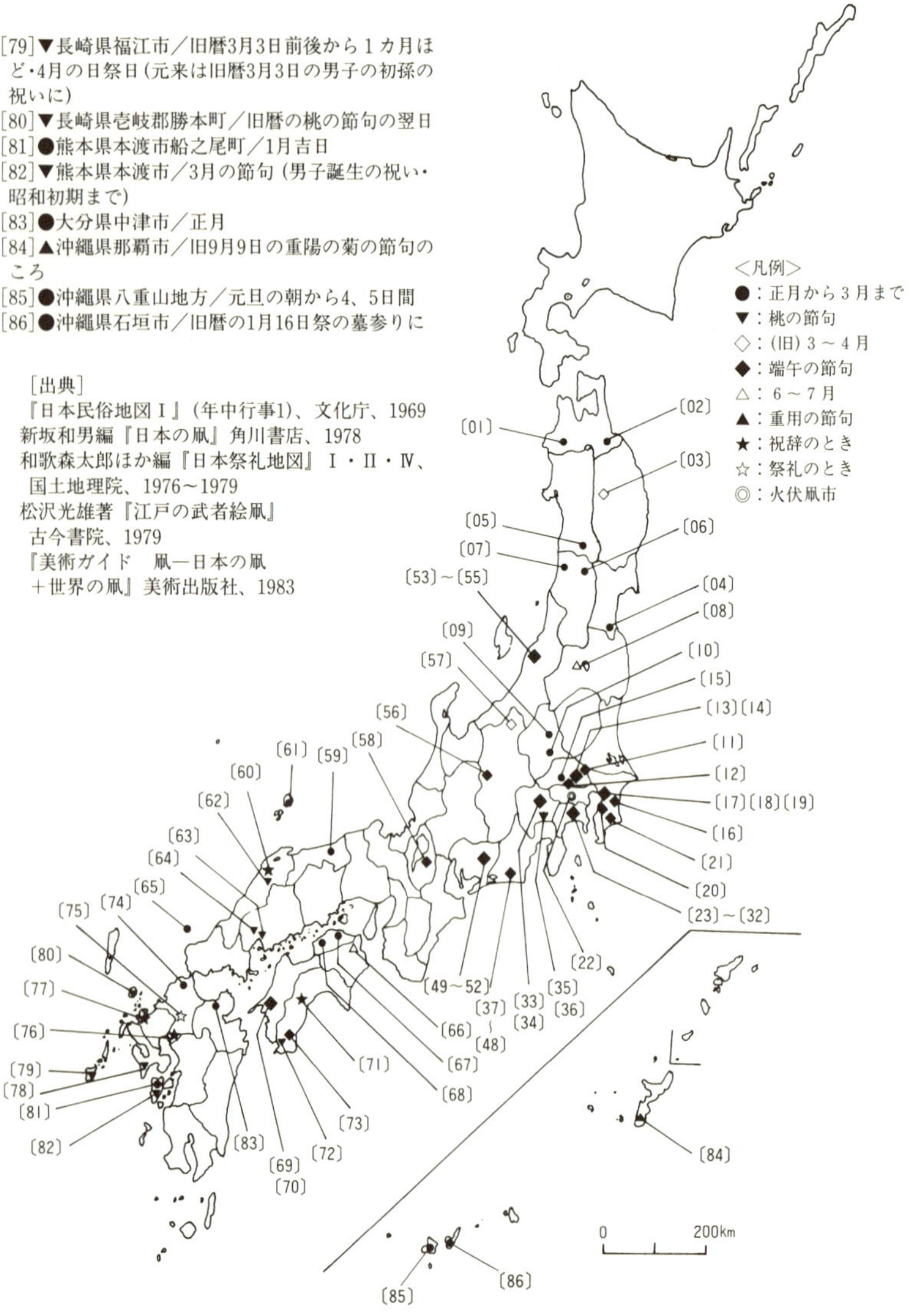

日本の凧揚げ行事地図

[01]●青森県津軽地方／2月～3月の真冬
[02]●青森県南部地方／2月
[03]◇岩手県盛岡市／3、4月
[04]●宮城県角田市／元旦の朝(昭和初期まで)
[05]●秋田県湯沢市／雪渡りのできる季節に雪小屋を建てて凧揚げをする。
[06]●山形県新庄市／2、3月
[07]●山形県酒田市／雪のなくなる頃から端午の節句頃まで
[08]△福島県会津若松市／10月～5月。ただし、「3月さがりだこ」ということばがあって、この月は休む。
[09]●群馬県沼田市／正月から3月までの麦の背丈の伸びない間
[10]●群馬県前橋市／正月から3月まで
[11]◆埼玉県庄和町宝珠花／5月3日～5日
[12]◆埼玉県大宮市深作／旧5月5日(昭和初期まで)
[13]◆埼玉県岩槻市岩槻丹過町・杉並町／6月5日・6日(月遅れの端午の節句)
[14]◆埼玉県岩槻市／端午の節句
[15]●埼玉県富士見市／旧正月
[16]◆千葉県茂原市本納／端午の節句
[17]◆千葉県市原市姉崎川岸／5月5日
[18]◆千葉県市原市菊間／5月5日
[19]◆千葉県市原市加茂／5月5日(昭和初期まで)
[20]◆千葉県木更津市／端午の節句
[21]◆千葉県勝浦市／端午の節句
[22]◎東京都北区王子稲荷神社火伏凧市／2月初午
[23]◆神奈川県相模原市／5月6日～7日
[24]◆神奈川県座間市／5月6日・7日
[25]◆神奈川県海老名市上今泉／5月5日
[26]◆神奈川県厚木市／端午の節句
[27]◆神奈川県伊勢原市三宮栗原／6月5日(旧端午の節句)
[28]◆神奈川県伊勢原市大山別所町／6月5日(旧端午の節句)
[29]◆神奈川県平塚市土屋総領分琵琶／6月21日・22日(旧端午の節句)
[30]◆神奈川県秦野市／端午の節句
[31]◆神奈川県小田原市早川／5月5日(現在廃止)
[32]◆神奈川県小田原市／端午の節句
[33]◆山梨県中巨摩郡甲西町／端午の節句頃
[34]◆山梨県東山梨郡勝沼町上岩崎／旧5月5日(現在廃止)
[35]▼山梨県南都留郡勝山村／3月3日～6日
[36]▼山梨県富士吉田市・南都留郡河口湖町／4月3日(旧桃の節句)
[37]◆静岡県浜松市／5月3日～5日
[38]◆静岡県浜名郡新居町新居／端午の節句
[39]◆静岡県浜名郡舞阪町／端午の節句
[40]◆静岡県榛原郡相良町／5月3日～5日
[41]◆静岡県榛原郡金谷町竹下／5月5日(明治末期まで)
[42]◆静岡県榛原郡吉田町住吉／初節句(昭和初期まで)
[43]◆静岡県周智郡森町／端午の節句
[44]◆静岡県小笠郡大須賀町山崎／5月5日
[45]◆静岡県小笠郡大須賀町横須賀／端午の節句
[46]◆静岡県磐田郡佐久間町戸口／5月5日
[47]◆静岡県磐田郡水窪町西浦／旧5月5日
[48]◆静岡県磐田市見付／初節句
[49]◆愛知県豊川市財賀町／旧5月5日
[50]◆愛知県額田郡額田町大字千万町／5月5日
[51]◆愛知県南設楽郡鳳来町七郷一色／旧5月5日(現在廃絶)
[52]◆愛知県北設楽郡東栄町下粟代／旧端午の節句(現在廃絶)
[53]◆新潟県白根市・西蒲原郡味方村／6月5日～11日(旧端午の節句)
[54]◆新潟県見附市今町・南蒲原郡中之島村／6月5日～7日(旧端午の節句)
[55]◆新潟県三条市／6月5日～7日(旧端午の節句)
[56]◆長野県南安曇郡安曇村大字大野川／5月5日
[57]◇長野県中野市／旧3月～4月
[58]◆滋賀県八日市市／端午の節句前後
[59]●鳥取地方／雪の消える2月初午から
[60]★島根県出雲市／結婚式や出産祝い、家の新築祝いなどのとき。
[61]●島根県隠岐島／3月中旬(男の子の成長祈願)
[62]▼島根県邑智郡邑智町大字久保／4月3日(旧桃の節句)
[63]▼広島県広島市南区仁保(柞木)／旧3月3日(明治末期に廃止)
[64]▼広島県佐伯郡湯来町大字多田／3月3日
[65]●山口県萩市見島／元旦の朝
[66]△徳島県鳴門市撫養町／6月～7月の「まぜ」という強い南東の風がふくとき(現在中止)。
[67]●香川県高松市／旧正月から3月頃まで
[68]●香川県三豊郡詫間町／旧正月から3月
[69]◆愛媛県喜多郡五十崎町／5月3日～5日
[70]◆愛媛県喜多郡内子町／5月5日
[71]★高知県土佐市／出産祝いなど祝事のたびに揚げる。
[72]▼高知県宿毛市宇須々木／旧3月3日(桃の節句)
[73]◆高知県中村市有岡／旧5月5日(現在は新暦3月から5月ごろまでの適当な日)
[74]●福岡県北九州市戸畑区／11月から3月頃まで
[75]☆福岡県久留米市／2月15日の五穀神社のおイカさんのとき (昭和初期まで)
[76]★福岡県柳川市／旧暦初午から3月・男子の祝事に贈られる。
[77]★佐賀県東松浦郡呼子町小川島／長男の出産祝い。凧揚げは休漁となる旧盆の7月16日。
[78]▼長崎県長崎市唐八景・風頭山ほか／3月から5月・桃の節句・4月の日祭日

『暦と行事の民俗誌』あとがき（旧版）

本書に収録したのは、これまでに私たちが共同で雑誌等に執筆したもののうち、暦と年中行事に関連した文章を集めたものである。それぞれの文章の初出年月、発表誌等は次のとおりである。

「こよみとかよみ」（『なごみ』 一二一号 平成二年一月 淡交社）

収録にあたって「暦の歴史」と改題。

「暦のさまざま」（『なごみ』 同）

「行事十二ヵ月」（『連絡ニュース』 武蔵野美術大学短期大学部・通信教育部機関紙）

「民具歳時記―春のことほぎ」（『多摩のあゆみ』 八四号 平成八年十一月 たましん地域文化財団）

収録にあたって「春のことほぎ―多摩の正月行事」と改題

「花見考」（『なごみ』 八八号 昭和六十二年四月 淡交社）

「凧とその民俗」（『くらしの造形・4 凧―北海道・東北編』 平成五年八月 武蔵野美術大学美術資料図書館）

収録にあたって「凧揚げの季節―「凧」とその民俗」と改題

「月見と月待と」（『あるく みる きく』 二一一号 昭和五十九年九月 日本観光文化研究所）

このうち「民具歳時記―春のことほぎ」と「月見と月待と」の二編は田村の単独執筆であるが、他はすべて二人の共同作業によって執筆したものである。

雑誌その他に発表したもので、計画的に目次をたてて一本にするために執筆したものではないので、網羅的でも体系的でもないのだが、それなりに私たちの見方や考え方は読み取っていただけるかと思う。ご覧いただき、ご叱正いただければありがたい。

前著『十二支の民俗誌』に続いて今回もまた、大半の写真は工藤員功《かずよし》氏の手になるものを使わせていただいた。また刊行にあたっては八坂書房、とりわけ編集にあたって下さった八坂立人氏に様々にご苦労をおかけした。ここに記して感謝の辞としたい。

平成十三年十一月一日

田村善次郎
佐藤健一郎

『暦と行事の民俗誌』増補改訂新版　あとがき

本書は二〇〇一（平成十三）年十一月に刊行した『暦と行事の民俗誌』を改訂増補したものである。気付いた誤植を正し、地名、書名、難読漢字に振り仮名を付す等のことは全編にわたって行なったが、内容に大きな変更を加えたのは、冒頭の「暦と日本人」と最後尾の「凧揚げの季節―凧とその民俗」である。

「暦と日本人」は前書の初出一覧に示したように、淡交社の月刊誌『なごみ』一二一号（平成二年一月号）に掲載した「こよみとかよみ」「暦のさまざま」を「暦の歴史」「暦さまざま」と改題収録したものであるが、「暦の歴史」の項は、大幅に改稿、増補して日本の暦の歴史が不充分ながら概観できるようにしたつもりである。ご覧いただき、ご叱正いただければ幸いである。「暦さまざま」の項もいくつかを加えたが、たくさんある地方暦の一部分でしかないことは筆者である私が一番よく承知している。

「凧揚げの季節」はほぼ同じ頃（平成五年六、七月頃）に佐藤と田村が行なった対談、「凧・旗・幟―日本的発想の原点を探る」と入れ替えた。この対談は主体美術協会の年報『主体美術』一九九三

（一九九三〈平成五〉年九月発行）に掲載したものである。「凧揚げの季節」とほぼ同じ視点、内容であるが、対談「凧・旗・幟」の方が広範な問題を取り上げて話しあったと記憶している。

共著者である佐藤健一郎さんは、二〇一四〈平成二十七〉年九月五日に亡くなられた。佐藤さんがご存命で、手を入れて下さるのであれば、もっと目の詰んだ日本の「暦の歴史」を皆さんにお目に掛けることができるに違いないのに、と在りし日の佐藤さんを偲びながら読み直し、書き直し、書き加えた結果がこれである。ご一読、ご叱正いただければ幸いである。

なお、改版にあたって工藤員功さんの写真のほかに年中行事等の図版をかなりたくさん挿入した。

田村善次郎

二〇一九〈令和元〉年九月五日

著者

佐藤健一郎（さとう・けんいちろう）

1936年東京都生まれ
1962年東京都立大学卒業
2007年武蔵野美術大学名誉教授
2014年没
著書：
『藁の力―民具の心と形』（淡交社・田村と共著）
『小絵馬―いのりとかたち』（淡交社・田村と共著）
『十二支の民俗誌』（八坂書房・田村と共著）
『祈りの民俗誌』（八坂書房・田村と共著）

田村善次郎（たむら・ぜんじろう）

1934年福岡県生まれ
1957年東京農業大学卒業
2007年武蔵野美術大学名誉教授
著書：
『水の記憶―フォト・エッセイ』（淡交社・共著）
『民衆の生活と文化』（未来社・共著）
『ネパール周遊紀行』（武蔵野美術大学出版局）
『稼ぐ・働く・祀る・祈る』（八坂書房）ほか

工藤員功（くどう・かずよし）

1945年北海道生まれ
1966年武蔵野美術短期大学卒業
1989年武蔵野美術大学専門職員
著書：
『日本民具辞典』（ぎょうせい・編集委員）
『民族文化双書2　琉球諸島の民具』（未来社・共著）
『絵引　民具の事典』（河出書房新社・編纂）
『昔の道具』（ポプラ社・監修）ほか

暦と行事の民俗誌　《増補改訂版》

2019年10月25日　初版第1刷発行

著　者　佐藤健一郎
　　　　田村善次郎
発行者　八坂立人
印刷・製本　中央精版印刷(株)

発行所　(株)八坂書房
〒101-0064 東京都千代田区神田猿楽町1-4-11
TEL.03-3293-7975　FAX.03-3293-7977
URL.: http://www.yasakashobo.co.jp

ISBN 978-4-89694-266-8